文
景

———

Horizon

社 科 新 知　文 艺 新 潮

古史辨运动的兴起

一个思想史的分析 〔修订版〕

王汎森——

著

上海人民出版社

目　录

修订版序

《古史辨运动的兴起》一书最初的大纲，是我在台大研究所一年级的学期报告。但是初步研究工作是在大学后期开始做的。当时我正迷恋于清代的两部经解，尤其是《续皇清经解》，还记得当时往来于"中央图书馆"胡乱阅读两部经解的情况。

在阅读的过程中，我逐渐觉得从清代今文家到康有为的《新学伪经考》及《孔子改制考》到"古史辨运动"，有一个联系性的关系。所以在研究所一年级时，便以这一条线索写成了一篇报告。一直要到1983年入伍服军官役时，才利用时间将过去累积的笔记整辑成一篇书稿，并在桃园中坜龙岗士官学校附近找了一家打字行将稿子打字，最后在1987年将书稿出版。

由于该书主要写作于军旅生活中，根据的是以前读书的笔记，所以引文中有不少错漏，使我耿耿于怀。这也是为什么在过去30多年中不断有人要我授权再版此书，而我皆未答应之故。几年之前，"中研院"文哲所蔡长林兄及他的助理，花了一段宝贵的时间为我校阅一遍，林胜彩、张劭农两位学弟也校了一次。在这里，我谨向以上学友，致上最诚挚的谢意。

本书的修订，以"修旧如旧"为原则，所以基本上尽可能保持原样，请读者谅察。近来史料大出，许多过去并不一定方便读到的材料，现在垂手可得，但为保持原貌，所以都未采入。譬如《梁启超全集》中所收《湖南时务学堂答问》中，大量主张上古史事只是"符号"，而非实有其事的史料，便是一例。又如《顾颉刚日记》（2007）、《顾颉刚读书笔记》（1990）、《顾颉刚全集》（2010），也因为都是在本书之后出版，故未及采入。此外，经学友建议，认为我讨论章学诚《言公》篇的论文与本书相关，故谨将之收为"附录"。

王汎森
2023 年春于台北

序

　　古史辨是改变近代中国史学气候的一个晴天霹雳，值得被深入分析讨论。应该声明的是：由于笔者把古史辨运动当作近代学术思想发展中一个历史现象来描述，所以，并未能稍稍照顾到上古史研究的专门问题。事实上，收集在《古史辨》七大册中将近三百五十篇论文对上古史研究是否有建树，在哪些方面值得采信，是古史研究工作者特别感兴趣的。但这个运动何以会爆发，以什么样的风貌出现，带来什么影响，则是关心近代思想史的人所该处理的，二者固然有交集之处，但却不可混为一谈。在描述历史现象时，是有必要对"心理事实"（psychological truth）与"历史事实"（historical truth）加以分殊的。不管合理或不合理的思想都可能在历史上造成巨大的影响，在行动者自己看来也都可能自认为掌握了最完整的理由，而且也正好符合着某种深刻的社会需求，而又造成了无可抹杀的历史事实。我们在这个研究中尤其觉察到此点。在本书中笔者还希望注意三个层面的问题：第一个层面是，思想家原来的想法到底是什么？这些想法与他生活于其间的思想传统有什么样的关系？第二个层面是，他真正做到了什么？有时候所思所想与实际做成的结果之间有着相当遥远的距离。第三个层面是，在历史发展的过程中，他所做成的产生了什么影响，这包括后来的人怎样去理解他的作为。事实上，后来者的理解也常常跟作者的本意相冲突，被影响的人常常反过来与影响他的人在某些层面上形成敌对。为了照顾到这三个层面，本书的详略遂与前人的研究有所不同。

截至目前，对古史辨进行比较全面性探讨的著作并不算多。在外文著作中，施耐德（Laurence A. Schneider）的《顾颉刚与中国新史学》（*Ku Chieh–Kang and China's New History: Nationalism and the Quest for Alternative Traditions*）算是先锋之作。[1] 此书主要是顾氏一生学术思想的总说，而不是以古史辨运动为主要论题。它的优点是使我们能够较完整地掌握顾氏一生学术研究的各个不同阶段所展现之风貌。德国的吴素乐（Ursula Richter-Chang）女士以古史辨及顾颉刚为学位论文，其书尚未面世，故内容不得而详。氏曾于1980、1982年两度前往北京，对顾氏生平传记资料作过相当深入的搜理。[2] 据我个人所知，中文著作中也只有不到十篇论文，因客观环境的限制，故得以寓目者亦仅及其半。其中童书业、杨向奎、李锦全的论文大抵是站在批判古史辨派研究成果之立场而撰写的，并不是纯粹的学术思想史研究。尤其是童、杨二位的文章，皆发表于1952年，彼时批判胡适集团的运动已有山雨欲来风满楼之势，而顾颉刚正是被当作胡适集团的一员要将来看待的，所以即使是顾氏从检字厂工人一手识拔栽培、又亲身参与《古史辨》第7册编辑工作的童书业，也对以顾氏为主干的古史辨派作了极为严厉的攻击。

---

1 施耐德的书于1971年由加州大学出版社出版，彼时顾氏尚健在。

2 这是吴素乐女士在"中研院"近史所的英文报告《顾颉刚与古史辨运动》中透露的。

童氏指出：所谓古史辨派其实"是美国实验主义传到中国后的产物"[1]，他自省道："我们讲了几十年的古史，编著了厚厚的许多册书，除起了些消极的破坏作用外，对于古史的真相何尝摸着边际……'破坏伪古史就是建设真古史'，这句话未免太不着实了罢。"[2]他的文章中宣称要"在唯物辩证法这面宝镜照临之下，我们可以去伪存真，化无用为有用：这才是研究中国古史最正当的方法；对古史传说一味抹煞，决不是科学的态度"。[3]杨向奎也是古史辨运动中的一员要将，不过在当时他与张荫麟、钱穆等皆持较保守观点。他在《"古史辨派"的学术思想批判》这篇短文中，很直接地指出顾颉刚"走的是'公羊学派'的老路，并不是干干脆脆的史学家"。[4]他又指责古史辨派凡是遇着弄不清楚的古代史问题，就说是后人的伪造，是武断的主观论者[5]，尤其对顾氏提倡的"层累造成说"，更施以极不客气的攻击说："层累地造成的古史说根本不能成立，这不是层累地造成。后人不可能'造'古代史，根据一定的传说或记载而有所整理是有的，但这不是造成。"[6]杨氏后来又依据这一篇文章大幅修改成《论"古史辨派"》一文，这次改削最大的特

---

1 童书业：《"古史辨派"的阶级本质》，《文史哲》，1952年3月号，页32。

2 童书业：《"古史辨派"的阶级本质》，页32。

3 童书业：《"古史辨派"的阶级本质》，页34。

4 杨向奎：《"古史辨派"的学术思想批判》，《文史哲》，1952年3月号，页34。

5 杨向奎：《"古史辨派"的学术思想批判》，页36。

6 杨向奎：《"古史辨派"的学术思想批判》，页37。

点是他转而承认古史辨的一些正面价值。[1]

广州中山大学历史系李锦全的《批判古史辨派的疑古论》写于1956年，是一篇比较详细的批判文字。他指出古史辨派疑古论之所以错误，是由于他们拿神话传说中的人物来代替历史，认为这些具有神话色彩的人物是后人伪造的，是无法证实的，因此否认神话传说中仍可能有某种历史真实性。他认为在古史辨派的作品中，古史的命运是被神话传说中人物的命运所决定的，由于这些传说人物不可信，就宣称上古史没有实际证据。[2]他与童书业一样，把这些缺失归结到"是由于他们用唯心观点看问题，以为历史可以由人随口编造的结果"[3]，他也同样把解决上古史的契机放在唯物史观上。

1　杨向奎：《论"古史辨派"》，收在中华书局编辑部编：《中华学术论文集》（北京：中华书局，1981），页11—35。他对古史辨派的进一步肯定，见页32—33。作者也相当锐利地观察了"他们抨击了自古相传的古史系统，而这个古史系统不仅是历史问题，也是道德伦理问题，因为古代帝王被说成是道统所系，因而《古史辨》辩论的对象不仅是中国古代史，也是中国道德学及伦理学史"，页31。

2　李锦全：《批判古史辨派的疑古论》，《中山大学学报》，1956年第4期，页85。

3　李锦全：《批判古史辨派的疑古论》，页69。此外还有几篇论文讨论古史辨派，但因环境所限，不得寓目。如丁则良《对胡适的疑古论的批判》（《东北人民大学人文科学学报》，1955年第1期）等。大陆学者一度相当强调胡适与古史辨派的关系，如《胡适思想批判》（北京：生活·读书·新知三联书店，1955）第3辑中收童书业的《批判胡适的实验主义"考据学"》，便说胡适的《井田辨》是七大册《古史辨》的先驱（页249）。而范文澜在《看看胡适的"历史的态度"和"科学的方法"》一文中一再强调胡适的"破坏历史癖"是"和他的洋奴身份分不开"，以毁弃历史作为替帝国主义引路的工作，见中国社会科学院近代史研究所编：《范文澜历史论文选集》（北京：中国社会科学出版社，1979），页250。这大抵代表中共对胡适与古史辨之关系的普遍看法。此外，还有郑良树先生的《论顾颉刚的学术历程和贡献》，见《幼狮学志》，第18卷第3期（1985年5月），页57—85。王仲孚先生的《顾颉刚著述编年》（上），《世界华学季刊》，第4卷第2期（1983年6月），页1—11；《顾颉刚著述编年》（下），《世界华学季刊》，第4卷第4期（1983年12月），页9—15。

童、杨、李三位的论文主要是站在批判胡适集团的观点而写的，所以批判远多于分析，事实上较难让人们对这一个疑古运动的来龙去脉增加了解。故可说直到目前为止，尚未见到专篇针对古史辨运动的思想史背景加以比较全面而深入的检讨。本书便是想在这一个点上略献绵薄[1]，故本书的着重点与前人不尽相同，所详所略亦

1　当然还有一些评述这个运动的文字。像甲骨学家胡厚宣的《古代研究的史料问题》（台北：谷风出版社翻印本，1986）大致是肯定古史辨的价值的，其言曰："说史学的探讨，可以不经过疑古考古的基础和训练，或者不需要使用疑古考古的成就和方法，那就错了"（页7），又说"现代疑古学最大的贡献，一个是康有为的'托古改制的古史观'，一个是顾颉刚的'层累造成的古史观'。疑古学说，固然有一些偏向。但这一条追求真理的科学道路是不错的"（页8）。不过他也指出一些真正的古代文献被顾颉刚等将年代拉后了，像《尧典》，顾氏以为成于汉武帝时期，但《尧典》中的"四仲中星"已被天文学家竺可桢证实为周初现象。唐兰、董作宾也都以为《尧典》记日的方法与殷卜辞相同，胡氏本人的名作《甲骨文四方风名考证》更证实《尧典》的四方风名亦见于殷卜辞和《山海经》中（页9）。这些证据至少可证《尧典》中有真史料。《食货半月刊》（上海：新生命书局，1925）3卷1期、5期分别有陶希圣的《疑古与释古》及刘兴唐的《疑古与释古的申说》。陶文主要是对当时的释古风气有所针砭，说"疑古家不信一切古史记载；释古家会用种种方法，把古史上的神话传说，都解释成史实，会把汉儒伪作的古史，解释成史实"（3卷1期，页1）。刘兴唐认为他在袒护疑古派，遂驳曰："疑古家的错误，是由于没有正确的方法论之把握，对古代神话的传说不能应用"（3卷5期，页195），"科学的历史家……是要脱去古史上一切的神秘外衣，他并不是见到伪史料，便一脚踢开"（页196）。

Arthur W. Hummel（恒慕义）将顾颉刚在《古史辨》第1册所写的长序译成英文后，写有《近百年来中国史学与古史辨》一长序，他提出新文化运动中的四个脉络来说明古史辨运动的形成：第一是对于经典态度之改变，第二是学派统治的解放，第三是寻求绝对真理的放弃，第四是新疑古的态度。此文由郑德坤中译，刊于《史学年报》，第1卷第5期（1933年8月），页147—161。

顾颉刚于1980年12月25日去世后，隔年1月23日白寿彝在北京的悼念大会上发表了《悼念顾颉刚先生》，对顾氏一生学术工作有一个简单扼要的介绍，并且特别提出顾氏对王国维崇敬之深。（见《历史研究》，1981年第2期，页99—103）他的说法是不错的，从顾氏1924年4、5月写给王国维的三封信中可以看出。在4月24日那封信中，他即说："如蒙不弃，许附于弟子之列，刚之幸也。"（《文献》第15辑，1983年3月，页11）

有殊。我们可以做这样一个比喻，如果古史辨是一场大火，我个人特别想追问的是造成这场漫天大火的火药。

任何一个历史事件的兴起，都有无法穷举的背景，而且其中可能没有一件会再度发生，但是毫无疑问的，在诸多因素之中，却有着主从轻重之别。韦伯曾用一个"假说分析"（hypothetical analysis）的模型来鉴别"特定因素"（the factor）——亦即是说在研究人类事务时，某些因素被去除时，会在一个既定的事件系列当中，造成决定性的差异。[1]本书主要是探讨清季今文家的历史解释与"古史辨"的重要因果关联。清季今文家的历史解释虽然不是促成古史辨运动的唯一因素，但却很具关键性。事实上，巨大的历史事件就像任何一个巨大的海浪一样，都是汇集无数潜流而成，故历史单因论是很难被接受的，可是要穷举所有的因果关联也绝对做不到。作为一个史学工作者，只能大致做到分别主从轻重，并把最具关键性的因素厘清出来。本文选取了这类关键因素中的一个来进行比较详细的探讨，并不意味着其他因素都不重要。

一接触到所谓思想史背景时，便不能不联想到福柯（Michel Foucault）的《知识考古学》（*The Archaeology of Knowledge*）对思想史所处理的"延续性"作相当严厉的攻击。但笔者觉得思想史中的某些论题确具有因内在长期对话所构成之延续性。这使人们想到法国年鉴学派史家布罗代尔（Fernand Braudel）对历史时间所作的三种划分：一种是结构性的，也就是长程时间（long duration），

1　参见 Stuart Hughes, *Consciousness and Society: The Reorientation of European Social Thought 1890–1930* (New York: Vintage Books, 1977), p. 306。

这主要讨论人类生活中一些改变缓慢，延续数世纪或更久的结构。另一种是中程时间，他称之为"时期"（conjunctures），十年或一代才会变化。第三种是"事件"（events），他又称之为短程时间（short time span）。[1]布罗代尔主要是运用这三种时间来研究社会经济史的问题。个人认为，这三种时间观念在某种程度上（并不是全部），也给予思想史研究相当的启示。试着考虑思想史中的一些长程因素，使得我们稍稍能够了解，为什么一些两千年以上的旧问题，会在晚清被争论得津津有味，而又直接影响到我们今天的古史研究。

以本书为例，不管是全盘否定古文经，或将今文经寓言化，都有中国思想史内部长远发展的背景为基础（但这并不是暗示长程发展的结果必然会诞生古史辨运动），如果没有这些长远的因素，近代中国学术思想界的主要论题很可能就属于别的范畴了。但是反过来说，如果不是近代中国外在环境与思想学术错综复杂的变化，那么即使有着今古文经长期的纠斗，或许也根本不可能爆发出像古史辨这样的运动。深入一点追究，我们甚至还可以说，如果没有顾颉刚这种"打破砂锅问到底"的人进行冲天一击[2]，古史辨运动是否可能爆发也在未定之天。今古文之争、清末民初的环

1　布罗代尔本人在"History and the Social Sciences: The 'Longue Durée'"一文中对这三种时间有详细的说明。该文收在 On History, trans. Sarah Matthews (Chicago: The University of Chicago Press, 1980)，尤其是页27—52。

2　这是顾氏本人在《古史辨》第1册《自序》中夫子自道之语，见《古史辨》(台北：明伦出版社，1970)，页45。很巧的是，这句话也是崔述所爱用的，见《考信录提要·考古续说》卷下，收入（清）崔述撰：《考信录》(台北：世界书局，1960)，第1册，页19。

境、顾颉刚个人的因素三者正好同时说明了长程、中程、短程因素的重要性。也正因想同时照顾到这三种时间，所以本书花费许多篇幅在追溯问题的产生及长远的脉络上。这主要是想解答：为何近代中国思想史的变化仍然缠绕在那些古老的问题上。但是强调长期发展的内在脉络并不是要宣扬历史有所谓的"不可避免性"。事实上在这本书中，笔者也强调长期蕴蓄的力量如果没有得到重大的触缘，并不一定会爆发出来。如果以博弈为例，有利于某历史事件的长远背景正如同拿到一副好牌，可是如何获致胜算，在相当程度上仍由游戏者个人的技术与当时的运气来决定。所以是长远的背景与当事的个人交互作用[1]，而不是某方完全决定另一方。

本书第二章的一小部分及第三章，曾经以《激烈的托古改制论对古代信史造成的破坏》为题，于1986年新竹清华大学历史研究所召开的"中国经世思想史讨论会"中宣读，并得到一些有益的批评。笔者之所以在讨论经世思想时报告这个论题，是因为感于知识分子在解释经典时，常为了经世的要求，刻意与时代寻求关联，竟至严重扭曲历史的客观性。诚如大家所周知的：中国思想史中有很长远的经世传统，而"通经致用"是这个传统中相当有力量的一支。但是，在"通经致用"的目标下常会碰到这样一个

1　这里也许可以参考解释学家伽达默尔（Hans-Georg Gadamer）的"历史效应意识"（Effective-historical consciousness），见 Hans-Georg Gadamer, *Truth and Method* (London: Sheed & Ward, 1975), pp. 273-274。不过伽达默尔是用这个理论来讨论经典解释的长远传统与现代理解的问题，我则是想借用它来说明诸如今古文之争的长远历史背景与现代解释之间交融运作的情形。

困难——如何把已经定型的经典运用到每一个时代不同的特殊境况上，既要照顾到讯息的完整性，同时又要照顾到境况的特殊性。成功的经典解释者应当一方面守着经典，一方面关照他的时代，故经典与境况二者应该相互关联呼应（correlate），而不是相近似（similar），它们之间永远存在一种紧张——到底门要决定房屋的结构到什么程度？或房屋该决定门到什么程度？想在这一工作上掌握一个恰当的分际并不容易。

如果不能把握住恰当的分际，便常会出现这样一种现象——那就是为了使经典所启示的讯息与现实境况更密切相关，解释者自觉或不自觉地依照自己的意见来支配经典。换句话说，就是"在死人身上玩诡计"（ingenious trick played on the dead），强古人以就我的结果，是使经典沦为个人的思想服务之工具。

所以在那次报告中，个人主要是讨论：在晚清的变局中，廖平、康有为、梁启超等人为了变法改制，对经书所作的种种新解，及这些工作所造成的"本意尊圣、乃至疑经"的吊诡性结果。不管是廖平、康有为或梁启超，他们对经书（尤其是《春秋经》）的种种新解释，大抵围绕着四个核心：（一）他们希望强化孔子的权威，并将孔子的形象由古文家所认定的史学者变成为政治社会改革者，也就是不再把孔子当成一个单纯的历史文献整理者，而是当作一个提倡经世变法的改革家。（二）由于他们所形塑的孔子是一个没有实际职位的社会政治改革者，所以《六经》不再只是单纯的历史文献，而是孔子寄托其经世计划的书，其中最激烈的一种看法是把经书中所记载的历史和真正的上古历史分为两层，甚至将史事当成符号看。（三）他们以孔子的继承人自居，希望透过以《六经》为依据的托古改制，寄托其变法思想，故往往把自己的思想缘附到经书上。（四）为了使孔学能在现代社会中保有尊位，他们把孔子解释成全知全能的圣人，其思想可以范围万世，《六经》乃摇身一变为预言书。不管是将经书中的史事彻底符号化，或将之变成预言书，都不期然地把经书中所记载的古代信史一笔抹杀了。

这个讨论主要是想说明一个相当普通的历史现象：不管从事历史叙述或经典解释，最大的一个忌讳是强古人以就我，或甚至是为了寄托一己的经世思想而把经史之学弄成影射之学。如果这样，不但失去了我们学习经史的意义，同时还潜藏着严重的危机。余英时教授在谈到"文革""影射史学"为了达到史学为政治服务的目的而不惜牺牲历史客观性时说："这种对待历史的态度又是和政治任务的迫切性成比例的。当任务最迫切的时候，史学上的一切求知的戒律都将被弃置不顾了。"[1]真是一针见血之论。本书第二、三章便同时想凸显经典解释与现实致用间的紧张性。

笔者之所以敢于将此书付梓，并不是相信这个研究工作已经完成。事实上没有一篇研究文字有完成的一天的。任何研究文字永远都应该再修再改，再补再削，可是个人在情感上却很愿意将它告一段落，才好专心致力于分内的其他工作。

本书撰写过程中，承张灏先生、余国藩先生惠示宝贵意见，业师李永炽先生、郑钦仁先生，及黄进兴、沈松侨、廖栋梁、彭明

1　见余英时：《中国史学的现阶段：反省与展望——"代发刊辞"》，《史学评论》，第1期（1979年7月），页6。

辉、王健文等兄阅读原稿，谨此致谢。此外，直接或间接给我关怀与鼓励的人还很多，可惜无法在此一一致意。本书出版过程中，多承允晨出版公司负责人吴东升兄及时报出版公司的雅意，谨此致谢。

王汎森谨识于南港

1987年1月

引　论　激烈反传统与黄金古代观念的破灭

一、爱国主义与反传统思想的内在关联

鲁迅二十三岁时（1903年）写的《自题小像》"灵台无计逃神矢，风雨如磐暗故园。寄意寒星荃不察，我以我血荐轩辕"（这张照片是送给许寿裳的），充分道出清末民初知识分子在西方势力覆压之下的困境与悲愿。在那样无奈的困境之下，如何爱国强国，成为当时大多数知识分子的一个共同目标。

许多学者都强调，目标的选择是没有任何逻辑规律可循的[1]，其

1　这是社会学者韦伯及帕累托（Vilfredo Pareto）等人的观念。参见 Raymond Aron, *Main Currents in Sociological Thought II*, trans. Richard Howard and Helen Weaver (New York: Anchor Books, 1970), p. 250。帕累托说，只有手段与目的之间的关系才是逻辑的，任何目的的决定都是非逻辑的。阿隆（Aron）的书中讨论帕累托的"逻辑与非逻辑行动"（页119—135），曾针对这个问题进行分析。韦伯对此同样投注很大的注意力，在许多文字中都讨论到价值抉择是没有任何逻辑规律可循。他说："世界的各种不同的价值领域，互相处在无可解消的冲突之中"，"各个领域，各种主宰的神互相争斗"。见 "Science as a Vocation," in H. H. Gerth and C. Wright Mills, eds. and trans., *From Max Weber: Essays in Sociology*（台北：虹桥出版社翻印，1969），pp. 147-148。韦伯认为人所创造的价值是自愿性的、自由选择的，没有一个普遍而有效的价值层级在那里供我们参考。参见阿隆前引书页250、252。

实手段的选择也可能是非逻辑的，在意图与手段之间[1]，可以有无限种方式的扣接，只要行动者主观地认为二者之间合乎逻辑，即可成立。我们可以从清末民初中国思想界的情形清楚地看出这一个现象。

在西方势力猛力叩关，中国知识分子为传统辩护与抵抗的过程中，有些保守主义者是把西学吸收到传统的"躯壳"中以达成他们保守的目的，有些则是回归到比目前所认知的传统更为传统的状态中，这两种办法的目标都是为了使传统更有效地回应当前的变局，可是，他们用以达成目标的手段是何等不同！由于意图与手段组合方式的变化，中国近代思想人物的风貌亦繁复万端，他们有的是意态极为保守而手段极为西化；有的是意态极为前进，而手段却极传统；有的是意态保守，手段传统；有的是意态激进，手段西化。同

1　韦伯、帕累托、文德尔班（Wilhelm Windelband）、德罗伊森（Johann Gustav Droysen）等学者都注意到这一方面的问题。韦伯的讨论尤为重要。如《政治作为一种志业》（"Politics as a Vocation"）一文中，对意图与手段之间及历史行动的吊诡性的分析，见Gerth and Mills eds. and trans., *From Max Weber*, pp. 117-126。另外在 "Religious Rejections of the World and Their Directions" 一文中也论及，同前书，页351。此外，不少研究韦伯的论文讨论到这一问题，如Wolfgang Schluchter的 *The Rise of Western Rationalism: Max Weber's Developmental History*, trans. Guenther Roth (Berkeley: University of California Press, 1981)一书，页154。在Guenther Roth and Wolfgang Schluchter, *Max Weber's Vision of History: Ethics and Methods* (Berkeley: University of California Press, 1979), pp. 11-64中亦有讨论。而韦伯的《新教伦理与资本主义精神》一书，更是展示此一吊诡性的代表作。德国历史学者德罗伊森在他的《历史知识的理论》（*Historik*）一书中也谈到类似的问题，他提醒我们："某人的意志不会完全贯注在一件事情中，另一方面某事件的发展也绝不只受人们意愿的影响"，"事情的发展常超乎推动这些事情的人意欲之外"。见德罗伊森著，胡昌智译：《历史知识的理论》（台北：联经出版事业公司，1986），页38。并可参见法兰克福学派的Max Horkheimer, *Eclipse of Reason* (New York: Seabury Press, 1974), 第一章。

样的意图可能借着全然不同的手段去达成，而同样的手段也可能为完全不同的意图服务。所以单是用"传统"或"前进"，"新"或"旧"来描述他们，常常是不够充分的。

在爱国救国这个共同的目标之下所出现的无数手段中，有两种最值得注意。第一便是以激烈破坏、激烈个人主义来达成爱国救国的目标，以致把大规模地毁弃传统作为正面价值来信奉。[1]这样的行动对有些人的情感来说可能是痛苦的，可是为了国家民族更高的利益，许多知识分子却愿意牺牲在情感上相当依赖的某些传统的质素，同时也要求别人作同样悲壮的牺牲。所以我们经常可以在这一个时期的知识分子身上同时看到全盘反传统与在某些层面上恋执传统的情形，从表面看来这是一种矛盾，其实是在"救国"这一个最终极的目标下目的与手段间的紧张和两难。

第二种态度是认为爱国就必须保持传统。即使这些人中间已警觉到传统的许多成分不周于世用了[2]，但是他们仍愿以李文逊（Joseph R. Levenson）所谓的对木乃伊审美式的怀念心情来对待传统。[3]

1　林纾《谒孔林记》说："自新学昌，主教育者燔《六经》、灭五伦，谓可强国。"林纾的观察大致说明了反传统与爱国主义的关系，见《畏庐续集》，收在林纾：《畏庐论文、文集、续集》（台北：文津出版社，1978），页58。

2　最有代表性的例子是林纾在《〈文科大辞典〉序》一文中所说的："新学既昌，旧学日就淹没，孰于故纸堆中觅取生活，然名为中国人，断无抛弃其国故而仍称国民者。仆承乏大学文科讲席，犹兢兢然日取《左》《国》《庄》《骚》《史》《汉》八家之文，条分缕析与同学言之，明知其不适于用，然亦所以存国故耳。"见《畏庐续集》，页10。

3　"木乃伊式审美价值"是李文逊语。见 "'History' and 'Value': The Tensions of Intellectual Choice in Modern China," in Arthur F. Wright, ed., *Studies in* （ 转下页 ）

　　　　　　　　　　　　　　　　古史辨运动的兴起

在这里想着重讨论的是以大破坏为爱国的手段，以打破传统的伦理结构，把全中国彻底重新组合为救国手段的现象。对他们来说，爱国保种之热情愈为深切，则打破传统的决心亦更为炽烈，二者如影随形，成为近代中国最奇特的一种力量。而许多传统型知识分子之所以决然转向西化，也必须在这一个脉络下来理解。清季掀天揭地而来的变局对那一代传统知识分子的刺激是很深刻的，而且国家每经一次挫败，其痛苦就愈深，有良心的读书人虽然希望对国族有所济救，可是正如章太炎（1869—1936）所说的："说经者所以存古，非以是适今也。"[1]他们脑中那一套传统知识显然不足以应付这个变局，那么该当如何呢？许多读书人开始移步转身向压迫他们的西方帝国主义身上寻找医己的良方。他们之所以转向西方，并不是厌弃祖国，相反地，正是为了要增强自己护卫祖国的能力，才决然贱弃旧学，向敌人学习。以清末大诗人范当世（1854—1904）为例。陈三立（1853—1937）在为他的《范伯子文集》所写的《跋》中，便很精确地道出范氏向西转的心路历程。他说范氏：

　　（接上页）*Chinese Thought* (Chicago: University of Chicago Press, 1953), p. 150。他把"历史"与"价值"二分，认为前者属于心理层次上的，后者属于哲学层次上的，二者常相冲突，而近代中国知识分子面对传统文化时，常在感情上依附前者，理智上倾向后者，前者是"Mine"，后者是"True"。

　　李文逊的解释切中了某些情实，但并不完全令人满意，他的朋友史华慈（Benjamin I. Schwartz）便有文讨论。他极为赞赏李文逊的睿智，但反对他把中国文化当作 total Gestalt。见 "History and Culture in the Thought of Joseph Levenson," in Maurice Meisner and Rhoads Murphey, eds., *The Mozartian Historian: Essays on the Works of Joseph R. Levenson* (Berkeley: University of California Press, 1976), pp. 108—111。

1　章太炎：《与人论朴学报书》，收入章太炎撰：《章氏丛书》（台北：世界书局，1958），下册，页722。

"好言经世……其后更甲午、戊戌、庚子之变，益慕泰西学说，愤生平所习无实用，昌言贱之。"[1]范氏原是个不折不扣的传统型知识分子，他之所以昌言贱弃生平所习，并不是不要中国，而是因为他太爱中国了；因为太爱中国，所以他猜想把中国打得七零八落的泰西诸国，应该有足以拯救中国的学说。当康有为（1858—1927）大量引进西方思想时，他的真正用心也是要对抗帝国主义。而不是如攻击他的人所说的：康有为是要把中国出卖给西方帝国主义。那一代知识分子这种借着吸收帝国主义的长处，来抵抗帝国主义的曲折心态，是很值得我们注意的。西化论之所以风起云涌、沛然莫之能御，至少在意图的层面上，与强烈的民族情操正是密相结合的，而不一定是崇洋媚外的买办心理之产物。

二、激烈个人主义与传统伦理结构之崩裂

《学衡》第三期上有一篇柳诒徵（1880—1956）所写的《论中国近世之病源》说道：

> 方清季初变法之时，爱国合群之名词，洋溢人口，诚实者未尝不为所动。[2]

1　陈三立：《范伯子文集跋》，《散原精舍文集》（台北：台湾中华书局，1961），页279。

2　柳诒徵：《论中国近世之病源》，《学衡》（台北：台湾学生书局，1971），第1册，页331。

这一个观察大抵是正确的。在清末民初之际，许多知识分子认为中国之所以积弱不振，未能有效抵御西人，最关键原因是未能急速凝聚全国的每一分力量来应付空前的危局，而力量之所以无法动员，实因各种樊篱与隔阂太多，使得上下意志无法贯彻，横的联系也不可能，以至于全国的力量像碎粉般，无法被磁铁尽可能吸附上来。这些樊篱与隔阂，包括星罗棋布于全国的家族宗法势力、森严的阶级区分、三纲五常的束缚、政府与民意严重的隔阂等等，因此打破上述种种"分别"相，使这个国家的所有基本分子相"通"，是这个时代许多知识分子共同的要求。佛教唯识宗破除分别与对待的学说在这时发挥了莫大的社会政治功能，不是没有理由的。谭嗣同（1865—1898）思想中的破对待、破名分，冲决一切网罗，主要便是为了使"中外通""上下通""男女内外通""人我通"。[1] 而"通"的最具体表现即为平等，所以谭氏特拈"平等"之义以说"通"。他说：

> 通之象为平等。[2]

从行动的层面来说，要"无对待，然后平等"[3]，而打破所有对待性关系的前提，正是向既有的伦理及政治社会结构进攻，破坏、暴

1　谭嗣同：《仁学·仁学界说》，收入《谭嗣同全集》（台北：华世出版社，1977），卷上，页6。

2　谭嗣同：《仁学·仁学界说》，页6。

3　谭嗣同：《仁学·仁学界说》，页7。

力、激烈，遂成了歌颂的对象。更值得注意的是，不管破坏或暴力，都被视为爱国救国的手段，在这一个逻辑关系中，愈暴力、愈破坏被视为是愈爱国的表现。这种急速凝聚一切力量，建造全新社会的"群学"，与激烈破坏之间的密切关系，可以从1903年9月《游学译编》第十期上的一篇《民族主义之教育》中看出。作者说：

> 夫善言革命者，当天下之不欲急急于破坏，而日日与之言破坏。……其用在于群，群天下之思想而为有意识之破坏；其事主于积，积天下革命之材力，而为有价值之破坏。[1]

1902年，梁启超（1873—1929）在《新民说》的"论进步"一节中便这样歌颂着破坏：

> 呜呼，快矣哉破坏！呜呼，仁矣哉破坏！……
> 其破坏者，复有踵起而破坏之者，随破坏，随建设，甲乙相引，而进化之运乃递衍于无穷。[2]

把破坏当作仁举，跟下面这一段以暴动为爱国的言论是相类似的。1903年，署名"湖南之湖南人"的杨笃生（1872—1911）在《新

---

[1] 不著撰人：《民族主义之教育》，收入张枬、王忍之编：《辛亥革命前十年间时论选集》（北京：生活·读书·新知三联书店，1962），第1卷上册，页407。

[2] 中国之新民（梁启超）：《新民说（节录）》，收入张枬、王忍之编：《辛亥革命前十年间时论选集》，第1卷上册，页151。

湖南》一书的第五篇《破坏》中这样说着：

> 人曰：今日之言暴动者，败群也。吾党则曰：今日之言暴动者，爱国也。人曰：今日之言暴动者，畔夫也。吾党则曰：今日之言暴动者，贞士也。[1]

视暴动为爱国合群之举，尊崇暴动者为"贞士"——这样奇特的评价是怎样出现的？那是在他们把破坏的行为和一个将中国旧社会结构全部打烂、重行依照新的理想建构一个足以急速凝聚所有力量来救中国的"群"的前提下，才可能出现的。如果稍微深入分析这类资料，我们或许会感到意外：持这样激烈看法的人，往往竟是从事传统学术研究的知识分子。像国学大师刘师培（1884—1919），便于1904年用过一个寓意甚深的笔名——"激烈派第一人"，写下了《论激烈的好处》。[2]而另一位大学者黄侃（1886—1935）也用"运甓"这个笔名写道：如果不能把中国改造成一个平等的社会，"当以神州为巨冢"。[3]他们心中那股不计一切代价彻底打烂江山、重新再造的渴望，在这些地方表露无遗。

国学大师章太炎早年（1894）即写过《明独》一文，提出想完

1　湖南之湖南人（杨笃生）：《破坏》，收入张枬、王忍之编：《辛亥革命前十年间时论选集》，第1卷下册，页640—641。

2　激烈派第一人（刘师培）：《论激烈的好处》，收入张枬、王忍之编：《辛亥革命前十年间时论选集》，第1卷下册，页887—890。

3　运甓（黄侃）：《哀贫民》，收入张枬、王忍之编：《辛亥革命前十年间时论选集》（北京：生活·读书·新知三联书店，1963），第2卷下册，页790。

成"大群"则必须先"大独"的想法。他说："夫大独必群，不群非独也。"又说"大独必群，群以独成""小群，大群之贼也；大独，大群之母也"[1]，都是在说明中国人唯有能从旧的亲族团体（小群）中解放出来成为"大独"，方有可能达到全国的"大群"，如果仍拘守在旧的亲族团体中，永远不可能"群"。但《明独》一文所标示的思想，仍然相当温和，一直到1907年（光绪三十三年）左右才有了变化。在这一年中，章氏写下代表激烈军国主义的《〈社会通诠〉商兑》。提倡以军国主义把中国组成一作战体来挽救危亡，而又以尽破传统宗法社会为达到军国主义社会之手段。让我们来看几段这方面的文字：

今吾党所言民族主义，……惟日讨国人，使人人自竞为国御侮之术，此则以军国社会为利器，以此始也，亦必以终，其卒乃足以方行海表，岂沾沾焉维持祠堂族长之制以陷吾民于大湫深谷中者？[2]

又说他所倡的民族主义正是要以镕解宗法社会为其手段：

---

1 章太炎：《明独》，收入朱维铮、姜义华编注：《章太炎选集》（上海：上海人民出版社，1981），页2—3。

2 章太炎：《〈社会通诠〉商兑》，《章氏丛书》，下册，页828。在晚清，要求实施军国民社会的呼声甚高，相关材料亦夥，如《游学译编》第十期上的《民族主义之教育》中便大声疾呼："然且仅仅标举国民教育犹以为未足，而揭'军国民'三字以号于天下"，见张枬、王忍之编：《辛亥革命前十年间时论选集》，第1卷上册，页405。

且今之民族主义，非直与宗法社会不相一致，而其力又有足以促宗法社会之镕解者。夫祠堂族长之制今虽差愈于古，亦差愈于欧洲。要其仆遫之体，褊陋之见，有害于齐一亦明矣。人情习其故常，而无持更叫旦者于其左右，则梦寐为之不醒。今外有强敌以乘吾隙，思同德协力以格拒之。推其本原，则曰以四百兆人为一族而无问其氏姓世系。为察其操术，则曰人人自竞，尽尔股肱之力，以与同族相系维，其支配者，其救援者，皆姬汉旧邦之巨人，而不必以同庙之亲……人亦有言：中夜失火，则姻亲不如比邻，故内之以同国相维，外之以同患相救，当是时，则惟军国社会是务，而宗法社会弃之如脱屣耳矣。[1]

宗法社会之所以当摧破，是因为它的"褊陋之见，有害于齐一"，换句话说，它阻碍了力量向最高主体凝聚，这在过去还差可忍受，但"今外有强敌以乘吾隙"，则必须破除散布各地的宗族，"以四百兆人为一族而无问其氏姓世系"，太炎说明这是实践民族主义、拯救中国的要着：

　　（会党）视同姓之弟昆常不如其同会……已足以镕解宗法社会，使无复烟炭余滓之留，又况吾党所称之民族主义所恃以沃灌而使之孳殖者，舍军国社会而外无佗法乎！当其萌芽，则固无宗法社会之迹矣，及其成就，则且定法以变祠堂族长之制而尽破宗法社会之则矣。……乃至言地方自治者，亦或以省界、

---

1 章太炎：《〈社会通诠〉商兑》，《章氏丛书》，下册，页829—830。

府界为枪累，不容以佗人而参吾事，而吾党之言治者，与彼则正相反，村落陋见，犹当息之，何有于族？今以此系于政治之民族主义而破宗法，犹秦皇之统一六合以破封建之列侯。……反而观吾党所持者，非直与宗法无似，而其实且与之僢驰。[1]

若想振兴中国，决不能拘于传统宗法社会的格局了，唯有超越血缘结构，以普遍爱取代有差等的爱才能奏功。若欲达此目的，只有"变祠堂族长之制"，尽破宗法社会，将个人从其束缚中解放出来，亦即是把中国的团结建立在打破血缘结构上。这一思想在晚清相当普遍，与章氏同时代的柳亚子也有类似的看法。他说：

　　我待要山河破碎，把祖国新造。[2]

刘师培也说：

　　群龙无首他年事，好与驱除万恶门。[3]

他们所扬言的"山河破碎""群龙无首"，无非都在指称以群学打破旧的伦理结构的束缚。

　　过去那种由乡土、血缘的远近亲疏所决定的有等差之爱，现

1　章太炎：《〈社会通诠〉商兑》，《章氏丛书》，下册，页830。

2　转引自杨天石、刘彦成合著：《南社》（北京：中华书局，1980），页37。

3　杨天石、刘彦成合著：《南社》，页38。

在要改造成超越伦理结构的普遍爱。康有为在清末提倡墨子的"兼爱"（即爱无差等，这种思想在孟子看来是所谓"禽兽之行"的），谭嗣同在冲决各种名教纲常之网罗后，只保留五伦中的"朋友"一伦，也是要求超越旧伦理结构的束缚之表现。谭氏的《仁学》上有这样一段话：

> 自孔耶以来，先儒牧师所以为学，莫不倡学会，联大群，动辄合数千万人以为朋友。……为孔者知之，故背其井里，捐弃其君臣父子夫妇兄弟之伦……夫朋友岂真贵于余四伦而已，将为四伦之圭臬。而四伦咸以朋友之道贯之，是四伦可废也。[1]

所谓"合数千万人以为朋友"即是成就"大群"。但我们必须注意：谭氏是以"捐弃其君臣父子夫妇兄弟之伦"为成大群的前提。

《〈社会通诠〉商兑》发表后六个多月，章太炎又写下《五无论》（光绪三十三年九月廿五日），及《国家论》（同年十月廿五日），更激烈地主张要把个人从家庭、社会、国家等所有组织中解放出来。然后再重新加以组织，以便能最有效率地控制全中国，使它发挥最大的力量以对付列强。在当时许多人看来，最理想的状态便是军国民社会，整个国家像一部完密的机器般组织起来，在同一个号令下有效地行动。这样的心理模式从清末到民国不断地拥有它的支持者，民国时期的"蓝衣社"正是最好的代表。而清末民初甚嚣尘上的破

1　谭嗣同：《仁学》，收入《谭嗣同全集》，页67。此外，页12、28都有相关资料。本书从页22注1到页25注1大抵出自拙作：《章太炎的思想》（台北：时报文化出版公司，1985）一书的《附录》，页245—247。

家论者更是这一脉思想最明显的延续。蔡元培（1868—1940）便一度宣扬要废除婚姻制度、行共产。但他又特别强调这样做决不是为了便于宣淫，他郑重强调这"必有一介不苟取之义，而后可以言共产；必有坐怀不乱之操，而后可以言废婚姻"[1]。破除婚姻是毁家的先声，毁家是建造新群的前提。早于1907年时，在《天义报》上便出现过《毁家论》的文字了。这篇未署真名的文章中说：

> 盖家也者，为万恶之首。

又说：

> 欲开社会革命之幕者，必自破家始矣。[2]

由此可知，1919年1月1日，傅斯年（1896—1950）在《新潮》上发表的《万恶之原》中宣称家是万恶之源，其实是代表对当时而言由来甚久的一个共同想法。[3]而章铁民（1899—1958）在新文化运

1　蔡元培：《蔡元培自述》（台北：传记文学出版社，1967），页60。

2　汉一：《毁家论》，收入张枏、王忍之编：《辛亥革命前十年间时论选集》，第2卷下册，页916—917。

3　傅斯年：《万恶之原》，收入傅斯年：《傅斯年全集》（台北：联经出版事业公司，1980），第5册，总页1553—1558。这一篇文字中是把"家"和"个性"相对举的，认为"必然'个性'发展，'善'才能随着发展"（页1554），而家正是束缚个性最厉害的地方。他又说："请问整天齐家去，还能做什么事？况且家是齐得来的吗？又有人说，这是名教，不可侵犯。还有人说，什么'名教罪人'……其实名本是罪人，那里有不名教的罪人，名教本是杀人的，那里有不杀人的名教。"（页1557）

动期间写信给他父亲要求自某年某月某日起终止父子关系[1]，其实也是从晚清以来激烈反传统主义与爱国合群主义相纠结的一个流衍而已。

正因为鼓倡群学常以打破旧的伦理结构为前提，所以王先谦（1842—1918）在《虚受堂文集》中的《群论》，竟然大骂"天下之大患曰群"。他说：

> 天下之大患曰群……为异说所簧鼓，群之害成于学。[2]

我推测他所谓的异说，主要大概是指严复（1854—1921）的学说，尤其是他所译的《社会通诠》一书中的理论。[3]"群"之所以为"大患"，乃是因为这些想为中国建立新"群"的人，是以冲决一切网罗为其前提的，而他们的理想是造就章太炎所形容的独来独往的自

---

1 引自 Chow Tse-tsung, *The May Fourth Movement: Intellectual Revolution in Modern China*（台北：虹桥出版社翻印本，1976），p. 184。

2 见（清）王先谦：《虚受堂文集》（光绪二十六年刊本），卷1，页13。他又说："迄今而秦牍上陈，竟称'社会'……防之二百余年而决之于一旦，问何以故？曰法外洋也。"（页14）。

3 严氏于1903年所译甄克思之《社会通诠》（台北：台湾商务印书馆，1977）是晚清许多提倡军国社会，打破旧伦理结构者的思想源头。这部书宣称"古为种人之社会，今为军国之社会"（页80），"前此种族之别，固尚行于其中，而为国家所不敢忽，顾立国统民之基，则不在此，且以并兼转徙而造邦，故羼杂之禁，有不容以不弛。臣之与主，不徒血胤异出，言语服习宗教，往往无一同者；兼容并包，此大国之可以为大也"（页80—81），又说："所重者邦域，而种姓为轻"（页80）。又可参考同书页66—69。章太炎的《〈社会通诠〉商兑》，从表面上看是批评《社会通诠》，其实在思想基础上是与它一致的。

尊之夫[1]，以个人的身份重新加入这个新的"群"中。尼采学说在晚清之所以受到格外的推重，在某种程度上便应从这个地方了解。

造就"独来独往"式的激烈个人主义者，决不是章太炎或少数几人的主张，1903年在《大陆》这份刊物上，便出现过一篇未署名的《唯物论二巨子（底得娄、拉梅特里）之学说》，说："人当堂堂正正，独往独来，图全群之幸福，冲一切之网罗。"[2]在他们看来，图"全群之幸福"是与冲决一切网罗密不可分的。谋中国之富强当然是王先谦所能同意的，否则这个几乎不谙日语的人不会勉力撰成《日本源流考》这部二十二卷的大书，来"鼓天下之智力，以求保我君民共有之元气"[3]。但是，王氏的富强之策却是以巩固既存的社会结构及"不必事事慕效（西人）"[4]为前提，而不是建立在毁弃现状之上的。

我个人曾在《章太炎的思想》一书的附录《"群"与伦理结构的破坏》一文中，简单谈到上面的观念。但是当时并未比较全面地考虑到：（一）这种在爱国主义的意图下所产生的破坏行为，并不局限于打破伦理结构而已；（二）打破旧有伦理结构后，将之改组成军国主义团体，只是众多新构想中的一个——尤其是在民初的思想界广泛存在着一种乐观的意识形态：认为历史会为我们停止，一切

1　章太炎在《答铁铮》中说："所谓我见者，是自信而非利己，犹有厚自尊贵之风，尼采所谓超人，庶几相近，排除生死，旁若无人，布衣麻鞋，径行独往。"见《章氏丛书》，《别录二》，页853。

2　见佚名：《唯物论二巨子（底得娄、拉梅特里）之学说》，张枬、王忍之编：《辛亥革命前十年间时论选集》，第1卷上册，页412。

3　王先谦：《〈日本源流考〉序》，《日本源流考》（长沙：思贤书局，1902），第1册，页2。

4　王先谦：《〈日本源流考〉序》，《日本源流考》，第1册，页2。

都可以重新造起，套用顾颉刚的话说："天下无难事，最美善的境界只要有人去提倡，就立刻会得实现。"[1]所以在当时，为了达成各种特定目标而设计的改组中国社会的方案如雨后春笋般出现，最明显的特征就是把全中国"社团化"。在新社团中，联系每一个别的人的关系都是先由特殊的有意行为所造成，而不是自然形成的，它可以是各色各样的新村，也可以是各种合作社等等不一而足。并且他们都试图把小团体中实验的成果推展到全中国，希望为中国重构一个美丽的新世界。[2]

1　顾颉刚：《古史辨·自序》，第1册，页17。同时还有一种心理，认为只要是能紧急救赎中国苦难的办法，便应马上全面迅速执行下去，有时已到了不恤现实及物质条件之限制的地步。晚清以来，各种"变"的速度极快，从一方面看来是有活力，很不受意识形态拘束，但从更深的层面看来，正是被一种为追求紧急救赎，不计任何手段的更深更紧的政治意识形态所束缚着。

2　这一类的资料散布在五四时期各种社团间的往来文件中。张允侯、殷叙彝、洪清祥、王云开合编《五四时期的社团》（北京：生活·读书·新知三联书店，1979）这一部四册资料书，大致将重要社团的基础史料作了相当不错的整理。举其中第1册所整理的辅仁社、互助社、利群书社、改造同盟、黄岗诚社、武昌人社等为例，可以发现他们之间有几个共同的倾向：（一）个人从传统旧家庭中独立出来，重新加入新的社团中共同生活，故有许多资料是在讨论脱离家庭后的种种善后问题。如妻子可否搬到社团共住的问题（页136）即是一例。（二）破私——许多人认为财产公有是划除私心的良法（页136）。（三）在道德上严格要求自己，希望"把我自己弄成一个顶好的人"（页140，日新社员《自励词》），所以有一些类似晚明王学省过会的组织，开会时社员要上台坦白自己及其他社员的过失，直言不讳（页138），在"武昌人社"的一段材料中提到他们开会"议定各人须将自己的过失、丑恶的心理，重行尽情披露，实行人格公开"（页146），或是携带自己的日记供社员阅览、展览（页139、141、142、146），有些并用记分法来自励（页173）。（四）以某一个社团为起点改造旧中国，使达到一个"圆满快乐的黄金世界"（这是恽代英在《未来之梦》中的话，页197）。像"改造同盟"中就规定"凡有志改造社会者"可以加入（页155），而改造自身便是改造社会的先声（页150）。这四者之间，尤以改造自我、严密的省过、自我坦白材料最多。后来中共实行的"交心""坦白"等方式与此恐不无关联。

此处想要讨论前述第（一）点：正因要打破所有传统的伦理、社会、政治结构，以达到所有国民平等，并在完全平等的基础上重新塑造一个新的"群"，所以行动的波及面是相当广泛的，尤其是对传统的三纲五常、圣贤、礼教、历史观等都进行极为严厉的抨击。这一类资料在1900年前后便开始大量出现，到了五四新文化运动达到高峰，材料多至让人不暇引用的地步。[1] 从这些资料中我们可以发现受谭嗣同冲决网罗思想的影响者极多。以蔡元培为例，他自承受谭氏思想影响极大[2]，也步随谭氏想"破人我彼此的偏见"，不过他不是采用激烈的手段，而是"提出美育，因为美感是普遍性，可以破人我彼此的偏见"。[3] 蔡元培只是对"冲决网罗"做延伸解释的一个例子，此外还有要援"用老庄之说以冲决支那压制虚伪之网罗"者[4]，有主张"冲决治人者与被治者之网罗，则人人皆治人者，即人人皆被治者；冲决贵族与平民之网罗，则人人皆王侯，即人人皆皂隶"[5]。连"新民学会"的发起人之一蔡和森在1918年7月24日写给毛泽东（1893—1976）的信中也说，"吾人之穷极目的，惟在冲决

1　有部资料书最方便我们查考这方面的材料：张枏、王忍之合编的《辛亥革命前十年间时论选集》，共六册。

2　蔡元培：《蔡元培自述》，页52。

3　蔡元培：《蔡元培自述》，页40。

4　1903年刊于《大陆》的《广解老篇》（不著撰人），见张枏、王忍之编：《辛亥革命前十年间时论选集》，第1卷上册，页431。

5　1901年刊于《国民报》的《说国民》（不著撰人），见张枏、王忍之编：《辛亥革命前十年间时论选集》，第1卷上册，页73。

世界之层层网罗, 造出自由之人格"[1], 足见其影响层面之广, 而所有主张冲决种种网罗者的真正动机都是要"大索同胞之幸福"。[2]

由于把种种网罗的肇始者归诸儒家与专制君主之间的合作, 所以孔子与儒家成为主要的箭靶。不必等到1916年袁世凯（1859—1916）称帝祭孔时, 反孔反儒运动早已如火如荼地进行着。[3] 1903年刊于《国民日日报》的《中国古代限抑君权之法》一文中便说, 秦灭六国以后, "无识陋儒"采儒家阶级尊卑之说, "以献谀于君主……人君利其然也, 借表章学术之名, 而阴以拑锢天下之人心, 束缚天下之才智。宋儒出而扬其波……'名分'二字, 遂深中于人心, 而不可挽矣。"[4] 这类论调, 与鲁迅在多年后所写的"孔夫子之在中国, 是权势者捧起来的, 是那些权势者或想做权势者们的圣人"[5], 实有异曲同工之处。

在中国历史上, 儒家是与名教分不开的, "名教"也是被诟詈得极严厉的一环。康有为、谭嗣同姑不论矣, 湖南的杨笃生将名教

1　见罗绍志、宁丹阳、何鹄志：《蔡和森传》（长沙：湖南人民出版社, 1980）, 页159。

2　1903年刊于《国民日日报》的《革天》（不著撰人）, 见张枬、王忍之编：《辛亥革命前十年间时论选集》, 第1卷下册, 页718。

3　周策纵说, 1915年在《新青年》上有几篇文章攻击传统伦理与制度, 但未特别指向孔子, 1917年春天袁世凯称帝运动如火如荼展开, 反孔运动才正式揭幕（见Chow Tse-tsung, *The May Fourth Movement*, pp. 300-301）。他显然把时间定得太晚了。袁氏称帝祭孔自然是民初反传统运动的重大促缘, 但反传统潮流应溯得更早到1900年左右。

4　《中国古代限抑君权之法》（不著撰人）, 见张枬、王忍之编：《辛亥革命前十年间时论选集》, 第1卷下册, 页734—735。

5　鲁迅：《在现代中国的孔夫子》,《且介亭杂文二集》（北京：人民文学出版社, 1973）, 页83。

形容成"教猱升木，便利盗贼夷狄之利器也"，又说"匹妇为强暴所淫掠，已而为之守贞，已而为之徇死，曰此名教然也。……此乃横行于青天白日之下，魑魅魍魉之学说也"[1]，其措辞之强烈，实与十数年后的五四新文化运动健将们不相上下了。

礼教的束缚更是被攻击的重点之一，1903年刊在《直说》中的《权利篇》就说："吾痛吾中国之礼仪三百威仪三千也，胥一国之人以沦陷于卑屈，而卒无一人少知其非，且自夸谓有礼之邦，真可谓大惑不解者矣。礼者非人固有之物也，此野蛮时代圣人作之以权一时，后而大奸巨恶，欲夺天下之公权而私为己有，而又恐人之不我从也，于是借圣人制礼之名而推波助澜。"[2]这一段话，充分点出对礼教及对制礼的所谓"野蛮时代圣人"的不满。不管是反名教也好，反礼教也好，箭头都不约而同地指向古代制礼作乐的圣人身上。

三、黄金古代观念的破灭与上古信史之重估

制礼作乐的圣人既然是使中国"沦陷于卑屈"的罪人，那么他们的言行又何必再当作金科玉律来奉行？在《童子世界》这份刊物中，一位笔名"君衍"的作者宣称："圣贤的言行不可依"[3]，说孔

1　湖南之湖南人（杨笃生）：《新湖南》，张枬、王忍之编：《辛亥革命前十年间时论选集》，第1卷下册，页635。

2　《权利篇》（不著撰人），见张枬、王忍之编：《辛亥革命前十年间时论选集》，第1卷上册，页479。

3　君衍：《法古》，见张枬、王忍之编：《辛亥革命前十年间时论选集》，第1卷下册，页530。

子的"'至圣'两个字，不过是历代的独夫民贼加给他的徽号"[1]，连带的传统的"法古"思想也被深斥，君衍说："现在的中国所以弄到如病夫、如死人这样，都是被那'法古'两个字害的。"[2]在《广解老篇》这一篇文字中，作者说"大乱之本必生于尧舜之间"[3]，他这句话虽然是借自《庄子》，但亦表达出对古圣贤深刻的不满。梁启超的《新民说》也是从摆脱法古的束缚出发的。他劝大家"勿为古人之奴隶"，并层层进逼，对所谓黄金古代观念进行激烈的反驳。他说：

中国人动言郅治之世在古昔，而近世则为浇末为叔季。此义与泰西哲学家进化之论最相反。[4]

"郅治之世在古昔"的思想既然不可靠了，传统黄金三代的观念自然会遭到动摇。儒家经典中宣扬的礼教思想，既然受到激烈的抨击，则那些故老相传曾在古代实际施行过的伟大礼制之价值，也自然而然地受到怀疑了。那么如果有人想借着研究中国真正的古史，替古人揭出他们圣道王功的真面目，倒是能够在这个时代中激起热烈呼应的。以上这些线索，都足以帮助我们理解，这一个环境替全

1　君衍：《法古》，见张枬、王忍之编：《辛亥革命前十年间时论选集》，第1卷下册，页532。

2　君衍：《法古》，见张枬、王忍之编：《辛亥革命前十年间时论选集》，第1卷下册，页531。

3　《广解老篇》（不著撰人），见张枬、王忍之编：《辛亥革命前十年间时论选集》，第1卷上册，页430。

4　《广解老篇》（不著撰人），见张枬、王忍之编：《辛亥革命前十年间时论选集》，第1卷上册，页145。

盘重新检视上古信史的古史辨运动准备了可能性。[1]

1　顾颉刚在《古史辨》第1册《自序》中一再提到这一点。如页53—54中说："我们何以感到一班圣君贤相竟会好到这般地步？只为现在承认的古史，在它凝结的时候恰是德化观念最有力量的当儿。我们若把这凝结的一层打破时，下面的样子就决不是如此的了。"又如页70，说他想着手考舜的故事，因为"后世儒者把其中的神话部分删去，把人事部分保存，就成了极盛的唐虞之治"。顾氏受他那个时代的反传统言论熏习相当之深，而且他本人也是新文化运动中重要刊物《新潮》的支持者。在《古史辨》第1册《自序》中他便回忆到章太炎对他造成的影响。章太炎在清季所发的贬孔言论分散在他的文字中，其中尤以刊登在《国粹学报》中的《诸子学略说》为最重要。在这篇长文中，太炎大量引用诸子书诟骂孔子的话，说"儒家之病在以富贵利禄为心"，故主张"盗名不如盗货""随时抑扬""违离道本""哗众取宠"，又说"孔子之教，惟在趋时，其行义从时而变，故曰：言不必信，行不必果"。甚至于连孔子说的"君子时中"一语也被太炎丑化成"时伸时绌，故道德不必求其是，理想亦不必求其是，惟期便于行事则可矣。用儒家之道德，故艰苦卓厉者绝无，而冒没奔竞者皆是"，又说"儒术之害则在淆乱人之思想，此程朱陆王诸家所以有权而无实也"。[《国粹学报》，第2年第8号（1906年7月），页3—4]除《诸子学略说》外，太炎早在《訄书·订孔》篇中就把孔子下比于刘歆了[见《訄书》（台北：世界书局，1971），页2]。这些大胆的言论，曾在当时造成巨大的影响。1905年《国粹学报》曾刊出许之衡的一篇文字，对它的影响力有深刻的描述："余杭章氏《訄书》，至以孔子下比刘歆，而孔子遂大失其价值，一时群言，多攻孔子矣。"[许之衡：《读国粹学报感言》，《国粹学报》，第1年第6号（1905年6月），页1]

　　钱基博引吴虞之说亦认为"章炳麟《诸子学略说》攻孔子最有力"[钱基博：《现代中国文学史》（台北：文馨出版社，1976），页60]，认为"只手打孔家店"的吴又陵大抵袭章太炎、康有为、梁任公早年之余论。而顾颉刚是对《国粹学报》极为熟悉之人，我们虽然不敢说他必曾读过刊载在该报的《诸子学略说》，但敢确定至迟在民国二年时他已由接闻太炎的绪论中下根深蒂固的反孔教思想（《古史辨·自序》，《古史辨》，第1册，页24）。

　　此外，章太炎主张将《六经》视为历史文献，提倡"夷六艺于古史，徒料简事类"（《检论·清儒》，见《章氏丛书》，页563）的方法，已经远比章学诚的"六经皆史"说激进了。如果顺着这一套方法去发挥，必能对上古历史的研究起不小的革命作用。而顾颉刚便说明他自己于1913年在北平化石桥的共和党总部听章太炎演讲时，即受了这类新说的启迪（《古史辨·自序》，页24）。顾氏同时也点出，这时的反传统思想气氛与古史辨运动之关系。他在《古史辨》第1册《自序》中已明白指出了："在现代以前，学术界已经断断续续地起了多少次攻击伪书的运动，只因从前人的信古的观念太强，不是置之不理，便是用了强力去压服它，因此若无其事。"（页42）

假设古史辨运动不是在这个强大的反传统气氛中爆发，那么它能波及多大的程度是很令人怀疑的。事实上，历史事件与整个时代的大环境之间是互相交涉，互相影响的，而非任何一方面支配另一方。否则，像顾颉刚在古史辨论战中所说的许多话，虽过去两千多年来陆续有人说过，但在当时却激不起一些涟漪来，其中最关键的因素之一便是有无外在环境的助缘。这个现象使我们了解到：询问谁是第一个说出某书为伪，某史为伪，或某些史事是后人所托等等，本身并没有决定性的意义。同时，也使我们注意到两个问题：（一）同样一个论题在不同脉络中，性质也相当地不同，其所产生的影响亦异。（二）一个异说能不能激起广泛的回应与它是不是当时学术思想界公认的核心论题（或者是它能不能改变当时学术界的是最核心的成分）息息相关，必须与学术思想界公认的核心论题相关它才可能转化成重大的危机。如果这些因素都不具备，则单独一个异说甚至不能导致极小领域的变化。乾隆时代的学界不能接受崔述（1740—1816）的看法就是一个最好的例子。即使当时学术界有人看到崔述《考信录》这样一根"刺"，却也不以为意。这也就是为什么在历史上，不同时代的人即使都研究同一个问题，得到的答案也相似，但却造成不同影响的缘故。[1]

---

[1] 我们如果回头检视传统的辨伪史，便可发现许多与顾氏在疑古运动中相仿佛的观点都曾一一出现过了，但在当时都没有得到广泛的回应，其中原因自然很复杂。不过，那些时代思想气候的限制当是很具关键性的因素。由于时代思想气候的限制，使得他们的疑古言论不可能得到广泛的回应。如果认为《孔子改制考》中的《上古茫昧无稽考》是导引顾颉刚怀疑上古信史的主要原因，其实相近似的话早在《列子》的《杨朱》篇中便已说过：

（转下页）

　　杨朱曰：“太古之事灭矣，孰志之哉？三皇之世，若存若亡，五帝之事，若觉若梦，三王之事，或隐或显，亿不识一。”而且清代魏源也说过相似的话。他在《默觚·学篇一》中说：“岂知三皇之事，若有若无，五帝之事，若存若灭，三王之事，若明若昧”，见（清）魏源撰：《魏源集》（台北：鼎文书局，1978），页3。但是他们的话并没有激起明显的回响。

　　像顾氏在《古史辨》中讨论到纣恶七十事发生之次第等文中，一再强调：圣人的神圣形象是经后人不断涂饰的结果，这也决不是他第一次发现的，公元前2世纪的《淮南子·缪称》老早就说道：“三代之善，千岁之积誉也；桀纣之谤，千岁之积毁也。”[（汉）刘安著，刘文典集解：《淮南鸿烈集解》（台北：台湾商务印书馆，1968），第3册，页51]可是这段话在当时却没有引起什么反应，至少不像两千年后顾颉刚说同样的话时引起如此大的震动。即以怀疑上古信史为例，顾颉刚的许多个别论点，刘恕、崔述、梁玉绳等人便早已说过类似的话了，刘恕《通鉴外纪》中认为三皇五帝本无其人，仲尼所不道，秦以前或言五帝，但犹不及三皇（转引自杨宽：《中国上古史导论》，收入《古史辨》，第7册，上编，页97—98）。崔述考证战国、秦、汉间所说的上古、夏、商、周以及孔子、孟子的事迹，亦推翻无数伪史（见《考信录》）。梁玉绳的《史记志疑》和《汉书人表考》，对于司马迁以前的历史事迹和人物传说的发展作了总清理。譬如禹巡狩至会稽之事，他便认为“起春秋后诸子杂说，不足依据”[见（清）梁玉绳：《史记志疑》（上海：商务印书馆，1937，丛书集成初编本），第1册，页36]。用故事的层累造成来说明古史是层累造成的，也不是顾氏独有的，崔述也与他有相同的经验[这一点顾颉刚已在《崔东壁遗书序》中指出了，见顾氏所编订的《崔东壁遗书》（上海：上海古籍出版社，1983），页62]。这些人的疑伪议论自然与顾颉刚有些距离，可是他们在自己的时代竟不能造成太大影响，尤其像崔述的疑古工作范围既广，言论又激烈，却不可能在他的时代中得到热烈的呼应。这跟时代思潮的限制是息息相关的。就目前所能见到的材料看来，有清几百年间，提到他的只有寥寥数人，而且一无例外都是恶言相诟。骂他的人甚至把他的名字误写成“崔应榴”（见顾颉刚：《关于本书的评论目》，《崔东壁遗书》，页1041），足见其声光之晦。从这样一个例子不正可以充分看出外在环境对思想传播的限制吗！

第一章 顾颉刚层累造成说的特质与来源

一、层累造成说的几个特质

也许读者马上会发生这样一个疑问：反传统氛围固然替古史辨准备了可能性，但并不是充分而且必要的条件，反传统运动者可以刻意尽情揭露中国专制君主统治的黑暗面，如易白沙（1886—1921）的《帝王春秋》中，分十二大类，"举吾国数千年残贼百姓之元凶大恶，表而出之"。[1]可以斥责名教礼制的迂腐落后，可以宣称上古不是黄金时代，而未必要宣称我们习知的上古史事几全出于刻意伪造。其实，顾颉刚在《古史辨》第1册长达十万字的《自序》中也指出了，除了当时反传统的思想气氛外，还有几个因素也是他从事疑古工作的重要支柱：崔述疑伪工作的影响、胡适（1891—1962）的科学方法之启迪、观赏民俗戏曲的心得、康有为与章太炎的影响。这几点我们接着会讨论到。

顾颉刚在《古史辨》中最突出的论点是"层累造成说"，而且持守之坚至死不渝，他后来的许多重要学术论文都是沿袭这一个方

1　易白沙：《帝王春秋》（台北：广文书局影印本，1980），序页1。

法作成的，像他晚年所发表的《"周公制礼"的传说和〈周官〉一书的出现》及他死后发表的遗稿《周公执政称王——周公东征史事考证之二》等都是应用同样的方法作成的，[1]足证这个方法在他一生史学研究历程中的重要性。

我们检视散布在顾颉刚早期著作中（大多在《古史辨》第一、二册中）的一些零散的文字，正可以充分发现他的层累造成说有一个相当大的特色。1923年10月7日刊于《读书杂志》中的《启事三则》中透露这样一个消息，他说：

> 中国的古史全是一篇糊涂账。二千余年来随口编造，其中不知有多少罅漏，可以看得出它是假造的。但经过了二千余年的编造，能觳成立一个系统。[2]

我们过去约定俗成的上古信史原来是两千余年来伪史家们"随口编造"的系统。同样的话在顾氏的各种文章中到处出现着；1926年4月《古史辨》第1册《自序》中也说：

> 这是一个大问题，它的事实在二三千年以前，又经了二三千年来的乱说和伪造。[3]

---

1 顾颉刚：《"周公制礼"的传说和〈周官〉一书的出现》，发表在《文史》，第6辑（1979年6月），页1—40；《周公执政称王——周公东征史事考证之二》，发表在《文史》，第23辑（1984年11月），页1—30。

2 顾颉刚：《启事三则·第一则》，《古史辨》，第1册，页187。

3 顾颉刚：《古史辨·自序》，第1册，页2。

我们得注意：他在这里用的是"伪造"二字。1923年写的《与钱玄同先生论古史书》中也用同样的措辞，说伪史的充分创造主要是从战国到两汉这一段时间的事：

> 从战国到西汉，伪史充分的创造，在尧舜之前更加上了多少古皇帝。[1]

以《尧典》为例，顾氏便认为它是在《论语》之后编造出来的：

> 在《论语》之后，尧舜的事迹编造得完备了，于是有《尧典》《皋陶谟》《禹贡》等篇出现。有了这许多篇，于是尧与舜有翁婿的关系，舜与禹有君臣的关系了。[2]

本来空空洞洞的尧与舜，要到《尧典》等篇伪造出来后，他们的"文章"才出现：

> 作《论语》时，对于尧舜的观念还是空空洞洞，只推尊他们做两个道德最高，功绩最大的古王；作了《尧典》等篇，于是尧舜的"文章"都有实事可举了。[3]

1　顾颉刚：《与钱玄同先生论古史书》，《古史辨》，第1册，页65。

2　顾颉刚：《与钱玄同先生论古史书》，页64。

3　顾颉刚：《与钱玄同先生论古史书》，页65。

不但"文章"有了，连尧与舜的翁婿关系，舜与禹的君臣关系都"造"出来了，为了配合时势的需要，春秋后期的人造出禅让说，而且把他们当时才造出的尧、舜与西周中期起来的禹配上关系：

> 他们的关系是起于禅让之说上，禅让之说乃是战国学者受了时势的刺戟，在想象中构成的乌托邦。[1]

他们伪造的步骤并不一致，所以时常会造得重复，所以有了后稷，又"造"出许行与神农。他说：

> 这两个倡始耕稼的古王，很可见出造史的人的重复。他们造史的人为什么要重复？原来禹的上面堆积的人太多了，后稷的地位不尊重了，非得另创一个神农，许行一辈人就不足以资号召了！[2]

一层一层堆累而成的古史，其"发生的次序和排列的系统恰是一个反背"[3]。正因为这些上古史系统是随口编造，愈放愈大的，所以顾氏在1924年3月发表的《我的研究古史的计画》中宣称：

1　这是1923年8月顾颉刚在《讨论古史答刘胡二先生》中的话，见《古史辨》，第1册，页133。

2　顾颉刚：《与钱玄同先生论古史书》，页66。

3　顾颉刚：《古史辨·自序》，页52。

因为它在事实上必不确，所以信它的是愚。因为它在民众的想像里确有这回事，所以驳它的也成了废话。[1]

重要的是要找出"这个古史观念是从何时、何地，或因何事来的？为什么要来？"[2]。

由于他认为两三千年中，有不少人在随口编造历史，所以伪书中的史料完全是伪造者反映现实需要而造的，不可能根据任何真史料，故里面的世界完全是影子，不必经过任何筛选即可全部推翻，关于这一点，连最支持他的钱玄同（1887—1939）也说话了。他在1926年1月的《论〈说文〉及壁中古文经书》中说不能因为《周官》《公羊》是伪书便把它们"一脚踢开"，因为"假书中也许有真料"[3]，又说，不能因为某书未经伪造便一味相信：

咱们并不能因其为真书，就来一味的相信它。这是咱们跟姚际恒、崔述、康有为及吾师崔觯甫、章太炎两先生诸人最不同的一点。[4]

可是顾颉刚并没有修正其说法，这是因为他坚决相信：

---

1 顾颉刚：《我的研究古史的计画》，《古史辨》，第1册，页215。

2 顾颉刚：《我的研究古史的计画》，页216。

3 钱玄同：《论〈说文〉及壁中古文经书》，《古史辨》，第1册，页233。

4 钱玄同：《论〈说文〉及壁中古文经书》，页232。

有许多伪史是用伪书作基础的，……有许多伪书是用伪史作基础的。[1]

伪书与伪史二位一体，倒则俱倒，没有讨价还价的余地。

认为层累而成的古史是有意伪造而不是自然积累的结果，是顾氏始终坚持的一个态度。一直到1930年他写《阮元明堂论》时仍是同一口气：

一切制度文化遂悉建立基础于战国而下之说者之口。[2]

甚至到1935年所写的《战国秦汉间人的造伪与辨伪》也仍然认为：

从《春秋》的著作看来，可知那时的儒家是怎样的为这大时代打算。他们对于未来的憧憬是借了过去的事实来表示的，所以他们口里的古史是他们对于政治的具体主张，所谓"祖述尧舜，宪章文武"乃是水中的倒影。……因此，尧、舜、文王的历史就成了他的王道主义下的历史。……孟子呢？他简直不管古代的事实究竟如何，……但我们早已知道，他（孟子）表面上虽说的是古事，实际则是发表自己的政见。[3]

1　顾颉刚：《古史辨·自序》，页42。

2　顾颉刚：《阮元明堂论》，收入《国立中山大学语言历史学研究所周刊》，第11集第121期（1930年3月），页13。

3　顾颉刚：《战国秦汉间人的造伪与辨伪》，《古史辨》，第7册，上编，页25—28。

他的结论是:"三代的制度,就在这种情形之下愈讲愈多。"[1]整个上古历史,几乎都是建立在造史者的口上。

由前引这些材料可充分看出顾氏的层累说至少有四个特质:

(一)断定汉代或战国是古史放大的时期,宛如那些古史过去没有传说过,自汉代以后制造伪史的工程似乎也停止了(以后有些学者则是因整齐百家语而造伪),仅在战国至汉这一段时间内传说出一部古史来。

(二)把古书的真伪与书中所记载的历史之真伪视为一体,认为伪古书上必不可能有真史,他认为一旦书伪,史事便伪,不必再做任何的鉴别。顾氏的观念里面实有一个"阴谋理论",作为基础,认为伪书是某些人为了特定目的刻意伪造的,所以其中史事必属全伪,几乎完全排除假史书也可能根据部分真史事写成的可能性。

(三)传说与伪造之间似乎并无分别,好似"传说"即是"伪造"。只要是有传说变迁的痕迹即表示这件史事是"有意作伪"的成果。

(四)史家只能知上古史事变迁之迹,而无法知道何事为真,何事为伪?也不知这些史事最后的真相是什么。这主要是因为他把上古史事当作造史家们思想的反映。

---

1 顾颉刚:《战国秦汉间人的造伪与辨伪》,页28。这些观念一直到顾氏死前仍未变。《战国秦汉间人的造伪与辨伪》一文后来不断增补扩大,成为《崔东壁遗书》的长序,依顾氏的助手王煦华表示,顾氏去世前,这篇长序仍未完成,而上引的这段话仍未丝毫改变,足见是他所始终坚持的。顾颉刚:《崔东壁遗书序》,《崔东壁遗书》,页70;引文见页16。

二、崔述的《考信录》

上面这四种特质，比较清楚地表现在顾氏1923年2月25日的《与钱玄同先生论古史书》中。他说"层累说"有三个重点：（一）"时代愈后，传说的古史期愈长"；（二）"时代愈后，传说中的中心人物愈放愈大"；（三）"我们在这上，即不能知道某一件事的真确的状况，但可以知道某一件事在传说中的最早的状况"。[1]这三个原则是受了几层影响而发展成的。首先我们注意到，清代的崔述已说过颇相仿佛的话。他说：

> 　世益古则其取舍益慎，世益晚则其采择益杂，故孔子序《书》，断自唐虞，而司马迁作《史记》乃始于黄帝。……近世以来……乃始于庖羲氏或天皇氏，甚至有始于开辟之初盘古氏者。……嗟夫，嗟夫，彼古人者诚不料后人之学之博之至于如是也。[2]

根据顾氏自述，他在十二三岁时即已从李元度（1821—1887）的《国朝先正事略》中读到《崔东壁先生事略》，知道崔氏把西周以前的历史和孔子个人的历史作了细密的考证。[3]最迟在1921年1月

1　顾颉刚：《与钱玄同先生论古史书》，页60。

2　崔述：《考信录提要上》，《考信录》，上册，页31—32。

3　顾颉刚：《古史辨·自序》，页45。

底，他就从胡适那里借读了《考信录》，并且准备开始进行标点工作。[1]他理应看过崔氏在《提要上》的这一段文字的。如果我们仔细观察《与钱玄同先生论古史书》的铺陈方式，便会发现二者实有许多若相仿佛之处，像顾氏所说的"周代人心目中最古的是禹，到孔子时有尧、舜，到战国时有黄帝、神农"[2]便与《考信录提要上》的"孔子断自唐虞，司马迁乃始于黄帝，近世以来乃始于庖牺氏"很相近。又如后人何以"文籍越无征，知道的古史越多"[3]也与崔述的"古人者诚不料后人之学之博之至于如是"语意相类。甚至于他说"于是商汤不由得不做夏桀的臣子，周文王不由得不做殷纣的臣子"。[4]也令人马上联想到崔述因"内文明而外柔顺"这句经文推测文王不可能为纣臣的论点。[5]虽然，崔述推断文王不可能为纣臣，是有其特殊的卫道用心，而顾颉刚说"周文王不由得不做殷纣的臣子"，则纯粹是为了拆散传统的古史系统。二者根本意图虽然有所不同，不过在客观结构上却可以发现薪火相传之迹。但正如上面所说的，崔氏的疑伪观点在他的思想体系中所占的位置，与顾氏的疑古观点在他的思想体系中的位置并不相同，足见辨伪疑古是可以在不同的基本观点下朝许多不同方向发展出来的。这一点是在比对两人思想的时候必须加以考虑的。

1　顾颉刚：《古史辨·自序》，页45—46；胡适：《告得〈东壁遗书〉书》，《古史辨》，第1册，页19。

2　顾颉刚：《与钱玄同先生论古史书》，页60。

3　顾颉刚：《与钱玄同先生论古史书》，页65。

4　顾颉刚：《与钱玄同先生论古史书》，页63。

5　崔述：《丰镐考信录》，卷2，页12—14，收入《考信录》，上册。

此外，我们应该注意到：崔述只说到诸子有因托古而层累的情形。这使得他的层累说主要局限在先秦诸子有意托古改制上，所以这中间实有一个细微之处值得深辨：崔述是在先承认了经书中大部分史事为真的前提下，对上古史事提出质疑的，故与经相抵触的史事始判为伪。但顾颉刚并不如此，他是把经书中的史事与诸子中的史事全盘否定了，以此为基础来说层累造成的。所以，一位是先肯定了一个古史系统的层累说，一位是先否定全部古史系统的层累说，二者相去是不能以道里计的。[1]

正因他们之间存在着如此重大的不同，所以顾氏老早就表达他对崔述的两点不满。在《与钱玄同先生论古史书》中便明白说出了：

> 但他（崔述）的著作有二点我觉得不满意。第一点，他著书的目的是要替古圣人揭出他们的圣道王功，辨伪只是手段。他只知道战国以后的话足以乱古人的真，不知道战国以前的话亦足以乱古人的真。他只知道杨墨的话是有意装点古人，不知道孔门的话也是有意装点古人。所以他只是儒者的辨古史，不是史家的辨古史。第二点，他要从古书上直接整理出古史迹来，也不是妥稳的办法。因为古代的文献可征的已很少，我们要否认伪史是可以比较各书而判定的，但要承认信史便没有实

1　顾颉刚大致只信《论语》和《诗经》中的几篇。所以他在《与钱玄同先生论古史书》会说"东周的初年只有禹，是从《诗经》上可以推知的；东周的末年更有尧舜，是从《论语》上可以看到的。"（页63）但是所谓"相信"，是他认为它们反映了当时人真正的古史观念，至于其他的书则连这一点都谈不上。

际的证明了。[1]

细察这一段话便可以看出他们之间存在着看似细微、其实重大的差距：一个是认为"要承认信史便没有实际的证明"，也就是说可以断定史事真伪的标准，实际上是不存在的，一个是先立定了一套标准来判定史事真伪。令吾人感到好奇的是：是什么样的原因造成了这个差距？

三、胡适提倡的科学方法

接着我们来看胡适的影响。

胡适对顾氏的影响至少有两层：第一是蔡元培所说的"截断众流"的魄力。《中国哲学史大纲》一书丢开唐、虞、夏、商，径从周宣王以后讲起，作为胡适中国哲学史课堂中学生的顾颉刚是不可能不受任何影响的。在《古史辨》第1册的长序中，顾氏这样回忆着：

我虽是早受了《孔子改制考》的暗示，知道这些材料（按：指陈汉章主讲哲学史时所用材料）大都是靠不住的，但到底爱敬他的渊博，不忍有所非议。……胡适之先生……用《诗经》作时代的说明，丢开唐、虞、夏、商，径从周宣王以后讲起。这一改把我们一班人充满着三皇五帝的脑筋骤然作一

1　顾颉刚：《与钱玄同先生论古史书》，页59。

个重大的打击。……我的上古史靠不住的观念在读了《改制考》之后又经过这样地一温。但如何可以推翻靠不住的上古史，这个问题在当时绝没有想到。[1]

顾氏晚年在《我是怎样编写〈古史辨〉的？（上）》中再度肯定了这一点。他说：

> 我瞧他略去了从远古到夏、商的可疑而又不胜其烦的一段，只从《诗经》里取材，称西周后期为诗人时代，有截断众流的魄力。[2]

顾氏在写这段文字时，批判胡适集团的风潮早已过去了，所以他不必再像早先那样避忌谈到自己曾受胡适的影响。[3]从这几段回忆中可以清楚看出：顾氏早先读过《孔子改制考》，早已知道上古史的许多材料是"靠不住"的，可是要经过胡适的一番洗礼与坚振，才更加肯定这个从康有为那里接收过来的大胆看法。

第二层影响是胡适从西洋带回的科学方法。这个方法对顾氏

---

1 顾颉刚：《古史辨·自序》，页36。

2 顾颉刚：《我是怎样编写〈古史辨〉的？（上）》，《中国哲学》，第2辑（1980年3月），页332。

3 根据梁从诚的《胡适不是研究历史，而是歪曲和捏造历史》一文（收入《历史研究》，1955年第3期）的说法，顾颉刚在一次开会谈到自己和古史辨派的时候，只谈到某些人如章太炎、梁启超等对他的影响，并竭力否认胡适对他的影响（页50）。此事在李锦全《批判古史辨派的疑古论》中亦被提出强调（《中山大学学报》，1956年第4期，页76）。

的"层累造成说"也有启导之功。顾颉刚表示：

　　适之先生带了西洋的史学方法回来，把传说中的古代制度和小说中的故事举了几个演变的例，使人读了不但要去辨伪，要去研究伪史的背景，而且要去寻出它的渐渐演变的线索。[1]

又说：

　　后来听了适之先生的课，知道研究历史的方法在于寻求一件事情的前后左右的关系，不把它看作突然出现的。老实说，我的脑筋中印象最深的科学方法不过如此而已。[2]

顾氏很坦白地承认他当时所领受的"科学方法"不过是这么一点点。这套科学方法与杜威（John Dewey, 1859—1952）有相当的关系。1921年，杜威到中国演讲，胡适自己在他1921年6月30日的日记中，对演讲内容归纳出一个重点，说杜威是给了我们一个"祖孙的方法"：

　　他只给了我们一个方法使我们自己去解决一切特别问题。[3]

1　顾颉刚：《古史辨·自序》，页78。

2　顾颉刚：《古史辨·自序》，页95。

3　这是从胡颂平编著《胡适之先生年谱长编初稿》（台北：联经出版事业公司，1984）第2册中抄录的，页459。

这方法中的第一步是"历史的方法":

> 历史的方法——"祖孙的方法"。他从来不把一个制度或学说看作一个孤立的东西,总把他看作一个中段:一头是他所以发生的原因,一头是他自己发生的效果;上头有他的祖父,下面有他的子孙。捉住了这两头,他再也逃不出去了![1]

曾在哥伦比亚大学亲身受教于杜威的冯友兰(1895—1990),在他的回忆录《三松堂自序》中也特别谈到杜威的实用主义在研究社会现象的时候,很注重用"发生法"(genetic method)[2],胡适不只是把这个方法运用到哲学史研究上,还扩及小说及井田的研究。[3]从1919年到1920年,胡适与胡汉民(1879—1936)、廖仲恺(1877—1925)往复辩论井田问题时,所运用的便是这个方法。而他在

---

1 胡颂平编著:《胡适之先生年谱长编初稿》,页459。

2 冯友兰:《三松堂自序》(北京:生活·读书·新知三联书店,1984),页215。冯友兰回忆杜威在口试他的博士论文时也问了一个类似的问题:"(中国哲学)这些派别是否有个发展的问题,例如这一派发展到那一派,而不是像一把扇子那样,平摆着?"(页207)

3 1919年下半年间,胡汉民在《建设杂志》第1卷第3号上发表了一篇关于中国哲学史研究的文章,显然地采用和胡适不同的观点。胡汉民承认中国古代曾有井田制度,而井田制的破坏实为先秦诸子产生的原因。胡适受今文学的影响,否认中国古代有所谓井田制度。参加这个论战的有廖仲恺、朱执信、吕思勉及部分左派学者,持续到次年5月无疾而终。这个论战的文章收在柯金著,岑纪译:《中国古代社会》(台北:庐山出版社,1974)的附录,页189—294。胡适的文章收入胡适:《问题与主义》,《胡适作品集》(台北:远流出版社,1986),第4册,页187—214。

1920年撰作《水浒传考证》时，也同样是以这种方法为支柱。[1]这些文字及贯串其中的"科学方法"对顾氏有相当分量的影响，他回忆说：

> 那数年中，适之先生发表的论文很多，在这些论文中他时常给我以研究历史的方法。……适之先生在《建设》上发表的辨论井田的文字，方法正和《水浒》的考证一样，可见研究古史也尽可以应用研究故事的方法。[2]

顾氏在《阮元明堂论》中再度作了同样的印证：

> 适之先生考井田，就各说之发现时代以观递相增益之痕迹及其与先后诸说交互影响之关系；吾等读之，遂知无数井田材料尽由孟子数言演绎而来，于是此极完备之井田制度乃不劳攻击而自然倒坠。然用此种历史演进之眼光而读古书者，二千年来不一二觏也。（以我所见，仅崔述所著之《经传禘祀通考》

---

1 《水浒传考证》是胡适于1920年7月27日完成的稿子，说明"《水浒传》不是青天白日里从半空中掉下来的，《水浒传》乃是从南宋初年（12世纪初年）到明朝中叶（15世纪末年）这四百年的'梁山伯故事'的结晶"，"施耐庵的《水浒传》是四百年文学进化的产儿"，"这种种不同的时代发生种种不同的文学见解，也发生种种不同的文学作物——这便是我要贡献给大家的一个根本的文学观念。这便叫作历史进化的文学观念。"（参见胡颂平编著：《胡适之先生年谱长编初稿》，页409—410）1921年6月11日胡适又作成《水浒传后考》（见胡颂平编著：《胡适之先生年谱长编初稿》，页452）。

2 顾颉刚：《古史辨·自序》，页40。

为完全用此种方法者。）[1]

这段文字指出了胡适的科学方法与崔述的方法互有通途，而它们又不约而同地对顾氏的层累造成说有某种程度的启发之功。

四、孟姜女研究的启示

民俗戏曲研究的心得是另一个值得注意的因素。冯友兰晚年的《三松堂自序》中回忆说，顾颉刚曾告诉他，在北大当学生的时候喜欢看戏，"看得多了，他发现一个规律，某一出戏，越是晚出，它演的那个故事就越是详细，枝节越多，内容越丰富。故事就好像滚雪球一样，越滚越大。由此他想到，古史也有这种情况。……古史可能也有写历史的人编造的部分，经过写历史的人的手，就有添油加醋的地方，经的手越多，添油加醋的地方也越多。这是他的《古史辨》的基本思想，这个思想，是他从看戏中得来的"。[2]这一段话大致说明了"层累造成说"之形成与顾氏观赏研究民俗戏曲之间密切的关系。可是，冯友兰的这一个斩钉截铁式的论断实有错误向导之嫌。因为我们如果把看戏经验说成是促成层累说的唯一因素，恐怕就会逐流而忘返了。

我们当然也不能忘记，顾氏在他的长序中曾一再强调观赏民俗戏曲的心得对他后来研究古史的助益，而且1924年11月23日他在北大《歌谣周刊》上刊出的《孟姜女故事的转变》，即是"层累说"

1　顾颉刚：《阮元明堂论》，页13。

2　冯友兰：《三松堂自序》，页328。

在民俗研究领域中的展示。这个研究肇始于1921年冬天[1]，在《古史辨·自序》中他还特别谈到想等孟姜女故事考明之后，再着手考舜的故事。[2]如果他的追忆是值得信赖的，那么他把这个方法应用到民俗戏曲的研究甚至要早于运用到古史研究上（一直到1923年5月6日，顾氏《与钱玄同先生论古史书》中才提到要以此法治古史[3]）。

在顾颉刚的学术生涯中，孟姜女研究是一个持续相当长久的研究主题，1924年11月23日，他在北大《歌谣周刊》中发表了初步研究的结果，用层累造成的方法，考出孟姜女故事是由《左传》中杞梁之妻的故事发展而成的。我们有必要简述整个故事层层积累的过程。

这个故事最初的型式是说"齐侯打莒国，杞梁、华周……作先锋，杞梁打死了。齐侯还去时，在郊外遇见他的妻子，向她吊唁。她不以郊吊为然，说道：'若杞梁有罪，也不必吊；倘使没有罪，他还有家咧，我不应该在郊外受你的吊。'齐侯听了她的话，便到她的家里去吊了。在这一节上，我们只看见杞梁之妻是一个谨守礼法的人，她虽在哀痛的时候，仍能以礼处事，神智不乱，这是使人钦敬的。至于她在夫死之后如何哀伤，《左传》上一点没有记出。"[4]所以杞梁之妻的故事中心，在战国以前是不受郊吊。但到了西汉以前却发展成悲歌哀哭；到了《列女传》，则受了汉代天人合一思

1　顾颉刚：《古史辨·自序》，页66。

2　顾颉刚：《古史辨·自序》，页70。

3　顾颉刚：《古史辨·自序》，页60。

4　顾颉刚：《孟姜女故事的转变》，收入顾颉刚编：《孟姜女故事研究集》（台北：汉京文化事业公司翻印本，1985），页2。

想之影响，发展成为哭夫崩城，把"却郊吊"一事忘了。[1]东汉末蔡邕的《琴操》中更说她"哀感皇天城为堕"[2]，但这时也只说崩城，却不知所崩何城，到了西晋崔豹所著的《古今注》中却明白指出是杞都城[3]，后来郦道元《水经注》则说是莒城，到了北宋孙奭的《孟子疏》中才开始说杞梁之妻名"孟姜"。

顾氏还特别谈到他如何把研究孟姜女故事的方法运用到解释古史上。他说：

我们懂得了这件故事的情状，再去看传说中的古史，便可见出它们的意义和变化是一样的。孟姜女的生于葫芦或南瓜中，不即是伊尹的生于空桑中吗？……读者不要疑惑我专就神话方面说，以为古史中原没有神话的意味，神话乃是小说不经之言。须知现在没有神话意味的古史，却是从神话的古文中淘汰出来的。……我们若能了解这一个意思，就可历历看出传说中的古史的真相，而不至再为学者们编定的古史所迷误。[4]

1　顾颉刚：《孟姜女故事的转变》，页7。

2　顾颉刚：《孟姜女故事的转变》，页11。

3　1925年，孟姜女故事研究有了另一次突破，这时发现孟姜女故事不只是随历史的发展而层累，而且还随地域而分化。在1925年9月的《孟姜女故事研究的第二次开头》（刊于《北京大学研究所国学门周刊》，第1卷第1期，1925年10月）中，顾氏说他在1924年时"看到了徐水县的古迹和河南的唱本，才觉悟这件故事还有地方性的不同，还有许多横的方面的材料可以搜集，于是我又在这个研究上开出了一个新境界了！"（《孟姜女故事研究集》，页95）关于地域分化的情形，见《孟姜女故事研究集》，页36—73。

4　顾颉刚1927年1月所发表《孟姜女故事研究》，收入《孟姜女故事研究集》，页72—73。他在文前说明此文是《古史辨·自序》中删去之一部分，见页24。

用故事的眼光来看古史确实对他的古史研究有相当的启发作用。顾氏在《我的研究古史的计画》中便坦白承认：

> 老实说，我所以敢大胆怀疑古史，实因从前看了二年戏，聚了一年歌谣，得到一点民俗学的意味的缘故。[1]

不过，发生在民俗戏曲中的层累现象是可以细分成两种的：一类是有某种程度的历史故事作为本事的，如孟姜女故事，薛仁贵与薛丁山故事[2]；另一类是几乎没有历史源头的，如歌谣的演变。但是不管有没有历史源头，这两者之所以会层累发展，大多是"自然"无心的添改，而少有为了某些现实理由"刻意造伪"的现象。在这个分别处又令我们回想到顾氏的古史层累说的最大特色是古史既无历史源头又是出于有意造伪，而非自然积累。所以他的古史层累说固然受到民俗戏曲的影响，但是二者仍有一个关键性的差距。为什么？

五、清季今文家的历史解释

任何对《古史辨》的思想史背景感兴趣的人，似乎都不应该回避上面几个"为什么"。

《古史辨》难道只是一次更大规模的辨伪活动吗？如果是，为何它不是在一本书接着一本书地辨证，一件事接着一件事辨证之

1　顾颉刚：《我的研究古史的计画》，《古史辨》，第1册，页214。

2　顾颉刚：《古史辨·自序》，页20。

后，才宣称禹是爬虫类、上古历史大多只是幻影、它们只是依据了各时代的时势来解释各时代传说中的古史，为什么顾颉刚会如此断然地宣称上古史事都是某些人为了特定目的有意地造作出来的，不是像歌谣戏曲般自然积累而成？为什么他不只宣称诸子托古改制，同时也宣称经书中史事都是刻意伪造而成？为什么顾氏会如此固执地相信书伪则史全伪，而不曾更细心地考虑到：伪书中也可能有真史事？更有意思的是：为什么这个以讨论上古历史为主的论辩，会花费如此巨大的篇幅去处理刘歆与《左传》作者、五德终始、经今古文之争等等表面上看来不那么相干的问题。

刻意造伪与自然层累这一个关键性的不同，其实是古史论战仍在进行时，就有人察觉出来的，可惜都是一些散在各处的零星议论。钱穆（1895—1990）在《古史辨》第5册的《评顾颉刚〈五德终始说下的政治和历史〉》中便指出：

> 伪造与传说，其间究是两样。传说是演进生长，而伪造却可以一气呵成，一手创立。传说是社会上共同的有意无意——而无意为多——的一种演进生长，而伪造却专是一人或一派人的特意制造。传说是自然的，而伪造是人为的。传说是连续的，而伪造是改换的。传说渐变，而伪造突异。[1]

---

[1] 见顾颉刚编：《古史辨》，第5册，页620。当时还有不少人针对顾氏的层累说提出各种批评。如陈槃说："传说尽管传说，它有很丰富的历史的因素在里头。"（《古史辨》，第5册，页659）陆懋德批评顾颉刚对禹之观念屡变而遂不知其结论（《古史辨》，第2册，页375）。也就是说古人真正的经历是什么？这是顾氏始终没有说的。也有人质疑说"我们不能用传说中神话中的禹来否认历史上的禹"（《古史辨》，第2册，页420），也就是说不能因为传说中或神话中的禹是个令人不敢相信的天神，而否认历史上真有禹这个人。

这类说法并不为顾颉刚等所接受。在他们看来，揭露春秋到秦汉的这一段造伪史是铁案如山转不动的。[1] 全案事出有因，所以不能信及其余了。所以当钱穆说他希望《古史辨》再进一层，不迷执于晚清今文家的刘歆遍伪群书之旧说时，顾颉刚并不赞成，他说：

> 他们（指晚清今文家）的历史考证，固然有些地方受了家派的束缚，流于牵强武断，但他们揭发西汉末年一段骗案，这是不错的。[2]

顾氏是很明白地表示他坚持西汉末年的"一段骗案"是造成层累伪古史的一个重要源头。而正如我们前面所说的，把无意的积累与有意造伪等同，正是《古史辨》中一个特质。

这一特质使我们敏感地意识到，除了前面提到的四个源头外，应该还有一个更为关键的思想背景与这个运动有着极为密切的关系。若想找出这个关键因素，我们可以借用胡塞尔现象学中"想象变换法"（imaginative variation），把偶然的因素排除，然后把握那使现象成为可能的必然因素。而我们之所以知道它是关键性因素，乃是因为如果失去了那个条件，则某现象立即无法想象。[3]

对于古史辨运动而言，这个关键性的因素是什么？——它是

---

1 刘节：《刘序》，《古史辨》，第5册，页5。

2 顾颉刚：《跋钱穆评〈五德终始说下的政治和历史〉》，《古史辨》，第5册，页631。

3 沈清松：《现象学与解释学之比较》，刊于《哲学与文化》，第4卷第9期（1977年9月），页14。

以康有为作为代表的晚清今文家的历史观。这一层内在关联之所以易被忽视，主要还是因为表象上看去，康有为、顾颉刚两人一代表旧，一代表新，明明是正相对立的，所以未能从客观上看出顾颉刚在整个疑古工作的架构上依附康氏。康氏为了尊孔及"托古改制"而对上古信史所从事的解消工作，几无保留地被顾氏所继承，并被用作重新检讨整个古代信史的武器。故虽然从表面上看去，他们两人一个尊孔，一个反孔，其实内在正有着千丝万缕的关系。关于晚清今文学与古史辨运动的因果关联，傅斯年、陈寅恪（1890—1969）、钱基博（1887—1957）等学者都曾分别予以点破。傅斯年在《〈殷历谱〉序》中说：

> 清乾嘉考据学之盛，初以为有功乎论赞六艺，其实富于破坏性。自刘逢禄始分解《左传》，至今而辨经籍中之古史资料者多矣。[1]

---

[1]　傅斯年：《傅斯年全集》，第3册，总页956。另有一种看法，认为白鸟库吉的《尧舜禹抹杀论》是促成古史辨运动的主要力量（见胡秋原：《一百三十年来中国思想史纲》（台北：学术出版社，1973），页84。白鸟氏是在明治四十二年（1909）八月，于《东洋时报》131号发表《支那古伝説の研究》，提出这个看法的。见《白鸟库吉全集》（东京：岩波书店，1970），第8卷，页381—391。此说一出，受到日本的中国上古史权威林泰辅激烈批评。但白鸟氏于明治四十五年（1912）发表的《〈尚书〉的高等批評》（刊于《东亚研究》，2卷4号。又收入《白鸟库吉全集》，第8卷，页393—398），仍然主张其说，对三皇五帝、尧舜禹等事迹皆深致怀疑，认为主要是阴阳五行思想下的产物。这个说法是否影响到顾颉刚等人的古史观点，是深深令人怀疑的。一方面是因为顾氏本人并不懂日文，而且也没有任何的资料显示他曾接触过白鸟氏的作品。另一方面是因为白鸟氏的说法在当时的中国并没有引起过热烈的讨论。不过白鸟氏的论点与康有为、崔适倒是非常相像。

他的话指出促成古史辨运动的两个动力：第一是乾嘉考证传统。魏建功（1901—1980）就说："我相信（顾）颉刚……他的方法……与清代经师的治学并不有什么径庭的地方。"[1]《古史辨》第2册便录阎若璩（1636—1714）《古文尚书疏证》第十七条论辨伪方法作为卷头语，足证二者关系之浓厚。傅斯年这段话的第二层意义更重要，它点出了晚清今文学与这个庞大的疑古活动之间的关联。自云亲自接闻"光绪京朝胜流之绪论"的陈寅恪对此更有精锐观察：

> （寅恪）获闻光绪京朝胜流之绪论，其时学术风气，治经颇尚《公羊春秋》……后来今文《公羊》之学，递演为改制疑古，流风所被，与近四十年间变幻之政治，浪漫之文学，殊有连系。[2]

同一时代的钱基博也说：

> （王）闿运好为荒唐之言……一转手而为蜀学之廖平，粤学之康有为；再转手而为吴虞，决弃一切，喜为异说而不让，敢为高论而不顾，如石转厓，不坠地不止。[3]

---

1 魏建功：《新史料与旧心理》，《古史辨》，第1册，·页257。

2 陈寅恪：《突厥通考序》，《陈寅恪先生论文集》（台北：九思出版社，1977），下册，页1385。

3 钱基博：《现代中国文学史》，页60—61。

这一段话把廖平—康有为—吴虞之间一步一步迈向"决弃一切"的内在发展脉络给点了出来。吴虞（1872—1949）是廖平（1852—1932）的私淑弟子，他承袭廖平之说是很显然的。不过，钱基博因时代限制未及把康有为与顾颉刚之间的紧密关联道出。钱氏又说：

> 自南海康有为作《新学伪经考》《孔子改制考》，绩溪胡适汲其流，倡新汉学，以为《周礼》为伪作，《尚书》非信史，六籍皆儒家托古……而胡氏尤善属书离辞，指事类情，一时风动，后生小子不事研诵，好骋异议，疑经蔑古，即成通人。[1]

其实"吸"南海康有为之"流"的，最主要还不是胡适，而是顾颉刚，顾氏早期的自述资料中，也早已透露过这一层因缘。他在《古史辨·自序》中即毫不保留地表示他最先是崇拜章太炎的，但过后不久：

> 又从《不忍杂志》上读到《孔子改制考》，第一篇论上古事茫昧无稽，说孔子时夏殷的文献已苦于不足，何况三皇五帝的史事，此说即极惬心餍理。[2]

又说：

1　原见钱基博：《国学必读》，被魏建功引用，见《古史辨》，第1册，页258。

2　顾颉刚：《古史辨·自序》，页26。

我的推翻古史的动机固是受了《孔子改制考》的明白指出上古茫昧无稽的启发。[1]

他受"上古之事茫昧无稽"的启发确是毫无疑问，但康氏对他的启发并不止于此，顾颉刚在这一篇《序》中虽未将他的研究工作与康有为之间紧密的关联全加点明，但我们可以从他在古史辨运动初期的文字中勾勒出许多蛛丝马迹来。前面引过1923年他所写的《启事三则》中便作这样的宣言：

中国的古史全是一篇糊涂账。二千余年来随口编造，其中不知有多少镝漏，可以看得出它是假造的。[2]

而胡适之在1924年2月所写的《古史讨论读后感》也加按语说"顾先生说的真不错"。这样的说法到1926年还未变，当时他写的《答柳翼谋先生》中仍一再强调"到了东汉，不但汉以前的伪史全都成立，连王莽时的伪史也成立了"[3]，甚至到1933年时仍坚持此调：

现存的古书莫非汉人所编定，现存的古事莫不经汉人的排比，而汉代是一个"通经致用"的时代，为谋他们应用的方便，常常不惜牺牲古书古事来迁就他们自己，所以汉学是搅乱

1　顾颉刚：《古史辨·自序》，页43。

2　顾颉刚：《启事三则》，《古史辨》，第1册，页187。

3　顾颉刚：《答柳翼谋先生》，《古史辨》，第1册，页224。

史迹的大本营。[1]

这几段话不就是今文经师们（尤其是廖平、康有为）啧有烦言的孔子创教改制，刘歆为佐王莽篡位而伪造古文经之说的翻版吗？1961年3月，顾氏出版《史林杂识》，在该书的《小引》中又说道：

> 然通观五十年来积稿，虽所得有浅深，所论有然否，而有一主题思想坚持而不变者，曰对于战国、秦、汉时代学说之批判。战国之世，百家争鸣，皆欲以己说易天下，为欲起人信念，必求证于古人；然彼时社会已与古代截然异致，势不得不强古人以就我，而古史于是乎多歧。[2]

这些正是《新学伪经考》《孔子改制考》所宣扬的，由此更可看出他受康有为影响之深。

上面这些材料都指向以康有为作为代表的清今文家与古史辨运动相关这一点上，但这并不就意味着晚清今文经师是以彻底疑古作为努力的目标，更不是说顾颉刚原原本本地把晚清今文学的每一面都继承下来。

事实上不管讨论康有为或章太炎对顾颉刚的影响，都应特别注意顾氏对他们的学说都只取一部分，舍一部分，对康有为，舍的是尊孔的精神，取的是疑伪言论；对章太炎，取的是反孔精神，舍

1　顾颉刚为《古史辨》第4册写的《序》，见《古史辨》，第4册，页21。

2　顾颉刚：《小引》，《史林杂识》（北京：中华书局，1963），页1。

的是章氏对古文经的信仰。他如果不曾超越今古文家派意识，则充其量只是个旧经师而已。而影响他取舍标准的人，是对顾氏影响极大的钱玄同。钱氏曾出入于今古二家，先是受学于章太炎，继又成为康有为的信徒，到后来却主张今古二家"一齐撕破"。顾颉刚指出这种"一齐撕破"的态度实是清末今古二家激烈冲突，互相揭露对方短失太为过火的自然结果，他说：

> 清末的古文家依然照了旧日的途径而进行，今文家便因时势的激荡而独标新义，提出了孔子托古改制的问题做自己的托古改制的护符。这两派冲突时，各各尽力揭破对方的弱点，使得观战的人消歇了信从家派的迷梦。[1]

顾颉刚曾很坦白地承认他初作辨伪工作的时候，原是专注辨伪书和伪史的，直到钱玄同告诉他经书的本身也有许多应辨的地方，才使他感到经部也是一片值得扩大打击的园地[2]，遂把疑伪工作逼到经部。但关于经部，当时正存在着今古文之争，钱玄同则教他要"把今古文的黑幕一齐揭破"。[3]钱玄同破今文的态度可从他给顾颉刚的一封《论〈诗〉说及群经辨伪书》中看出。他说：

---

1 顾颉刚：《古史辨·自序》，页77。

2 顾颉刚：《古史辨·自序》，页49。

3 顾颉刚：《我的研究古史的计画》，《古史辨》，第1册，页213。

不把"六经"与"孔丘"分家，则"孔教"总不容易打倒。[1]

又在《论获麟后续经及〈春秋〉例书》这信上对顾氏说：

我现在对于"今文家"解"经"全不相信，我而且认为"经"这样东西压根儿就是没有的；"经"既没有，则所谓"微言大义"也者自然是"皮之不存，毛将焉附"了。[2]

很坚决地把孔子作《六经》以寄托微言大义的今文家说推翻，同时也把章太炎将《六经》历史文献化的工作做得更激烈，说"《仪礼》是战国时代胡乱钞成的伪书"[3]，"'六经'之中最不成东西的是《春秋》"，"这部书底信实的价值，和《三国演义》差不多"[4]，而他最终的态度是：

"六经"固非姬旦底政典，亦非孔丘底"托古"的著作。[5]

这也就是顾颉刚后来的《中国上古史研究课第二学期讲义序目》中提到的：

1　钱玄同：《论〈诗〉说及群经辨伪书》，《古史辨》，第1册，页52。

2　钱玄同：《论获麟后〈续经〉及〈春秋〉例书》，《古史辨》，第1册，页280。

3　钱玄同：《答顾颉刚先生书》，《古史辨》，第1册，页77。

4　钱玄同：《答顾颉刚先生书》，页78。

5　钱玄同：《答顾颉刚先生书》，页69。

他（钱玄同）以为今文家与古文家的说话，都是一半对，一半不对；不对的是他们自己的创造，对的是他们对于敌方的攻击。[1]

顾氏也同样在康有为与章太炎之间取了他们互相攻击的部分，既不相信上古信史，又激烈反孔，奇妙地组合出他的上古史观点。

---

1 顾颉刚：《中国上古史研究课第二学期讲义序目》，《古史辨》，第5册，页259。

第二章　清季今文家的历史解释（上）

　　在第二、三章中，我想把顾颉刚与清季今文家的历史解释之间那些还相当模糊、似可见的关系加以澄清，使其可能的事实关联更清楚地展现。

　　在第二章中，主要是想讨论清季今文家在返求孔子原典的目标下，逐步发展出全盘否定古文经的地位，一概将之说成是刘歆集团刻意伪造以便佐助王莽篡位的工具，这也即是宣称所有古文经中的史事皆是虚假的。廖平的《知圣篇》与《辟刘篇》这一对姐妹作，前者宣称他对圣人的理解才是唯一可靠的（"知圣"），后者宣称过去通过古文经以了解孔子的理想是问道于盲，因为这几部书都是刘歆所伪（"辟刘"）。"知圣"与"辟刘"这两条路线正好是并肩作战的，再加上康有为的《新学伪经考》，联手对古文经构成了重大的挑战。

　　在第三章中，主要是讨论清代今文家中的微言派，以微言的方式遍解群经，到廖平、康有为时，更以寓言、预言来解经，认为今文经全是孔子手造以寄托其王心的工具，所以今文经虽可信为孔子思想的表现，但也正因它们全是孔子手造的，故其中史事也全属虚假。这是康有为的《孔子改制考》中最重要的论点。该书同时也宣称诸子也与孔子一样在从事创教改制的工作，故诸子书中的史事亦全是诸子刻意伪造以寄托其理想的，所以也全不可信。康有为为了把所有阻碍他对刘歆的控诉的材料一笔抹杀，在《新学伪经考》中同时也宣称：所有出土史料都是刘歆集团所伪造，埋藏于土中然后再发掘出来，以佐助他的伪造古文经计划，所以出土史料也全是假的。古文经、今文经、先秦诸子、出土史料，全都被康有为判成是伪造的，那么过去国人心目中视为天经地义的上古信史系统在他思想体系中不就全然瓦解了吗？如果这个论点又能攫获大量的信徒，则必然对传统的上古史研究构成重大威胁。

康有为作出这些结论，其背景是极为复杂的，他的最主要动机是尊孔与变法，可是由于他的书在晚清流传甚广，而下一代的史学研究者又把他的上古史观点继承下来，故纵然他不是个严格的史学工作者，而是一位教主或政治家，可是他的古史观点却留下巨大的影响，顾颉刚的疑古史学主要便是建立在康有为的"不断伪造"这个观念上——康有为强调诸子争相伪造更古老的史事来压服他人，所以时代愈后，伪造的古史愈早，时代愈后，所造的人物形象愈加放大，而顾颉刚说古史与它形成的时代正好是一个反背[1]，这个说法与康有为不正是若相仿佛吗？

一、尊孔卫道与疑古辨伪内在可能的关联

不过，令吾人特别感到好奇的是，返求原典为何会与疑古辨伪产生关联？关于这一点，汤用彤（1893—1964）曾指出"反求圣经"是许多圣教演进史上常有的现象，而且这种重新寻求其最初之

---

[1]　顾颉刚：《与钱玄同先生论古史书》，《古史辨》，第1册，页59—66。

根据的活动常带来自由解释的风气。他说：

> 大凡世界圣教演进，如至于繁琐失真，则常生复古之要求。耶稣新教，倡言返求圣经（return to the Bible）。佛教经量部称以庆喜（阿难）为师。均斥后世经师失教祖之原旨，而重寻求其最初之根据也。夫不囿于成说，自由之解释乃可以兴。[1]

汤用彤用这个论点来说明汉末的新经学，是有相当说服力的。其实，这样的活动不仅是在汉末出现过，在整个中国历史上不断地发生过，只是程度与方向有所不同而已。他们或是直接反求圣经，或是直接反求圣人之本意，每当这类运动大规模发生时，便常对当时的学术现状带来重大的冲击。因为他们太相信古代的真貌不是现在所知道的这样或那样，圣人的真意也不是今人所理解的样子，加上每个人都自信他了解真正的古代与真正的孔子，故在解释圣人的经典时常敢于"以意度之"，像欧阳修（1007—1072）便提出"学者当师经，师经必先求其意，意得则心定，心定则道纯"[2]，崔述强调"圣人之道大而难窥"，但是只要能掌握六经便可窥圣人之道，故说"圣人之道，在六经而已矣"[3]、"六经以外，别无所谓道也"[4]，进而认

1　汤用彤：《王弼之〈周易〉〈论语〉新义》，收入《汤用彤学术论文集》（北京：中华书局，1983），页267。

2　欧阳修：《答祖择之书》，《欧阳修全集》（台北：文友出版社，1970），卷3，页96。

3　崔述：《考信录提要》，卷下，页4；卷上，页1，《考信录》，上册。

4　崔述：《考信录提要》，卷上，页1，《考信录》，上册。

为只要不是合于六经的，便不是古代的真相。令我们感兴趣的是：在这个相当保守的尊孔卫道的意图下，时常可能发展出相当激烈的疑伪活动来。欧阳修、王柏（1197—1274）、崔述的辨伪工作都是最好的说明。

支持欧阳氏辨伪的主要精神倒不是反孔，而是"圣经之所不著者皆不足信"[1]，"予非敢曰不惑，然信于孔子而笃者也。经之所书，予所信也；经所不言，予不知也"[2]，是在如此尊孔的意图下，欧阳修力排谶纬、《易》《系辞》《文言》《说卦》等传，并主张读《春秋》时应直接研究《春秋》本文，不要浮信《公羊》《穀梁》《左氏》三传。[3]陈善很能把握欧阳氏的思想核心，说"常恨其（欧阳修）信经太过"[4]，这句话很恰当地指出欧氏疑伪工作的精神源头——欧氏正是为了要反求圣经而疑经。他的目标是要恢复先儒的本来面目，而把后来师儒附加上去的材料刮除，正为了不使圣经因"自从蒙众说，日月遭蔽亏"，故矢志要"扫除浮云披"[5]。他说：

孟子曰：尽信《书》不如无《书》。孟子岂好非六经者？

1　欧阳修：《帝王世次图后序》，《欧阳修全集》，卷2，页136。

2　欧阳修：《春秋论上篇》，《欧阳修全集》，卷1，页135。

3　欧阳修：《春秋论上篇》，页135—136。他说："孔子，圣人也，万世取信，一人而已。……不信孔子而信三子，甚哉，其惑也！"

4　陈善：《扪虱新话》（涵芬楼本），卷1，页1—2。这一条史料是从刘子健先生《欧阳修的治学与从政》（香港：新亚研究所，1963）中转引的。关于欧阳修的经学思想，刘子健先生的《欧阳修的治学与从政》上编《欧阳修的学术与思想》中有周详的论证，前引的几段史料在他的文章中已经评述。见该书页19—37。

5　欧阳修：《获麟赠姚辟先辈》，《欧阳修全集》，卷1，页28。

黜其杂乱之说，所以尊经也。[1]

为了卫护圣人的真正面目，他也想效法孟子黜落各种杂乱之说。他举《易经》为例，说"然则今《易》皆出乎讲师临时之说矣……经讲师之去取，不徒存者不完，而其伪谬之失，其可究邪？"[2]，"是以或同或异，或是或非，其择而不精，至使害经而惑世也"，所以他要把《易图》《系辞》《文言》《说卦》等全部摧陷廓清，永远从《易经》中排出。[3]

王柏也是同样的情形。他在《鲁斋集》中的一篇《续国语序》中说《史记》中记载黄帝、颛顼、帝喾都是不对的，因为这三帝是"吾夫子之未及知也"[4]。他说：

吁！学至于吾夫子而止，夫子之所不书，太史公何从而知之，缺其所不知，不害其为学夫子也……出于吾夫子之言，吾之所信也，其或出于诸子百家之书，非吾之所敢信也。[5]

1　欧阳修：《易或问三首》，《欧阳修全集》，卷1，页133。

2　欧阳修：《传易图序》，《欧阳修全集》，卷3，页70—71。

3　欧阳修：《易童子问》，《欧阳修全集》，卷3，页168。近人缪钺的《冰茧庵丛稿》（上海：上海古籍出版社，1985）所收之《欧阳永叔治学之精神》上说："惟其不笃古也，故自汉以来认为周公、孔子之书而欧阳永叔疑之。"（页179）这个说法颇值得商榷。我们或许应该说"古"是"更古"的敌人，欧阳修并非不笃"古"，而是笃信"更古"。

4　王柏：《续国语序》，《鲁斋集》（金华丛书本），册2，卷4，页3。

5　王柏：《续国语序》，页3—4。

王柏是朱子的三传弟子，他处处想要返求孔子的真意，也就大着胆子删《诗》、删《书》，成为后人所谓的疑古思想家。崔述的疑古工作中也有许多是这返求原典与圣人真意的动机所造成的。

我们这些已经大致通览整个历史发展过程的现代人，回头去看历史中某一个点时，与正在一步步往前迈进的历史人物看同一个点，所闻、所见、所感是相当不一样的。古人好像在无任何照明的黑夜中摸索于崎岖的山路中（我们现代人在面对未来的发展亦如此），下面的每一刻与每一脚步，都面对一个或然率的问题，而我们现代人却像是在白天俯观整座山，因为两种处境有所不同，所以观察到的常与古人所思所想相反。如果不能设身处地回到那个在或然率之前摸索的情境，通常是不能深入理解他们的活动的。崔述的疑古工作正是上面这段话的最好印证。他的疑古论点多是个人精思所得的结果，其中不少论断尽管还有许多争论，但整体而言，对上古史研究是有所贡献的。但是并不能因为他有疑古辨伪的议论，遂断定整部《考信录》都是在科学的精神[1]或是反传统的驱力下写成的。

由于崔述父亲的教诲，使他成为一个最信奉理学中朱子一派的人，也使得崔氏习于用朱子的眼光去想象孔子。崔述最初只是想用理学的眼光把缠绕在孔子身上的许多事迹作一次彻底的清理，所以《洙泗考信录》最先成书。但考证孔子事迹却不得不牵连到经、传、记等古代史料的可信性，所以牵一发动全身，写出大量辨伪文字来。他厘清史料的首要原则是：凡有违于理学家心目中的孔子形

1　胡适即称崔述为"科学的古史家"，他的《崔述年谱》即以此为副题，收入《胡适选集》（台北：文星出版社，1966）"年谱"册，《文星丛刊》第108种。

象者，都是不可靠的。这个原则不止施于孔子，凡是古代圣贤（如尧、舜、文王），他都以理学眼光去为他们塑造现代的形象，与此相违的史料即出后人所伪。[1]所以他虽然受了司马迁的影响，主张考信于六艺，只相信经书中的记载，认为诸子及传记所载史事必须依它们与经的同异来取舍，但实际上，他对"经"亦持相当保留的态度，顾颉刚说过：崔述启发了他，使他相信传、记不可信。又说"他虽敢打破传记诸子而终不敢打破经"[2]，其实这对崔氏的了解犹有一间不及之处。崔氏不信《周礼》《仪礼》《尔雅》是周公的书，不信《礼记》是圣人的经，不信《孝经》是孔子之书，甚至连《论语》的后五篇也怀疑[3]，不正也是逼到"经"的本身吗？不同的是，他并未因这些书非圣人所作而完全不相信其中所载史事。[4]

崔述解经时所抱持的"但当求圣人之意"的办法还可由下面几个例子看出。由于崔氏是把《诗经》当作政书来念的，所以他会说"嗟夫，十五国风，人读之皆诗也，余读之皆政也"[5]，故对于"伤春思嫁"的《豳风》便多所怀疑了，说此"乃后世不肖女子之所为，宁先周美俗而有是哉？"[6]《豳风》所以是伪，只因先周风俗是极淳美的，不可能出现这类的诗。他也认为周文王不可能是一个对纣"今

1　见胡适：《崔述年谱》，页90、97、125。

2　顾颉刚：《崔东壁遗书序》，收入顾氏编订：《崔东壁遗书》，页63。

3　可以参看胡适：《崔述年谱》，页89。

4　崔述：《补上古考信录序》，页3，《考信录》，上册。

5　崔述：《读风偶识》，卷4，页4，收入《崔东壁遗书》（台北：河洛出版社，1975），册3。

6　崔述：《豳风补说》，《读风偶识》，卷4，页16。

日修贡而明日扰边，弱则受封而强为寇"[1]的势利现实之人，同时不信文丁杀季历，文王囚羑里之故事，进而更不相信文王曾立于纣之朝为臣，甚至推论周之立国与商无涉。[2]这是因为他有一种君臣伦理之秩序横于胸中，据此去取史事，所以碰到"内文明而外柔顺，以蒙大难，文王以之"[3]等似乎损及圣人形象的经文出现在《易传》中时，便主张"《易传》本非孔子作"，宁可"从经而缺之，不敢从传而妄言之"[4]。不巧的是这件事《左传》也曾记载，而《左传》正是他所最笃信的，我们却没有看到他对《左传》中那一段材料做任何解释了。

对于孔子事迹的考辨，胡适曾用了一段很简白的话综括道："（崔述）对于孔子却处处抱着一种'理想的圣人'的成见，如辩《史记·孔子世家》孔子'尝为季氏史'节，则曰：'孔子岂为季氏家臣者哉！''孔子适齐，为高昭子家臣，欲以通乎景公'节，则曰：'圣人而为小人之家臣以干时君乎！''行摄相事，有喜色'节，则曰：'摄相而有喜色，亦非圣人之度。'又如辩刘向《新序》'孔子为鲁司寇，沈犹氏不敢饮其羊，公慎氏出其妻，慎溃氏逾境而走，鬻牛马者不豫价'云云，则曰：'此数事皆理之所有，然圣人盛德感人，绥之斯来，动之斯和，其化当不止此。'何休《公羊春

1 崔述：《丰镐考信录》，卷1，页19，《考信录》，上册。

2 崔述：《丰镐考信录》，卷2，页10。他说："文王盖未尝立之商之朝，纣焉得囚之羑里而锡之斧钺也哉？"

3 这是《易·象下》传中的话。

4 崔述：《丰镐考信录》，卷2，页13—14。

秋·序》有'孔子曰："吾……行在《孝经》"'之语，则曰：'孝虽
莫大于圣人，然圣人之心，必不自以为孝'等，皆不能考定这件事
的真不真来做判断，而惟以是否圣人所应有的标准为去取。"[1]胡适
这段话说得真是明白恰当。

　　崔述对孔子形象防嫌之严，林语堂（1895—1976）也早就观
察到了。他说："（崔述）凡遇到孔子活泼泼所为未能完全与道学理
想符合，或言宋儒之所不敢言（'老而不死是为贼'），或为宋儒之
所不敢为（'举杖叩其胫''取瑟而歌，使之闻之'）崔东壁就断定
是'圣人必不如此'，而斥为伪作，或后人附会。"[2]由前举的例子看
来，崔述为了驱逐他认为妨碍圣道的部分，不必说是传与记，他甚
至是不惜怀疑到"经"本身的。所以尽管他不时强调"故《考信
录》但取信于经"[3]，但事实上为了维护圣人的形象，他不时要判定
经书中对圣人的某些记载不可信。而且他的卫圣之心甚至扩及圣
人的先人。《礼记·檀弓》中记载"孔子少孤，不知其墓"，又说孔
子一家有再世出妻的事，这当然不合崔述的理想，所以他断然判
"《檀弓》之文本不足信"。《论语》是孔子言行最早的记录，是他
最为尊信的书了，可是像《公山弗扰》与《佛肸》两章所载孔子事
迹，都是他心目中的孔子所不可能做的事，故判断为"非孔门《论
语》之原本，亦非汉初《鲁论》之旧本"，乃是张禹所窜乱。[4]当

1　胡适：《崔述年谱》，页90—91。

2　林语堂：《论孔子的幽默》（台北：德华出版社，1980），页48。

3　崔述：《考信录提要上》，页8。

4　以上见崔述：《洙泗考信录》，卷1，页12；卷4，页22—23；卷2，页14、36、17。

然，像《公山弗扰》一章的真实性是很有争议的[1]，崔述所疑也很可能是对的，不过，必须再三强调的是，他所疑所辨是否正确实有待进一步考论，这里则是想要追溯他疑古工作的精神驱力。

尧、舜的形象当然也在崔述保护的范围。他说："尧、舜其犹天乎！其犹人之祖乎！"[2]自然对任何可能损及舜之形象的事迹皆辨之不遗余力，像舜不告而娶这类史事便被他彻底驳斥了。[3]伊尹之"五就汤，五就桀"也是不合乎他的圣人标准的[4]，故说"然则此亦莫须有之事矣"。[5]日本学者冈崎文夫（1888—1950）说他是"加尧、舜以不可思议之'圣心'""去古帝王之真意愈远"[6]，不是没有道理的。

从以上讨论中可以看出，崔述之所以敢于大力删削先秦文献，大胆怀疑上古史事[7]，真正驱力之一是最激烈的尊孔卫圣，是"假使

1　屈万里便认为《公山弗扰》一章不可信，同意崔述的论断。说见《〈论语·公山弗扰〉章辨证》，收入《屈万里先生文存》（台北：联经出版事业公司，1983），第1册，页266。关锋、林聿时合写的《"孔子欲应公山弗扰召、佛肸召"考辨》一文中便反对崔述的说法，见《春秋哲学史论集》（北京：人民出版社，1963），页530—545。值得我们注意的是关、林二人写作此文时皆有很强的政治背景。

2　崔述：《考信录提要下》，页10，《考信录》，上册。

3　崔述：《唐虞考信录》，卷1，页29，《考信录》，上册。

4　崔述：《商考信录》，卷1，页38，《考信录》，上册。

5　崔述：《商考信录》，卷1，页39。

6　此见冈崎文夫：《崔述对于禅让之见解》，原载1927年《支那学》第4卷第3号，后经周一良译成中文，收入顾颉刚编、上海古籍出版社版《崔东壁遗书》中，引文见该书页1079。

7　胡适的《崔东壁遗书序》中对他疑古辨伪的大胆程度有所描述，收入顾颉刚编：《崔东壁遗书》，页1045。

无孔子以承帝王之后，则杨、墨肆行之后，秦火之余，帝王之道能复有存者乎"的态度[1]，是"尧、舜其犹天乎！其犹人之祖乎！人不可悖尧、舜，故不可悖孔子也"的态度[2]，而不是后来顾颉刚他们反传统的、怀疑圣人的态度。

自汉武表彰六艺，罢黜百家以来，六经在中国人心目中通常是享有极高地位的。嵇康因"非毁典谟"竟可受诛[3]——他受诛的理由自然不那么单纯，可是"非毁典谟"竟被提出作为一个杀头的罪名，亦足见道统与政统对经书的倚重了。而卫道最力的崔述竟使它们大部分与圣人分了家，其结果正如顾氏在1933年8月为《崔东壁遗书》所写的一段按语中说的："盖东壁著书目的虽在维护道统，而考据结果实足以毁坏道统，道统毁则理学失所凭依。"[4]无怪乎最尊奉理学的崔述，反过来被并世的理学家刘鸿翱怒斥为"信其所不当信，疑其所不当疑"[5]，谢廷兰则认为他"援陆、王之说以诋程、朱"[6]，另一知名理学家唐鉴也说他"勇于自信，虽有考证，而从横

1　崔述：《考信录提要下》，页14。

2　崔述：《考信录提要下》，页10—11。

3　戴明扬：《嵇康集校注》（台北：河洛图书出版社影印本，1987）《附录·事迹》部分，页367。钟会谮嵇康于司马昭前，说："欲助毌丘俭，赖山涛不听。昔齐戮华士、鲁诛少正卯，诚以害时乱教，故圣贤去之。康、安（按：吕安）等言论放荡，非毁典谟，帝王者所不宜容，宜因衅除之，以淳风俗。"司马昭听信，遂刑之于东市。

4　见顾颉刚编：《崔东壁遗书》，页1041。

5　（清）刘鸿翱：《〈帝王考信录〉辨》，收入顾颉刚编：《崔东壁遗书》，页1065。

6　（清）谢廷兰：《书崔东壁〈考信录〉后》，收入顾颉刚编：《崔东壁遗书》，页1075。

轩轾，任意而为者，亦复不少"[1]。他们有的说他痛恨程、朱，有的根本否斥他的考证成绩，非但不把他引为同道，甚至还误会他是个反理学之人呢！

从欧阳修到崔述的例子都使我们了解到：疑伪活动背后的精神是很复杂的。像他们便是深信"道"的源头（圣人），但怀疑"道"的后继者——也就是说因信古（圣人）而疑古（后继者）。而且正因"信之深"，故亦"疑之勇"。这六个字正好用来说明学术思想史中常见的始为卫道，竟致疑伪的吊诡性。

二、复古与解放

前面的论述并不意味着没有疑伪活动的学者便没有反求圣经的欲望，也不是说有这种欲望的人一定会以疑伪的姿态出现在历史舞台上。事实上，传统中国有一部分学者从某种程度来说，都以好好地把握圣人经典的原旨作为目标（或至少是如此宣称的）。他们有时是以坚持当时的学术传统作为掌握经典原旨的媒介，有时是以跨越或打破当前的学术传统去寻得圣人的"原旨"，好对圣经直接作自由的解释。但是相同的情绪与意图常常会造成完全不同的结果。

现在我们要正式进入本书所要探讨的一个重点。清代复活的今文经学便有一个相当明显的趋势，想返求圣经，直探圣人的真意，尤其是发掘圣人未明白说出的"微言"。由于当时学术界为东汉许、郑之学所笼罩，而东汉毕竟离开孔子的时代较远，在他们看来，东

---

1 （清）唐鉴：《清学案小识》（台北：台湾商务印书馆，1975），卷14，页456。

汉经师们已不如西汉经师那样了解真正孔子及经典的真貌，所以有雾里看花终隔一层的遗憾。因此想跨越东汉的经说，透过西京经师的经说去了解圣人的"微言大义"。但这并不是说考证学派就不想返求原典，事实上，诚如梁启超所说的，整个清学的内在精神即是"以复古为解放"，层层上翻，今文经学派与考证学派在反求原典的路上正是百步与五十步之间耳。

"复古"与"解放"怎么可能产生关联呢？这是因为从某一角度说，中国近三百年学术发展的历程，正是扬弃早先各种注疏的过程。许多经师由于"信古"——也就是相信只有接近孔子年代的古文献才能传圣人之本意，遂对晚出之说的可信性施以强烈的质疑。在这一个点上，复古不正是对当前认可的传统之解放吗！清儒为求六经本义，先则扬弃宋儒注疏，继则扬弃魏晋注疏，今文家兴起又扬弃东汉注疏，再则是清季诸子学之大兴。所以，不管是今文学的兴起或诸子学的兴起，在某种程度上都与"回向原典"[1]的潮流有关。早期的今文经师们，从某个层面来说，正是顺着考证学派所立下的"回向原典"的大方向在努力着。

王鸣盛（1722—1797）曾说十三经注疏中，只有《诗》《三礼》《公羊》犹是汉人家法，其余的注解则出魏晋人手[2]，可说是一

1　这个名词借自余英时先生，见《〈中国哲学史大纲〉与史学革命》，收入《中国近代思想史上的胡适》（台北：联经出版事业公司，1983），页79。

2　王鸣盛语转见支伟成《清代朴学大师列传》（台北：艺文印书馆，1970），页89。后来的刘孟瞻也说"汉儒之学，经唐人作疏，其义益晦"，转见徐世昌编：《清儒学案》（台北：世界书局，1979），第6册，卷131，页12。这样的看法在当时是相当普遍的，这里仅举其中的一个例子而已。

语道尽十三经注疏的特色。在许多清代学者看来，正是魏晋及宋代的注疏阻隔住他们了解六经本义的道路，故清学初期以否定宋代经说及魏晋经说为主，而改以东汉旧疏来取代。以下六位经学家的动向或可为当时学界的趋势描出一个轮廓。惠士奇（1671—1741），以守汉儒之说攻唐宋之注起家，惠派治学宗旨，梁启超称之为"凡古必真，凡汉皆好"[1]，实非过夸。阎若璩（1636—1704）专据郑玄（127—200）之说以折伪孔，胡渭（1633—1714）则多引郑注及《说文》以攻孔《疏》及蔡《传》。他们以攻魏晋及宋代经说为主，而所据武器多为东汉许慎（30—124）、郑玄之学。[2] 王鸣盛也是主张归向东汉的一个学者，故其《尚书后案》专主康成之说。[3] 另一位学者江声（1721—1799）与王鸣盛一样，他因不满唐贞观时为诸经作正义，除《诗》《礼》《公羊》外，皆取晋人后出之注，而汉儒专家之学反而不传，故仿其师惠栋（1697—1758）作《尚书集注音疏》，回复到汉儒之旧注[4]；刘文淇（1789—1854）也说汉儒之学经唐人作疏，其义益晦，要求直返汉学。故吾人可以这样说：以东汉许、郑之学打倒魏晋及宋代的经说是"回向原典"过程中的第一站。

清代的学者多认为孔子的"道"是寄托在六经上，而愈接近

1　梁启超：《清代学术概论》（台北：台湾中华书局，1980），页24。这是一个相当普遍的看法，见徐世昌编：《清儒学案》，第2册，卷43。

2　参考梁启超：《中国学术思想变迁大势》（台北：台湾中华书局，1977），页88。

3　支伟成：《清代朴学大师列传》，页89。

4　支伟成：《清代朴学大师列传》，页81。

六经成书年代的解释愈能忠实反映孔子之"道"的真面目，故"求古"成了学术工作的主要目标。声音训诂之学固是为求古而服务的，此外还透过许多方式（如辑佚、校勘等）作为辅助。他们一方面要剥除附在原始六经身上的蓇障，一方面寻找年代更接近孔子的文献作为考证工作的辅助材料。这里举一个例子说明他们这层"求古"的热心。与龚自珍（1792—1841）及魏源（1794—1857）皆甚熟稔的陈奂（1786—1863）是以治《诗》闻名的，他对《诗》的基本态度是尊毛黜郑。也许有人要问：为何他尊毛胜于尊郑呢？陈奂大致会这样回答：毛、郑虽都是汉代学者，但毛比郑早，故丝毫不必考虑就应跟从毛《诗》。[1]

我们知道，经由惠栋的整理使得许多今文经说初次重见于学界。[2]但我们必须要注意，他并无明显的今古文家派意识。惠氏虽对《穀梁》《公羊》颇有偏好，以致沈钦韩（1775—1832）说他"笃信《穀梁》"，"弋获《公羊》，持两歧之见"[3]，但他最主要的关怀是"考古"，背后不一定有什么特别的思想主张。钱穆说：

夫苏州惠氏专门之学，其意本在于考古，而常州诸贤，乃

---

1 （清）陈奂：《〈毛诗传疏〉自序》，收入《三百堂文集》（乙亥丛编本），第4册，卷上，页1。陈氏治《毛诗》"大抵用西汉以前旧说，而与东汉人说《诗》者不苟同"，见赵尔巽等撰：《清史稿》（台北：洪氏出版社，1981），第18册，卷482，《儒林三》，页13295。陈奂坚守《毛诗》的理由也是因毛公为早于齐、鲁、韩三家之人，见《三百堂文集》，卷上，页2。

2 惠栋复兴今文经说的情形，可参徐世昌编：《清儒学案》，第2册，卷43，页15—46。

3 见沈钦韩：《惠氏左传补注序》，徐世昌编：《清儒学案》，第6册，卷135，页22。

尊之为大义，援之以经世。[1]

这个观察大致是不错的。近人戴君仁说，东汉的古文家虽名为"古"，其实是"新"[2]，而西汉的今文家虽名为"今"，其实较古文家更"古"，惠栋为了"考古"而辑今文经说，是相当自然的事。但这些纯为"求古"兴趣而辑出的今文经说，经庄存与（1719—1788）及其后学提倡后，却具有浓厚的经世倾向。

如今检讨当时的学术发展，便可发现许多考证学者在重新探触尘封已久的今文经说时也都与惠栋不约而同地宣称他们的目标是"求古"。即以《今文尚书》的辑佚工作为例，《今文尚书》的辑佚工作早在段玉裁（1735—1815）、孙星衍（1753—1818）、臧庸（1767—1811）之时已开始进行了，但最初这个工作还只是为了"存古注"而已。以孙星衍为例，他在《尚书今古文注疏》的《凡例》上就声明该书纯为"网罗放失旧闻"而作，没有强烈的家派意识。[3]可是到了清代中晚期，当陈寿祺（1771—1834）接续前人的旧辙辑《今文尚书》时，其内在意义已完全不同了，他把这个单纯的辑佚工作的意义归属到另一个层次上，告诉其子陈乔枞（1808—1869）说今文经说之所以值得辑存，是因它是古文经的前驱，如果没有今文经便没有后来的古文经：

1　钱穆：《中国近三百年学术史》（台北：台湾商务印书馆，1976），页526。

2　戴君仁：《两汉经学思想的变迁——〈诗经〉部分》，收入《梅园论学续集》（台北：艺文印书馆，1974），页2。

3　（清）孙星衍：《尚书今古文注疏》（台北：广文书局，1975），页1。

凡古文《易》《诗》《书》《礼》《论语》《孝经》所以传，悉由今文为之先驱，今文所无辄废。[1]

又说：

　　向微伏生，则唐虞三代典谟诰命之经烟消灰灭，万古长夜……苟能钩考（《今文尚书》）佚文，得其单辞片义，以寻三家今文千数百年不传之绪，使百世之下，犹知当日幸有三家今文赖以维持圣经于不坠。[2]

陈寿祺之所以特倡《今文尚书》，是因他认为《今文尚书》比《古文尚书》更古更早，更能得圣经之本义。非仅限于《尚书》而已，陈寿祺还认为不管是古文《易》《诗》《书》《礼》《论语》《孝经》，都是靠今文经为之先导乃得传留，若"今文所无"则就不会有古文经说。到了陈寿祺的学生林昌彝（1803—1876）时竟说：

　　《白虎通义》《春秋繁露》《五经异义》多《礼经》逸说，伏胜《尚书大传》尤多三代遗礼……（其）三正之统，五服之色，皆唐虞三代遗文，往往六经所不备，诸子百家所不详。[3]

1　（清）陈乔枞：《〈今文尚书经说考〉自序》，《今文尚书经说考》（小嫏嬛馆丛书本），第21册，页3。赵尔巽等撰：《清史稿》，卷482《儒林三》，亦引了这段话，足见很具代表性（页13248）。

2　陈乔枞：《〈今文尚书经说考〉自序》，页3。

3　（清）林昌彝：《三礼通释》（同治三年刊本），第1册，《论略》，页7。

他的意思是今文家的典籍中保留了许多古文经所失记的三代典章制度，所以更接近"道"的源头。前面说过：开始动手辑《今文尚书》的臧庸、孙星衍、段玉裁都是拿它来与《古文尚书》并列以存古注而已，并没有什么特别的义理动机，但却对《今文尚书》重见天日意外地帮了大忙。到了陈寿祺就反客为主，以今文为主，以古文为从了，究其理由，主要是因为今文近古这个理由罢了。

晚清魏源即是一个以"求古"作为学术工作目标的今文学者。他虽认为先王之道不一定能治当代之事，但在经学研究上仍然主张返古。他认为东汉许、郑对经书的注解反而遮蔽了经书的真面目。以《礼经》为例，马、郑注《礼》多望文生义，引汉时制度以说经，背离了古代的实况[1]，而他之所以尊信今文，也正因今文经比古文经更接近真正的古代。他的两大著作《诗古微》《书古微》中便处处透露出返求原典的意思。《诗古微序》上说他这部书是为了：

> 以豁除毛《诗》美刺正变之滞例，而揭周公、孔子制礼正乐之用心于来世也。[2]

魏源说毛《诗》是以采诗编诗者之意为主，并未反映作诗者之用

1　参见齐思和：《魏源与晚清学风》，收入《近代中国思想人物论——晚清思想》（台北：时报文化出版公司，1980），页235。亦见齐思和，《中国史探研》（台北：弘文馆翻印本，1985）。清季的朱一新《无邪堂答问》（台北：世界书局，1963）也说"郑君注经，每以汉制况周制"（卷2，页36），许多经学家也有相似的看法。

2　魏源：《诗古微序》，《魏源集》，页120。

心，三家《诗》则是以作诗者之意解诗，故比毛《诗》更接近古代的事实。[1]他说不想回到周、孔制礼作乐之用心则已，要想揭阐周、孔的用心就得提倡三家《诗》。所以从某种程度来说，《诗古微》正是旺盛的返求原典热情下的产物。又如他在《书古微·例言下》上说他这本书的主要目标是"使古谊复还"，故想要从《史记》《汉书》、伏生《大传》残本等辑出真正属于《尚书》的文字[2]，足见《书古微》也是返求原典心情下作成的。魏氏的《诗古微》与《书古微》使得清代今文家的阵地，由《春秋》扩大到《诗》《书》。

正因魏源是遵循清学返求原典的大方向，故他并不全盘否定东汉之学。并且认为清代考证学者以东汉许、郑之说破宋与魏晋注疏是"回向原典"的第一站。而治今文经学正是"回向原典"的又一站，这个态度在魏源的《两汉经师今古文家法考叙》中说得最为清楚。魏源说：

今日复古之要，由诂训声音以进于东京典章制度，此齐一变至鲁也；由典章制度以进于两汉微言大义，贯经术、故事、文章于一，此鲁一变至道也。[3]

这一段话在他为刘逢禄（1776—1829）的遗集《刘礼部遗书序》上

1　魏源：《诗古微序》，页120。

2　魏源：《书古微·例言下》，《魏源集》，页118。

3　魏源：《两汉经师今古文家法考叙》，《魏源集》，页152。

又原原本本地重新出现一次[1]，应该是很能反映魏源内心真正想法的。足见他非但不否定清代从事考证训诂学者的贡献，而且抱有相当浓厚的敬意。我们看他所说的：

> 清之兴二百年，通儒辈出。若所见之世，若所闻之世，若所传闻之世，则有若顾、江、戴、程、段、庄明三礼六书，阎、陈、惠、张、孙、孔述群经家法，于东京之学，盖尽心焉。求之西汉贾、董、匡、刘所述，七十弟子所遗，源流本末，其尚尽合乎？其未尽合乎？有潜心大业之士……由董生《春秋》以窥六艺条贯，由六艺以求圣人统纪。[2]

这一段话有二层意义：第一，在魏源看来，清代今文学复兴的开山人物庄存与及孔广森（1752—1786）的学风与顾炎武（1613—1682）、江永（1681—1762）、戴震（1724—1777）、程瑶田（1725—1814）、段玉裁或阎若璩、陈启源（1606—1683）、惠栋、张惠言（1761—1802）、孙星衍的学脉是属于同一条路上的；第二层意思是，西汉今文家学以董仲舒为主，是最接近六经原意的，而只有正确地了解六经才可能分毫不差地"求圣人统纪"，孔子之道也才能大明。这二层意思都意味着：从庄存与、孔广森一直到魏源本人，都是顺着清学"回向原典"的学径在走，但他们在这条路上走得更快，更激进。黑格尔说得不错——"好的最大的敌人是

1　魏源：《刘礼部遗书序》，《魏源集》，页242。

2　魏源：《刘礼部遗书序》，页242。

最好"[1]，所以他们渐看不起古文家，认为彼等虽自号为"汉学"家，其实不能直探孔子本意，认为今文经师才算是真"汉学"。魏源在为庄存与的遗集所写的《序》上将他心中这层意思说得相当透彻。他在概述了庄氏在今文学上的努力后说：

> 呜呼！君所为真汉学者，庶其在是！所异于世之汉学者，庶其在是！[2]

当然，这一段责备乾嘉考证学者并不一定能接受，就如同考证学者对今文家的指责也不一定能被他们接受一样。

清季今文大将康有为及皮锡瑞（1850—1908）的两段话更足以说明今文学内在的返求原典精神。康氏在光绪十七年（1891）《致朱蓉生书》上就这样说明他本人之所以笃信今文经的理由：

> 如西京先儒皆读秦未焚之书，为孔子之后学四五传，舍此不信，将谁信之？[3]

皮锡瑞则说：

> 汉十四博士今文说，自魏晋沦亡千余年，至今日而复

1　黑格尔著，范扬等译：《法哲学原理》（台北：里仁书局，1985），页226。

2　魏源：《武进庄少宗伯遗书序》，《魏源集》，页238。

3　康有为：《致朱蓉生书》，收入蒋贵麟编：《万木草堂遗稿外编》（台北：成文出版社，1978），页807。

明。实能述伏、董之遗文，寻武、宣之绝轨，是为西汉今文之学。学愈进而愈古，义愈推而愈高，屡迁而返其初，一变而至于道。[1]

皮氏要"学愈进而愈古，屡迁而反其初"，而在他看来，今文家正是比古文家更近"古"与"初"的。"古"与"初"在现代人或其他时代人看来不一定就代表正面价值，但在他们看来"愈进""古"便代表着"义""愈高"，文献的年代愈古则价值随之增长，相较之下，治许郑学毕竟不如治今文经者近"道"，所以他们竟觉得乾嘉学者的研究工作比起今文经师来说是"俗"学。皮锡瑞在《〈史记〉引〈尚书〉考序》上说"古文（家）六弊"时就有一条云：

有能背俗而从古，反谓信古而疑经。[2]

皮锡瑞之所以愤愤不平于考证学家们对今文家的指摘，正是因为他认为今文经师是在返求原典，而且工作的成绩愈好就愈受到考证学者们误解。

过去有些学者持着一个看法：认为今文经师们反对声音训诂之学，专讲微言大义。对于初中期的今文经师而言，这个观察并不全对。我们不但可以很容易从庄述祖（1750—1816）、刘逢禄、宋

---

1 （清）皮锡瑞：《经学历史》（台北：河洛图书出版社，1974），页341。

2 转引自皮名振编：《清皮鹿门先生锡瑞年谱》（台北：台湾商务印书馆，1981），新编中国名人年谱成本，页36。

翔凤（1777—1860）、魏源等学者的著作中找到大批声音训诂的文字，更可以找到许多证据证明他们追索古音古字以明六经本义的决心是与考据学家一样强烈的。以宋翔凤为例，他在《书鲒埼亭集亭林先生墓表后》中对这位奠定考证学的开山大师便备极推崇，尤其对他的《音学五书》使"古字古言皆如重译"而能更方便于得六经之"大义"感到无上钦仰。[1] 他在为庄述祖所写的《庄珍艺先生行状》上也褒美这位今文经师能"博考三代秦汉有韵之文，编《说文谐声》，《说文》之学以是遂明，而周秦之书无不可读"。[2] 足见他们心目中，由声音训诂之学以通六经大义仍是要紧的工作。另以今文开山大师孔广森为例，他说自己是"作堂于其居，名曰仪郑，自庶几于康成"，又说"堂筑仪郑，志惟传经"，称书斋为"仪郑堂"，很明显的是心仪郑玄的传经之功。[3] 而宋翔凤的书房取名为"朴学斋"[4]，由孔、宋二人的斋堂名称可以看出他们并不想背离朴学旧径，只是不愿徒守声音训诂之学而已。魏源批评考证派"以诂训音声

1　（清）宋翔凤：《朴学斋文录》（《浮溪精舍丛书》十三种本，第7—8册），卷3，页7。

2　宋翔凤：《朴学斋文录》，卷4，页26。

3　（清）朱文翰：《仪郑堂遗文跋》，收入《仪郑堂文集》（《食旧堂丛书》第24册），卷2，页14。参见赵尔巽等撰：《清史稿》，卷481，《儒林二》，页13209。

4　宋翔凤著有《朴学斋文录》。诚如张舜徽在《郑学丛著·前言》中所说："有些学者自号为'鲰斋'，为'洨民'（按：孙传凤有《洨民遗文》一卷），为'郎园'（按：叶德辉有《郎园山居文录》二卷，《郎园北游文存》一卷）；或者自号为'郑盦'，为'郑龛'，为'仪郑堂'，为'郑学斋'，为'许郑学庐'（按：王绍兰有《许郑学庐存稿》九卷），都充分体现了学者们倾慕'许郑'之情。"见张舜徽：《郑学丛著》（济南：齐鲁书社，1984），页2。除此之外，像孙志祖《申郑轩遗文》（一卷）、孙同康《师郑堂集》（六卷）都是这类例子。

蔽小学，以名物器服蔽三《礼》，以象数蔽《易》，以鸟兽草木蔽《诗》。毕生治经，无一言益己"[1]，即是呼吁从声音训诂之学更转进一层，直探圣人大义。

比庄述祖晚一代的刘逢禄，其治学途辙也仍未完全叛离乾嘉。他的《古今四声通转略例》一文上说他所做的研究主要是：

> 以志（四声）由古入今，由今返古之辙。[2]

谁说追索四声由古入今、由今返古的过程不是朴学的旧辙？在《诗声衍序》上他又说，他这个工作的真正价值是：

> 而三代之声音如在天上者乃如接于耳。[3]

考证学开山大师顾炎武欲以三代的古音取代今音，刘逢禄也想把三代声音接引到现代来，足见恢复三代面目是他和考证学家们共同追求的目标。校书工作被康有为的《新学伪经考》责为刘歆用以篡乱古籍之伎俩，但在早期的今文学者是不是这样认为呢？庄述祖就曾力驳北朝邢子才提出的"校书为至愚"说，显然是欲间接地为考证学派校勘的工作辩护。[4]甚至连刘逢禄那部对《左传》造成大伤

1　魏源：《默觚·学篇九》，《魏源集》，页24。

2　（清）刘逢禄：《古今四声通转略例》，《刘礼部集》（道光十年刊本），卷7，页21。

3　刘逢禄：《诗声衍序》，《刘礼部集》，卷7，页1。

4　（清）庄述祖：《校正书籍目录小引》，《珍埶宧文钞》（珍埶宧遗书本），卷5，页42。

害的《左氏春秋考证》，在他自己看来，竟自认是《左氏》的大功臣。因为他心中有一种想法，认为自己为《左传》恢复最原始的真面目，把刘歆所私改之经文与所增窜之书法凡例尽行删去，"俾攻《左》者不得摘为口实"。[1]但他这个功臣没想到最后竟对《左传》造成莫大灾难。又如他的《尚书今古文集解》也是以恢复《尚书》真面目为职志的，他在该书的《序》上一再强调"《尚书》已罹七厄"，故急需"征古义"。[2]这也仍是"返求原典"的工作。

前面已经说过，宋翔凤的书房名叫"朴学斋"，俨然是以朴统的继承人自居；他谈治学的方法时的态度也与汉学家没有两样：

> 以声音文字为之根柢，则古人心思制作皆可推见。[3]

这段话几乎跟戴东原的"故训明则古经明，古经明则贤人圣人之理义明"完全是同一口吻。清代考证学工作的理论基础是建立在下面这一个推理上的：他们认为三代之语言与当代的语言有隔阂，所以中间需要有人从事转译的工作，而"声音文字"之学多讲求一分，则古人的心思也能多被了解一分。关于这一层意思，龚自珍为王引之（1766—1834）所写的《工部尚书高邮王文简公墓表铭》中保留

1　见刘逢禄子刘承宽所写的《先府君行述》，《刘礼部集》，卷11，页7。刘氏本人也在《左氏春秋考证自序》上说："余欲以《春秋》还之《春秋》，《左氏》还之《左氏》……冀以存《左氏》之本真。"见阮元主编：《皇清经解》（台北：汉京文化事业公司影印本，1980），第13册，卷1296，总页9093。足见其子的叙述颇为可信。

2　刘逢禄：《尚书今古文集解序》，《刘礼部集》，卷9，页2。

3　宋翔凤：《读书丛录序》，《朴学斋文录》，卷2，页23。

了一段王氏亲证之词：

> 吾治经，于大道不敢承，独好小学。夫三代之语言与今之语言，如燕、越之相语也，吾治小学，吾为之舌人焉。[1]

王引之以"舌人"名其工作，实是十分恰当的。而宋翔凤希望由自己的研究工作使"古人心思制作皆可推见"，不也正是以"舌人"自居吗？

宋翔凤对考证学派所最推崇的郑玄（康成）也一样是赞誉备至的。他形容自己是在"寻康成之坠绪"[2]，但是他循康成的路数研究下去却发现郑康成还不是那么接近孔子，后人却不明就里，迁周孔以就服郑，拿康成之说抹杀前人之说，他说那是"据其后以疑其前，明者之所不取"[3]，遂主张超越郑玄探究西汉经说。

前述诸人都声称自己是许、郑的功臣，但问题也就在这里，为什么许、郑的功臣到最后会发展出背离许、郑的学风来？他们重叠的身份象征着什么？为什么这批今文经学的正统人物的学术工作竟与乾嘉学派有着千丝万缕的关系？

答案是至少就早期的今文学者而言，他们最开始的时候，非但不违背清学"返求原典"的典范，而且至少在表面上是以其"功

---

1 （清）龚自珍：《工部尚书高邮王文简公墓表铭》，《龚自珍全集》（台北：河洛图书出版社，1975），页147—148。

2 宋翔凤：《论语郑注后序》，《朴学斋文录》，卷2，页4。

3 宋翔凤：《小尔雅训纂序》，《朴学斋文录》，卷2，页10。

臣"自居的，但正因为他们在这典范下的努力，使他们冲出考证派的樊笼，到最后背叛了他们。

三、《新学伪经考》之成立与古文经信史性的破坏

清代今文家返求原典，揭露圣人制礼作乐的真正的用心，与他们的疑伪活动有相当密切的关系。龚自珍的《六经正名》一文把这层关系表现得十分清楚。他说：

> 后世以传为经，以记为经，以群书为经，以子为经，犹以为未快意，则以经之舆儓为经。[1]

而他认为以"舆儓"为"经"的情形，莫过于《尔雅》了。《尔雅》原是释《诗》《书》之书，到后来与《诗》《书》并列，共享经名，真是不可思议之事。也正因为经书的蓊障太多，所以他立志要为六经"正名"，将它们的原始面目一一"写定"。[2] 故他说自己志在"以经还经""以记还记""以传还传""以群书还群书""以子还子"，为此，他一生都在努力着，为诸经作一彻底清洗的工作。他的工作虽然始终没有完成，但在《六经正名答问五》中大致将其目标作了如下的描述：

1　龚自珍：《六经正名》，《龚自珍全集》，页38。

2　龚自珍：《六经正名答问五》，《龚自珍全集》，页40。

《周书》去其浅诞，剔其讹衍，写定十有八篇；《穆天子传》六篇；百篇《书序》；三代宗彝之铭，可读者十有九篇；《秦阴》一篇（此篇本在《周书》七十一篇之中，其目存，其文佚，予定为秦昭襄王时书，即今世所传《阴符经》也），桑钦《水经》一篇，以配二十九篇之《尚书》……以配《春秋》。重写定大戴《记》（存十之四），小戴《记》（存十之七），加《周髀算经》，《九章算经》，《考工记》，《弟子职》，《汉官旧仪》，以配礼古经。[1]

《尚书》《春秋》、大、小戴《记》等经书最古的真相当然不是后人能想当然耳加以代定的，但龚自珍却言之凿凿，等于是要重新编辑六经。四库馆臣责备王柏说"柏何人斯，敢奋笔而进退孔子哉！"[2]把这一句话转用一下，就是"自珍何人哉，竟敢奋笔编定孔子六经"。后人既然可以随其想象中古代经书的情况来任意编定六经，从另一面看，不就是可以任意疑经乎？清季孙家鼐（1827—1909）之所以再三警告说"经书断不可编辑"，除了现实政治上的理由外，一方面也是怕后人任意编辑经书以致推倒了经书。[3]

---

1 龚自珍：《六经正名答问五》，页40。

2 《四库全书提要》卷十七经部诗类存目王柏《诗疑》条上语，见《四库全书总目》（台北：汉京文化公司景印本，1981），第1册，页101。

3 详参孙家鼐：《孙尚书家鼐奏覆筹办大学堂折》，收入（清）苏舆编：《翼教丛编》（台北：台联国风出版社，1970），页100。按：孙家鼐与康有为相左，故其警告"经书断不可编辑"，自然也有现实的因素。这一点是黄彰健先生所提示的，谨附此志谢。又可参见汤志钧：《戊戌变法人物传稿》（北京：中华书局，1982），页379。

刘逢禄《左氏春秋考证》一书最主要的意图也是想返求圣人真正的经义。他认为圣人的真意已被刘歆伪窜的《左传》所遮掩扭曲，故必须把刘歆伪作之迹检举出来。该书最核心的论点便是：

> 刘歆颠倒五经，使学士迷惑，因《公羊》博士在西汉最为昌明，故不敢显改经文，而特以秘府古文书经为十二篇，曰《春秋古经》。[1]

刘歆既已窜乱《左传》，迷失孔子作《春秋》的真意，那么后世人若想返求圣人真意，便不能没有拨云雾以见青天的举措，所以我们可以发现《左氏春秋考证》中处处是对刘歆"迷""汩"圣人本意的控诉。此处姑举数条为证：在"初戎朝于周"条下，他说"迷戎卫及责不死位义"[2]；在"郑伯请释泰山之祀而祀周公"条下，他说"郑安得祀太山，亦安得祀周公，此欲迷擅取王田之罪耳"[3]；在"无骇卒"条下，他指责刘歆"欲迷疾始灭之义"[4]；在"不书葬不成丧也"条下，他指责是"此欲迷《春秋》贼不讨不书葬之例耳"[5]；他又说隐公二年《左氏》文阙秋冬之事，是"欲迷经去二时之义"[6]；

1　刘逢禄：《左氏春秋考证》，《皇清经解》，第13册，卷1294，总页9069。

2　刘逢禄：《左氏春秋考证》，总页9070。

3　刘逢禄：《左氏春秋考证》，总页9070。

4　刘逢禄：《左氏春秋考证》，总页9071。

5　刘逢禄：《左氏春秋考证》，总页9071。

6　刘逢禄：《左氏春秋考证》，总页9071。

此外，他还举过例子责备刘歆"改窜《左氏》……徒欲以汩《公羊》经义，故纵淫人"。[1]他处处指责刘歆伪造经文以佐助王莽篡窃汉权，并说自己从十二岁开始便有这些怀疑了，并一度把自己的疑惑告诉宋翔凤，但宋氏怀疑地答："子信《公羊》，而以左氏、穀梁氏为失经意，岂二氏之书开口便错？"不过，宋翔凤最后还是被他说服了，夸赞他不惟善治《公羊》，且可以为《左氏》功臣。[2]

年代稍晚于刘逢禄的今文学者魏源，说自己的研究工作主要的意义是替六经"廓其噎蔀，穷其闳奥"[3]，亦即是求经之本貌，一一为之写定的意思。但他的今文家派意识太强，故写定六经的另一层意思即是"廓清"现在流行的古文经。

在前面我们已举他的《诗古微》说明这种返求圣人用心的意图，此处再以他的《书古微》为例。魏源认为《今文尚书》的真面目经过马融（79—166）、郑玄的混淆，"至今存什一于千百"，所以他汲汲于"使（《今文尚书》）古谊复还"于当世。[4]他在咸丰五年（1855）所写的《书古微序》中便表示这件工作包括"补亡""正讹"两大部分。[5]

为了要"补亡"，他想办法要找出《逸书》的残卷，但从哪里找呢？他从《论》《孟》《墨》《逸周书》《史记》等辑出数篇，当作

1　刘逢禄：《左氏春秋考证》，总页9075。

2　刘逢禄：《左氏春秋考证》，总页9069。刘逢禄把宋氏的话录在《考证》中。

3　魏源：《书古微例言上》，《魏源集》，页115。

4　魏源：《书古微例言下》，《魏源集》，页118。

5　魏源：《书古微序》，《魏源集》，页109—115。

逸《书》的残卷。这些材料并非新出，而且是汉儒早已看过的，连伏生、马、郑都不敢用以补经的材料，却独有魏源知道它们是逸《书》。为了"正讹"，他将《大诰》《洛诰》诸篇的次第加以更动，[1]这跟朱子更订《大学》的情形何其相似。戴震便曾用质疑的口气说朱子"何以知为孔子之言而曾子述之，又何以知为曾子之意而门人记之"，把这一段话变换一下，不就是"魏源何以知此等篇章次第应为如此"吗？

前面是以刘逢禄、魏源为例，说明在"返求圣经"的意图下，对经书大幅度安排去取的情形。正因为清代今文家认为由古文经不足以探孔子之微言大义，所以他们决定做一番清洗的工作，排去古文经，使今文经由末席变为首座。这个扫荡芜说、寻找孔子真正理想蓝图的努力，随着晚清时局的日趋危夷而更为急切。清季改制派特意突出孔子变法救世的形象，作为当代变法的依据，故他们急切地想把孔子的旧形象排除，首当其冲的古文经，遂遭受前所未有的猛烈攻击。

本来在中国学术史上，早就不断地有人怀疑古文经中的《周官》与《左传》是刘歆所伪作。这一个旧疑点到了刘逢禄手上，特别加以扩大，处处强调刘歆"颠倒五经"[2]，故后来把刘歆当成是全部古文经伪造者的线索，事实上早就安排就绪了。清初学者毛西河（1623—1716）曾经说过一段极具洞见的话：

1　齐思和《魏源与晚清学风》对此叙述甚详，见页234—235。

2　刘逢禄：《左氏春秋考证》，总页9069。

欲攻人作伪，而先伪造一人以实之。[1]

清末今文健将廖平、康有为宣称所有古文经皆系刘歆所伪造，也正为毛西河的话提供了一个亲证。

廖平的学术思想核心即是——"六经，孔子一人之书"。[2]在他看来，假如六经只是周史，而非孔子所造，那么孔子又"安得谓生民未有耶"。[3]六经既然是孔子一人手造之书，而不是周朝历史的记载，则决不可以把它们当成史料书来看。他说：

孔子翻经以后，真正周制实无可考。[4]

并惋惜"东汉以来，以六经归之周史，其说孤行千余年"。[5]他遗憾地表示：把六经当成周史的人必然迷失了孔子造六经以"改制救弊"这个伟大的企图。唯有"以此（改制救弊）求之，然后圣经可尊、圣功可见"。[6]廖平反问大家：六经如果只是史料，那么编定它们的孔子又何伟大之有？而六经又怎样发挥它致用的功能？也正因为廖平强调六经皆孔子手作，所以宣称经书中的礼乐制度全是孔子

---

1 转见《洪右丞给谏答梁启超论学书》，收入苏舆编：《翼教丛编》，页66。

2 廖平：《知圣篇》（六译馆丛书本，第24册），卷上，页19。

3 廖平：《知圣篇》，卷上，页5。

4 廖平：《知圣篇》，卷上，页13。

5 廖平：《知圣篇》，卷上，页4。

6 廖平：《知圣篇》，卷上，页24。

手造的。他说：

> 自夫子一出，而帝王之德皆变为一人之事，而佚闻实寡，后世所传习皆孔子之说，而旧典全无，今欲于礼制指其孰为旧也，难矣。[1]

既然经书皆是"孔子之说"，那么要透过它们去寻找古代政典礼制便无异是问道于盲了。因此，廖平毫不客气地痛骂《仪礼经传通解》《礼经纲目》《五礼通考》等考求古代礼制之书是"大失经意"。[2]

过去刘逢禄对刘歆的控诉是"颠倒五经"，现在廖平的控诉大致换了一个方向，他说刘歆最大的罪过是"以六艺为旧文，孔子直未造作，于是而素王改制等说全变矣"。[3]他表示：把六艺当作周代史文是完全泯灭了孔子变法改制的理想，这样恶毒的手法是刘歆以前所无的，刘歆以前的人皆主张"六经孔子一人之书"，但到了刘歆之手，却作了一个前所未有的大逆转：

> 后来（刘歆）欲攻博士，故牵涉周公以敌孔子，遂以礼乐归之周公，《诗》《书》归之帝王，《春秋》因于史文，《易传》仅注前圣，以一人之作分隶帝王周公，如此是六艺不过如选文

1　廖平：《知圣篇》，卷上，页14。

2　廖平：《知圣篇》，卷上，页25。

3　廖平：《知圣篇》，卷上，页22。

选诗……则孔子碌碌无所建树矣。[1]

他说真正的孔子决不是碌碌无所建树的纯学者，而是把六经当作政治计划书：

> 孔子受命制作，为生知，为素王，此经学微言，传授大义，帝王见诸事实，孔子徒托空言，六艺即其典章制度……素王一义，为六经之根株纲领，……自失此义，则形体分裂，南北背驰，六经无复一家之言，以六经分以属帝王周公史臣，则孔子遂流为传述家，不过如许、郑之比，何以宰我、子贡以为贤于尧、舜？[2]

如果六经不是孔子手造的政治计划书，而只是史书，那么孔子这个"传述家"怎么可能"贤于尧、舜"？因此他责备过去的学者"以史为经，最乖孔义"。

廖平又在《经学四变记》中自述为什么非"辟刘"不可——因为，如果不是刘歆变乱孔子真意，不会给后人增添这么多理解圣人微言大义的困扰。他说：

> 考究古文家渊源，则皆出许、郑以后之伪撰，所有古文家师说，则全出刘歆以后据《周礼》《左氏》之推衍；又考西汉

1　廖平：《知圣篇》，卷上，页19。

2　廖平：《知圣篇》，卷上，页1。

以前，言经学者皆主孔子，并无周公，六艺皆为新经，并非旧史。[1]

刘歆把孔子手造的六经当作古代历史的实迹，也就等于将孔子降格为历史家者，所以廖平坚持非辟除其说不可。廖平心目中真正的孔子是个迈越尧、舜，以六经为变法致用的改革者，要把这一个宗旨在晚清重新拈出，便不能不把在他看来完全反致用的刘歆学派打垮。他提醒大家，刘歆学派在清代是丝毫不曾消歇的：

惠、戴挺出，独标汉帜，收残拾坠，零璧断圭，颇近骨董家。名衍汉学，实则宗法莽、歆，与西汉天涯地角，不可同日语。[2]

考证大将惠栋、戴震名为汉学，其实是"宗法莽、歆"，段玉裁、王念孙诸大家，更是"以声音训诂校勘提倡，天下经传遂遭蹂躏"[3]，即使"全通其说"，对"政事经济，仍属茫昧"，他说这种学问在承平时代未尝不可聊备一格，当此国家危急之际，若欲由此致用，"则炊沙作饭，势所不行"[4]，所以他攻刘歆，攻郑玄，攻惠、戴、段、王的同时，也正是要替孔子告别"周史的传述者"的名衔，重新塑造出一个活泼热情的经世致用家的形象来。他认为只有

1　廖平：《经学四变记·二变记》（六译馆丛书本），页2。

2　廖平：《知圣篇》，卷上，页37—38。

3　廖平：《知圣篇》，卷上，页38。

4　廖平：《知圣篇》，卷上，页43。

重新了解孔子，才是真能"知圣"，而他也声明自己之所以能有机缘"知圣"，实亦是拜清代学术发展之赐。他说：

> 国朝精心孤诣，直凑单微，由东汉以溯西汉，由西汉以追先秦……群力所趋，数十年风气一变，每况愈上。[1]

他坦承是在整个清学返求原典的潮流之下，才有机会直契圣旨，同时，也因他自认十分掌握圣人的本意，故敢于把所有与这个宗旨相矛盾的说法一概斥成伪说，大胆宣判古文经学全属伪品，他正是充分利用了清学而又回过头来打击清学。而康有为《新学伪经考》（初刊于1891年）及《孔子改制考》大抵正是承袭廖平《知圣篇》《辟刘篇》的宗旨写成的。康是否袭廖，是近代学术史中缠辩不休的一个公案。汤志钧的《戊戌变法史》指出：康有为在第一次上书（1888年冬）失败前仍然与今文经无关涉。1889年冬至1890年初春，他首度在广州的安徽会馆中晤见了廖平，由下面三个证据可以推知康氏在这次晤谈中深受廖平今文经说的撼动：

（一）康有为最早宣传孔子改制，抨击刘歆伪窜，是1891年广州长兴讲学时的事，他说"圣经已为刘秀篡，政家并受李斯殃"，表示"孔子经世之学在《春秋》，《春秋》改制之义著于《公》《穀》"。这些言论都是康氏前此所未曾发的，而俱见于廖、康初晤后的笔札中。[2]

1　廖平：《知圣篇》，卷上，页37。

2　汤志钧：《戊戌变法史》（北京：人民出版社，1984），页66。

（二）康氏的《自编年谱》1890年条有："是岁既与世绝，专意著述，著《毛诗伪证》《周礼伪证》《说文伪证》《尔雅伪证》。"以《周礼》一书为例，过去康有为刻意把它当成致用之书，这时却撰《伪证》，很明显地是与廖平初晤后才有的变化。[1]

（三）《新学伪经考》与《孔子改制考》更是在与廖平接谈之后才撰写的。[2]

这三个证据皆甚坚实，足见康袭廖说大抵是没有问题的。而且，舍外在证据不论，仅从思路上看，也可以充分判知廖平的《辟刘篇》是康有为撰作《新学伪经考》的基础，而《知圣篇》则是《孔子改制考》的根干。

康有为与廖平一样，对刘歆的控诉非常彻底而严酷。他在《新学伪经考》中说：

> 王莽以伪行篡汉国，刘歆以伪经篡孔学，二者同伪，二者同篡……然歆之伪《左氏》，在成、哀之世，伪逸《礼》、伪古文《书》、伪毛《诗》，次第为之。[3]

1　汤志钧：《戊戌变法史》，页65。亦可参赵丰田编：《康长素先生年谱》（香港：崇文书店，1975），页15—16。

2　汤志钧：《戊戌变法史》，页66。康袭廖书的事，在晚清曾喧腾一时，由曾孟朴《孽海花》（台北：世界书局，1962，页109）中即可看出。但是廖平在1894年所撰的《古学考》反过来受了康有为的影响，且未明言。这一点张西堂在为《古学考》点校后所写的《序》中已指出（台北：华联出版社景印本，1968，页1）。汤志钧《戊戌变法史》中同时也指出此点，见该书页68。

3　康有为：《新学伪经考》（台北：台湾商务印书馆，1974），页125。

又说：

> 毛《诗》，古文《尚书》、逸《礼》《周官》、费氏《易》
> 《左氏春秋》，皆伪经也。[1]

他说古文《诗》《书》《易》《礼》《春秋》既皆刘歆所伪，但两千年来却无一能发其覆者，任令刘歆夺孔子之席，把孔子手作的礼乐制度硬说成是文王周公所已施行，不啻是贬抑孔子：

> 始作伪，乱圣制者，自刘歆。布行伪经，篡孔统者，成于
> 郑玄。阅二千年岁月日时之绵暧，聚为千亿耘缨之问学，统
> 二十朝王者礼乐制度之崇严，咸奉伪经为圣法，诵读尊信，奉
> 持施行，违者以非圣无法论，亦无一人敢违者，亦无一人敢疑
> 者，于是夺孔子之经以与周公，而抑孔子为传，于是扫孔子改
> 制之圣法，而目为断烂朝报，六经颠倒，乱于非种，圣制埋
> 瘗，沦于雾雾，天地反常，日月变色。[2]

这段宣言与前面提到的——廖平说刘歆将孔子一人手造的经典任意分派给古代圣君，是如出一辙的。其大胆激烈的程度，在中国史上罕见其匹。康氏指出：刘歆的作伪不只使两千年来"奉伪经为圣法"，连染所及，两千年来之中国政治亦备受其毒害：

1　康有为：《新学伪经考》，页22。

2　康有为：《新学伪经考》，页2。

且后世之大祸，曰任奄寺，广女色，人主奢纵，权臣篡盗，是尝累毒生民，覆宗社者矣，古无有是，而皆自刘歆开之。是上为圣经之篡贼，下为国家之鸩毒者也，……刘歆之伪不黜，孔子之道不著。[1]

照康有为的说法，刘歆不只伪造诸经，且"旁及天文、图谶、钟律、月令、兵法莫不伪窜，作为《尔雅》八体六技之书，以及钟鼎，以辅其古文之体"。[2] 如果把散在《新学伪经考》中这类议论聚合起来，真是一张漪欤盛哉的清单。[3] 他与廖平一样，不时有"呜呼！后世六学皆歆之说，孔子之道，于是一变，盖二千年矣"的感叹[4]，这类的慨叹，认为孔子之道的原貌被迷汩了，如果要拨云雾、见青天，唯有尽去古文经一途。但是马上有人要问：去除了古文经，学者又将安赖？康有为提醒他的读者，要想考孔子的真道，即需透过汉代今文家，尤其是董仲舒之手。[5]

1　康有为：《新学伪经考》，页2。

2　康有为：《新学伪经考》，页50。

3　例如"歆伪作《明堂位》，诬先圣以佐篡逆"（康有为：《新学伪经考》，页133）、"歆倡训诂之学，以变大义"（页133）、"歆由伪字而造伪训诂"（页50）、"（《月令》）盖皆歆之伪礼"（页134）、"四郊之制始于歆"（页134）、"歆变乱五帝名号"（页135）、"凡《祭法》《左传》《周官》皆歆所伪，莽用其说，故云建郊宫，定桃庙也"（页135）、"刘歆伪撰《毛诗》"（页194）、"周汉相传之正字，尽为刘歆所增乱，而不可识矣"（页90）、"赵氏翼论《史记》为后人增窜甚详，惜未知即为刘歆所篡，而频疑褚少孙耳"（页36）、"《律书》亦歆所窜补者也"（页36）、"今之《易》亦歆伪学也"（页44）、"《汉书》为歆所作，人不尽知，《艺文志》即《七略》原文，人皆知之"（页39）等。

4　康有为：《新学伪经考》，页44。

5　康有为：《新学伪经考》，页333。

从廖平到康有为，都说孔子所造六经"托于先王以取征信"[1]，所以六经中史事皆非真史，直到刘歆颠倒孔子旧说，造出了古文经，将孔子手造的计划随意说成是周公文王等所实行过的历史。那么，古文经的信史性不就全盘崩解了吗！非仅如此，康氏为了更完密地证实刘歆造伪，进一步指控刘歆一谎百谎，伪造钟鼎文字埋入地下。他是这样铺陈其说的：

> 歆既好奇字，又任校书……，乃造作文字，伪造钟鼎，托之三代，传之后世，征应既多，传授自广，以奇字而欺人，借古文为影射。[2]

于是连出土史料也全不可信了。

康有为的这些指控，加上崔适（1852—1924）的推波助澜，到处影响着崔适的学生顾颉刚的古史观，这类证据太多了，如他在《秦汉的方士与儒生》中说道：

> 古文学则是刘歆一手包办，在十余年间一齐出来的。[3]

这是他在1934年所写的文字，态度依然如此强硬，足见其执持之坚了。他又说：

1　廖平：《知圣篇》，卷上，页4。

2　康有为：《新学伪经考》，页50。

3　顾颉刚：《秦汉的方士与儒生》（台北：里仁书局，1985），页106。

（除《周官》外）其余的古文经传里也多寻得出帮助王莽做成皇帝的痕迹。[1]

整部《五德终始说下的政治和历史》及《秦汉的方士与儒生》便大抵是在这一套思想基础上写成的。所以他在《五德终始说下的政治和历史》中会说：

他（崔适）指出刘歆增窜的又一事，其一为终始五德。……其中的主张虽有为我所不敢赞同（如说终始五德之说为刘歆所造，托始于邹衍），但大部分的意思我都承受。[2]

"理论一经掌握群众，便成为物质力量"（马克思语）[3]，能掌握群众的思想不一定是客观精审的真理。但是不管是精审客观或鲁莽武断的思想，一旦他有了继承者，便发生力量。康有为为了提倡变法改制所作的种种大胆推断影响了崔适，也影响了顾颉刚的古史观点，最后进而推动了近代中国史学的革命。

前面花了相当大的篇幅追溯《新学伪经考》成立过程及其破坏力，但这主要是从清今文家的发展进行厘清的。不过，我们也不

1　顾颉刚：《秦汉的方士与儒生》，页109。

2　顾颉刚：《五德终始说下的政治和历史》，《古史辨》，第5册，页551。

3　Karl Marx, "A Contribution to the Critique of Hegel's 'Philosophy of Right' Introduction," in *Critique of Hegel's 'Philosophy of Right'*, translated by Annette Jolin and Joseph O'Malley (Cambridge: Cambridge University Press, 1977), p. 137.

应忘记一些考证学者在这个过程中所起的作用[1]，事实上几部古文经早经考证学者某种程度地怀疑过，像《周礼》、毛《诗》，都是考证学者常常怀疑的。即以《周礼》为例，疑之者几乎无代无之，宋代的胡宏（1106—1155）就有刘歆伪造《周礼》之说。明朝的杨慎（1488—1559）及清初的方苞（1668—1749），他们读《周礼》时一遇解不通之处，便说是刘歆所窜入。清代是个考证学极度发达的时代，辨伪之书特多，如万斯大（1633—1683）《周官辨非》、万斯同（1638—1702）《群书疑辨》。[2]毛《诗》也是早经怀疑的。刘逢禄替魏源的《诗古微》所写的《序》中便点出考证学家们为今文学者的疑古文经运动无意间所作的开道工作。他说：

> 皇清汉学昌旺，通儒辈出，于是武进张氏始治《虞氏易》，曲阜孔氏治《公羊春秋》，今文学萌芽渐复……《诗》则顾、阎、胡、戴皆致疑于毛学，而尚不知据三家古义以正其源流。[3]

刘逢禄举毛《诗》为例，说顾炎武、阎若璩、胡渭、戴震虽然都怀疑毛《诗》的可靠性，但还不知道进一步肯定今文三家《诗》的价值，是一大遗憾；这一段话自然是刘氏自己主观之词，但由这段

1　傅斯年：《清代学问的门径书几种》，收入《傅斯年全集》，第4册，总页1454—1463。

2　张心澂：《伪书通考》（台北：宏业出版社翻印本，1975），页282—327。

3　刘逢禄：《诗古微序》，《刘礼部集》，卷9，页6。

话中却透露一个消息，那就是晚清今文家推倒毛《诗》的准备工作是有几位考证学大将为之推波助澜的。[1]不过早期考证学者的辨伪，和经今古文因学派不同所引起的争论内在意义并不同，而且不至于因为书伪便判定其书中所有史事全是假的。所以他们尽管为后来的破坏古文经工作无意间提供了助力，但仍有其根本的限制。

清代今文家从道光、咸丰、同治到光绪（即公元十九世纪上半叶到二十世纪初）明显地是由经生笺注的演绎转变为孔子理想的追寻[2]，这主要是因时代的刺激，使他们更热烈地想活用孔子寄托在经典中的微言大义来振济时艰。既然要追寻孔子的真正理想，而且也相信他们所持守的今文经说真正反映了经典最初之真相，所以全面打倒古文经，成了他们反求过程中拨云雾以见青天的手段。自信既深，疑之亦勇，发展到最激烈时，便有纵横出入，高下随心之气势了。本来对六经任意安排去取与任意诠释都是"强经典以就我"，凭己意支配操纵经典的态度到头来必定严重动摇经典的历史客观性。[3]王引之在《经义述闻》卷32的《通说》上立了"增字解经"一条，正可以用以说明其现象。他说：

引之谨案：经典之文，自有本训，得其本训，则文义适相符合，不烦言而已解。失其本训而强为之说，则阢陧不安，乃

1　周予同：《经今古文学》（台北：台湾商务印书馆，1967），页32。

2　周予同：《"汉学"与"宋学"》，收入朱维铮编：《周予同经学史论著选集》（上海：上海人民出版社，1983），页330。

3　参考 Richard E. Palmer, *Hermeneutics: Interpretation Theory in Schleiermacher, Dilthey, Heidegger, and Gadamer* (Evanston: Northwestern University Press, 1969), p. 249。

于文句之闲，增字以足之，多方迁就，而后得申其说，此强经以就我，而究非经之本义也。[1]

"增字解经"在王引之看来已经是不可思议之举了，刘逢禄、魏源、龚自珍、廖平、康有为却是以自己所理解的经典最初状况与圣人本意来决定经书的面貌，他们虽可能切中一部分情实，但经书的内容一旦可以随人之好恶斟酌去取，便马上失去其客观性，沉沦于各式各样的解经学家之手了。廖平与康有为把打倒古文经作为复活孔子真正理想的手段，终至全盘勾消古文经的信史性，正是"强经典以就我"，以致丧失经典的历史客观性最佳的佐证。

---

1 （清）王引之：《经义述闻》（台北：台湾商务印书馆，1968），第12册，页209。

第三章　清季今文家的历史解释（下）

清代今文家返求圣经运动的最后结果是宣称所有古文经都迷失了孔子的本意，这个破坏性很大的运动，由刘逢禄之分解《左传》，魏源之割裂《诗》《书》，龚自珍之欲写定群经，寖假而廖平、康有为断然宣称所有古文经俱为刘歆所伪，一举否定古文经的信史性，借此复兴今文经学，以便重新揭露孔子之微言大义。

本章想进而讨论，追寻孔子真正的理想蓝图的另一项结果是：到了廖平、康有为时，把所有今文经书上的史事都视为孔子寄托其王心的符号，所以认为今文经书所载亦不必实有其事。这个局面的演成，与外在环境的刺激关系密切。时代的刺激使得今文家经世意愿愈益强烈，提倡变法来维持满清政府。不过早期几位今文经师的变革思想还是相当传统的，所以他们的变法蓝图与经书的内容没有多少扞格之处，故他们虽依附在经典上提倡变革，却也不必对传统解经学作太大变动。到了廖平、康有为的时代，由于西方帝国主义的侵逼日甚，而传统礼乐政制又似乎不足以挽此危局，所以他们以吸收西法来抵抗西方，进而把西学与孔子的微言大义相牵合。西学与六经扞格既大，方枘圆凿，竟至发展出经书符号化来满足这种需求。讨论这个奇特的现象时，必须先追溯以微言解经的传统。

一、"为汉制法"的观念与经典解释

汉代有两种奇特的历史观念，第一是用阴阳五行将古来的历史重组，使得历史像是走马灯，来了又去，去了又来，过去的与未来的事皆可布算得知。第二是不再把社会、道德等人文事物视为人类自然演进的结果，而是由于古代圣人为了某种特殊目的，刻意在某一时间设计而成。由于圣人已规划了未来的发展，所以现在或未来发生的所有事情，是反过来证明圣人所云为真，未来将经验的一切，都是反过来对经书的译解。所以一方面是用预言来说明历史，另一方面又是用历史来说明预言。这套历史观最突出地表现在孔子"为汉制法"这个当时非常流行的观念上。

（一）可以预知未来的孔子

在纬书中孔子的形象是相当特别的，是一位先知或预言家。孔子之所以能前知，是因为在《春秋纬》之中，他已不再是叔梁纥之子，而是上帝的儿子。《春秋纬演孔图》中说：

> 孔子母颜氏徵在游太汉之陂，睡，梦黑帝使请己，已往，梦交，语曰：汝乳必于孔桑之中。觉则若感，生丘于空桑之中。[1]

1　不著撰人：《春秋纬演孔图》（台北：艺文印书馆，1972，《黄氏逸书考》本），页5—6。有些学者认为谶纬之书之所以在哀、平时期大量出现，是因为统治者或豪健之徒捏造来为其权力欲望服务的工具。这使人想起法国学者福柯（Michel（转下页）

这类说法在当时是广被接受的,举个例说,《韩敕碑》中便刻有一段内容相仿佛的话,说:

> 皇戏(即伏羲)统华胥,承天画卦,颜育空桑,孔制元孝,俱祖紫官,大一所授。[1]

把碑刻内容与纬书对照,即见其说之深入人心了。汉代流行的纬书中,依五行的次序安排孔子替赤帝之子制法,《孝经援神契》上说的"玄丘(孔子)制命,帝卯(刘邦)行",便是几种纬书上共有的观念。说他推算天象的变异,便知道继周而起的是汉朝,大约距他的时代三百年,所以他要预先为这个新朝改宪制法,因而写成《春秋》《孝经》两本书,对于传他的《春秋》的人,他也早已预先知道是公羊高。孔子又曾研究《雒书摘六辟》,预言亡秦朝的是胡

(接上页)Foucault)在《权力与知识》一书中所强调的:权力对知识无所不在的、毛细管般的渗透作用。见 Michel Foucault, *Power/Knowledge*, ed. by Colin Gordon (New York: Pantheon Books, 1980), pp. 92–108, 108–133。但福柯提醒我们这种主权式的、单向渗透式的权力观念实太简单。事实上,权力运作过程中常是没有行动主体的,运作者与接受者之间常常是自然交溶,交互影响的。如果不是汉代大部分人真心相信谶纬之书〔关于这方面的证据,吕思勉:《吕思勉读史札记》(台北:木铎出版社影印本,1983),乙帙《图谶一》至《图谶七》中搜集得相当多(页740—749)。又可参见顾颉刚的《秦汉的方士与儒生》第十三章《通经致用》,页73—81。〕不会有人这么天真地在这上面大作文章,造作者与接受者都有一个共同认可的基础,下的是同一盘棋。如果不是同一盘棋,守着相同的规则,这类闹剧是无法热烈的。当然,造作者是可以在他所相信的媒介上加入对自己权力有利的素质,使谶纬为自己服务,但这并不意味着他们在意识深层并不相信谶纬,只是狡猾地玩弄着。

1 (宋)洪适:《隶释》,收入严耕望编:《石刻史料丛书》(台北:艺文印书馆,1966),甲编第1册,卷1,页18。

亥。既然孔子是黑帝子预为赤帝子制法，则他所写的《春秋》是假想的黑统，而汉是现实的黑统。[1]

谶纬中的古圣王也和孔子一样有前知的能力，像《孝经援神契》中所说的：

> 尧知天命，赐契子氏。[2]

即是说尧能预知契的后裔有汤这位帝王。《尚书中候·稷起》注文中又云：

> 尧受河图、洛书，后稷有名录，苗裔当王。[3]

则是尧已知道后稷的后裔为王。在纬书中，甚至于连禹治洪水，以及尧舜禅让之事，也都是天意早已安排好了的。依照《春秋纬命历序》中所说，则在河图中早已记载（预言）着一些受命帝王终始

1　以上主要参考周予同：《纬谶中的孔圣与他的门徒》，收入朱维铮编：《周予同经学史论著选集》，页293—321。夏曾佑：《中国古代史》（台北：台湾商务印书馆，1968），第二章第九节写孔子事迹的部分便完全受这一套思想之影响，见页74—76。

2　《孝经援神契》，收入安居香山、中村璋八合编：《重修纬书集成》（东京：明德出版社，1973），卷5，页34。原由《诗·商颂·谱疏》中辑出。按：《纬书集成》所辑文字尚有"知有汤"一句，然此句非《孝经援神契》文字，应为疏语而连下读，"知有汤是尧赐之姓而封之商也"。

3　见《尚书中候·稷起》，收入安居香山、中村璋八合编：《重修纬书集成》，卷2，页105。此由《诗·大雅·生民疏》辑出。

存亡之期和疆域的大小。[1]因此我们可以说，纬书中的历史观与我们的历史观相当不同，整个颠倒过来，把未来的发展当成是过去的历史、把现代施行的一切人事与政治，全都当成是印证三百年前那位圣人前定计划的一部分。所以那时有许多人相信，汉代只能跟春秋一样，前后有十二个皇帝，当第十三位皇帝准备要登基时，天下便有人举兵抗议了，其中一个理由就是这样做违反了孔子在《春秋经》中的预定。

这里仅举东汉的《乙瑛碑》《史晨碑》《韩敕碑》为例来印证为汉制法说在当时的力量。汉桓帝永寿三年（157）所立的《韩敕修孔庙后碑》上说：

> 孔圣素王，受象乾坤，……为汉制作，万世□功，志诵受命，以授煌煌。[2]
> 君辅汉室，圣帝躬，子子孙孙，封□□□。[3]

《孔庙置守庙百石孔龢碑》中也说"孔子大圣，则象乾坤，为汉制作"[4]，汉灵帝建宁二年（169）所立的《鲁相史晨祠孔庙奏铭》上也说：

1　此说根据周予同《纬谶中的"皇"与"帝"》，朱维铮编：《周予同经学史论著选集》，页434、445。

2　洪适：《隶释》，卷1，页23。

3　洪适：《隶释》，卷1，页24。

4　洪适：《隶释》，卷1，页15。

臣伏念：孔子乾坤所挺，西狩获麟，为汉制作，故《孝经援神契》曰：玄丘制命，帝卯行。又《尚书考灵耀》曰：丘生仓际，触期稽度为赤制，故作《春秋》以明文命，缀纪撰书，修定礼义。[1]

又说：

昔在仲尼，汁光之精，大帝所挺（按：挺义为生），颜母毓灵，承敝遭衰，黑不代仓，□汴应聘，叹凤不臻，自卫反鲁，养徒三千，获麟趣作，端门见征，血书著经，黄玉骤应，主为汉制，道审可行，乃作《春秋》，复演《孝经》，删定六艺。[2]

《史晨碑》这一段话几乎就是纬书《演孔图》中另一段话的翻版——"得麟之后，天下血书鲁端门，曰：趋作法，孔圣没，周姬亡，彗东出，秦政起，胡破术，书记散，孔不绝"[3]。由纬书的为汉制法观念广被刻入碑文中，即可看出其通俗与流行之一斑，而这一史观会影响到当时人的经典解释也是意料中事。

1　洪适：《隶释》，卷1，页25。

2　洪适：《隶释》，卷1，页26。

3　见《春秋纬演孔图》，收入安居香山、中村璋八合编：《重修纬书集成》，卷4上，页14。"为汉制法"之说连王充也相信，《论衡·须颂篇》说："是故《春秋》为汉制法，《论衡》为汉平说。"关于孔子为汉制法的讨论，可参考钱锺书：《管锥编》（北京：中华书局，1979），第1册，《孔子世家》条，页293—294。

（二）公羊三世说的出现

何休（129—182）在注《公羊》时，自然受他个人的政治思想所影响。其中最核心的观点便是孔子作《春秋》乃是在"为汉制法"，故他处处想把《春秋经》的内容运用到他那个时代现实的政治环境，同时也把他对那个时代的社会政治危机的解决办法投射到他对《春秋》的解释，二者交融的结果塑造出他的"三世说"。

何休的《公羊解诂》中引入不少纬书，是继董仲舒之后《公羊》学的一个大变化，而"为汉制法"的观点便时常出现在他的解释中，如襄公十四年的《解诂》中便引了前面提到过的《演孔图》中一段文字。[1]同年《解诂》又引《尚书中候·日角》的话：

> 夫子素案图录，知庶姓刘季当代周，见薪采者获麟，知为其出，何者？麟者，木精；薪采者，庶人燃火之意，此赤帝将代周。[2]

何休引用了这些谶纬之说来注解《公羊传》，自然使得《公羊传》的性质产生了变化，沾染上预言的色彩。这样的色彩很清楚地反映

1　见《春秋纬演孔图》，收入安居香山、中村璋八合编：《重修纬书集成》，卷4上，页14。何休的注解见（汉）何休解诂，（唐）徐彦疏：《春秋公羊传注疏》（台北：艺文印书馆影印阮元十三经注疏本，1965），卷28，页358。

2　见《尚书中候·日角》，收入安居香山、中村璋八合编：《重修纬书集成》，卷2，页110。不过安居香山在标点时犯了一个小小的错误，他未把"知为其出何者"断开，致读之者未能详其义。何休的注解见何休解诂，徐彦疏：《春秋公羊传注疏》，卷28，页356。

在他的新"三世"说中。

《春秋公羊传》的"三世说"是曾经过多次发展的。在《公羊传》的本文中原有"异辞"之说——即"所见异辞""所闻异辞""所传闻异辞",但还没有"所见世""所闻世""所传闻世"的字眼。董仲舒的《春秋繁露·楚庄王》篇中开始出现"有见三世""有闻四世""有传闻五世",不过他这里所用的"世"字,就像"虽百世可知也"的"世"字,与后来何休所用的"世"字意义不同。但董生的理论还有另一层新义,他说"所见六十一年,所闻八十五年,所传闻九十六年,于所见微其辞,于所闻痛其祸,于传闻杀其恩,与情俱也"。[1]这也就是说孔子撰《春秋》时之所以会有文例上的不同,是因为"与情俱"。《公羊传》中的"异辞"原来只是文例,董生进而推阐其异辞之情,其说弥深,由文例而渐及于义例矣。

到了颜安乐(约汉宣帝时人)时,"三世"一辞正式出现了,不过他的"三世"说与董生并没有什么太大的不同,只是"所见"与"所闻"三世的年代与董生略有出入而已。

何休对《公羊传》所作的新解释是最为突出的。他在对隐元年"公子益师卒"所作的解诂中说:

> 于所闻之世,见治升平,内诸夏而外夷狄……至所见之世,著治太平,夷狄进至于爵,天下远近小大若一,用心尤深

---

1 苏舆:《春秋繁露义证》(台北:河洛图书出版社影印本,1975),卷1,《楚庄王》,页7。

而详。

此说一出，三世说乃突出为《春秋》大义之核心。[1]何休表面上是原封不动地继承了前人的三世说，暗地里却下了偷梁换柱的功夫，分别为"所见世""所闻世""所传闻世"配上代表三种不同境界的"衰乱""升平""太平"，这是董仲舒所不曾用的。苏舆（1872—1914）在《春秋繁露义证》卷1中便明白指出这一点：

> 董子言三世，不用乱世、升平、太平之说。[2]

"所传闻世""所闻世""所见世"一旦配上"衰乱""升平""太平"三种境界，《春秋经》的性质即发生重大的变化。这一点唐代的徐彦在为《公羊传》作疏时已约略道及。他在"隐元年"条下注说："于昭、定、哀也，犹如文、宣、成、襄之世，实非升平，但《春秋》之义而见治之升平然。"[3]我想徐彦原是想指出经何休这一配拟之后，《春秋》之"义"更成功地表现出来了。不过，他并未明白指出何休的配拟所产生的另一关键性作用——由于何休把"所见世"定为"太平世"，而孔子所见的时代其实是个大乱世（也就是

---

1 以上见段熙仲：《公羊春秋三世说探源》，《中华文史论丛》（北京：中华书局，1963），第4辑，页67—76。引文见页72，亦见何休解诂，徐彦疏：《春秋公羊传注疏》，卷1，页23。

2 苏舆：《春秋繁露义证》，卷1，页7。参见冯友兰：《中国哲学史》（香港：太平洋图书公司，1970），页543。

3 见何休解诂，徐彦疏：《春秋公羊传注疏》，卷1，页24。

　　　　　　　　　　古史辨运动的兴起

徐彦所说的"实非升平"），故经他这一配拟，春秋时代真正的历史与《春秋经》所表现的理想发展史观应该分为两层，完全不可等同。照何休的说法：太平世是天下大一统，"夷狄进至于爵，天下远近小大若一"，可是实际上不存在这种历史事实，春秋二百四十年的历史也非如此，故《公羊》三世说与春秋史实相矛盾，如果遵照他的说法，则《春秋经》便从史籍变成是用来彰显某种由衰乱而至太平的社会政治教化"戏剧"了。[1]

何休以"为汉制法"的观念解《公羊》的结果，《春秋经》便不再只是一部单纯的史书，而应该是一部对未来的新朝的预言书。所以他在解《公羊传》哀公十四年条：将孔子"制《春秋》之义，以俟后圣"的"后圣"二字径解为汉朝。刘逢禄在《春秋公羊何氏释例》中形容他的《公羊解诂》是：

> 鲁愈微而《春秋》之化益广……世愈乱而《春秋》之文益治。[2]

真正的春秋史事与孔子的《春秋》被说成两件。为了"发掘"出孔子真正寄托于《春秋经》中之旨意，他常常离开历史事实从事解说。杨向奎便指出许多何休为了圆满其说而曲解史实之处。

何休之所以做这样奇特的配拟，是因为他想突出孔子是素王

---

1 参见 Carl L. Becker, *The Heavenly City of Eighteenth-Century Philosophers* (New Haven: Yale University Press, 1969), pp. 123-127。不过 Becker 是用"宇宙戏剧"一辞，所讨论的是西方基督教史观的问题。

2 刘逢禄：《春秋公羊何氏释例》，收入《皇清经解》，第13册，卷1280，总页9428。

"为汉制法"的形象。本来早在董仲舒的《对策》第二中便有"孔子作《春秋》，先正王而系万事，见素王之文焉"之语，不过，这里所用的"素王"二字与《庄子·天道》篇中的"玄圣、素王之道"，或《史记》卷3《殷本纪》的"言素王及九主之事"的用法是一样的，是指无王位而有王德之人，或"其道质素"的"太素上皇"（《史记索隐》之说），与两汉流行的"素王"思想不同。在东汉何休、王充（27—约97）的时代，素王"为汉制法"之说被当成天经地义的事，既然相信孔子是"为汉制法"之素王，那么《春秋经》就不能再只是一部单纯的史书，而应该是一部对未来朝代的政治计划预言书了。[1]

《公羊学》原有一套讳书办法[2]，可以寄托微言大义，可是，何休对此并不满足，为了把这部经发挥成寄托三世说的圣书，他作了不少超出传统藩篱的新解，所以像前面引到《公羊传》哀公十四年的那一条经文，《公羊传》原来也只是说"制《春秋》之义，以俟后圣"而已，可是何休就大胆地解释说这个"后圣"实际上便是三百年后的汉朝。像这一类的解诂，逐渐破坏了《春秋经》的信史性。这个新解经态度到了清末今文家手上被运用得更彻底了。

1　杨向奎：《论何休》，收入《绎史斋学术文集》（上海：上海人民出版社，1983），页162—173。

2　可参见徐庄：《略论〈公羊传〉的讳书理论》，《中国史研究》，1984年第2期，页103—111。《公羊传》的讳书理论大致可分四方面：一是为尊者讳，二是为亲者讳，三是为贤者讳，四是为中国讳。徐庄认为讳书理论是封建君主专制制度发展到一定时期的产物。

二、旧问题的新意义

从魏晋以来汉代今文学是颇为不畅的，一直到清代中期才又复兴了。而庄存与、孔广森分别开启了清代今文学的两个派别。孔广森谈《公羊》接续赵汸（1319—1369）[1]，而反对何休，说何休对《公羊》所作的发挥"往往为公羊疢病"（这是借用了晋朝王祖游的话），故陈立（1809—1869）说他《公羊通义》的特色是"遗何氏"[2]，舍"微言"而专说"三科九旨"之类的大义。但孔广森这一派的势力是远不及常州庄、刘的。庄存与的学生刘逢禄努力复兴董仲舒及何休之学，不过他本人认为在控诉刘歆的罪行上，何休太有保留了：

> 何君于《左氏》未能深著其原，于刘歆等之附会，本在议而勿辨之科。[3]

他不满意何休没有把刘歆的罪状大量发掘出来，故自己想将何休所不敢言者，大胆地揭发。[4]一般都同意：刘逢禄与宋翔凤是清代今

---

1 皮锡瑞：《经学历史》，页288。

2 分别见徐世昌编：《清儒学案》，第5册，卷109，页50。按：陈立语原见《公羊义疏》（台北：台湾商务印书馆，1968，国学基本丛书本），第1册，页4。此处取作《附录》。

3 刘逢禄：《左氏春秋考证自序》，收入《清儒学案》，第3册，卷75，页4。

4 朱一新：《朱侍御答康有为第二书》，收入苏舆编：《翼教丛编》，页20。

文学的关键性人物，经过他们的推导，道咸以来说经特重微言。朱一新（1846—1894）对此风潮有十分恰当的描述，他说：

> 道咸以来说经专重微言，而大义置之不讲，其所谓微言者，又多强六经以就我。[1]

侧重讲"大义"的孔广森一派既然后继乏人，故今文阵营中微言派独擅胜场。但我们这样的论断并不意味着清代的"微言派"都是一模一样的，事实上他们只在大方向上相同[2]，不可一概而论。清代今文微言派传入当时考证学的重镇"扬州学派"时，获得了相当有力的支持，该学派前后两代的主将凌曙（1775—1829）、陈立都成了复兴经今文学的大功臣。

微言派不但以微言说《春秋》，更以之说诸经。本来十三经中的每一部都有独自的性质与范围，而过去《公羊传》也并不是十三经的中心。可是自从刘逢禄、宋翔凤、魏源、龚自珍起，便开始将《公羊传》置于经书的中心，用解释《公羊》的方法来解释群经。一开始只以《论语》证《春秋》，但后来竭力开通，"凡群经略与《公羊》相类者，无不旁通而曲畅之"，其结果至于"混合六经而为一"的地步。[3] 早在龚自珍的身上就可以看出这个端兆了，他用《公羊》的"三世"之说来解释与《公羊》不尽相干的经书。龚

1　朱一新：《无邪堂答问》，卷1，页24。

2　像魏源对何休颇为不满，见《董子春秋发微序》，《魏源集》，页135。

3　朱一新：《无邪堂答问》，卷1，页24、33。

氏《五经大义终始答问》中便有这样一段话：

> 问："三世之法谁法也？"答："'三世'非徒《春秋》
> 法也。《洪范》八政配'三世'，八政又各有'三世'。"愿问八政配
> "三世"？曰："食货者，据乱而作。祀也，司徒、司寇、司空
> 也，治升平之事。宾师乃文致太平之事，孔子之法、箕子之
> 法也。"[1]

前引文中的"孔子之法、箕子之法"八字也就是把《尚书》中箕子
的事迹当作是孔子为寄托"三世"之义而写的。另一段话说：

> 若夫征之《诗》，后稷春揄肇祀，据乱者也。公刘筵几而
> 立宗，升平也。《周颂》有《般》，有《我将》，《般》主封禅，
> 《我将》言宗祀，太平也。[2]

则《诗经》也一样是寄托"三世"思想的资料。他又有一段说明
三世并不一定需要寄托在很长的时段，事实上一日也可寄"三世"
的话：

> 问："《礼运》之文，以上古为据乱而作，以中古为升平。
> 若《春秋》之当兴王，首尾才二百四十年，何以具三世？"

1　龚自珍：《五经大义终始答问》，《龚自珍全集》，页46。

2　龚自珍：《五经大义终始答问》，页46。

答："通古今可以为三世，《春秋》首尾亦为三世。大桡作甲子，一日亦用之，一岁亦用之，一章一蔀亦用之。"[1]

照龚自珍的说法，历史上所有的时段都可以细分为三世矣。这类举动之所以值得重视，是因过去只有《春秋经》被微言化，现在六经都逐渐脱离它的独特性质而逐步微言化了。

刘逢禄是较早将"三统"说从《公羊》推至他经的人，他的代表作《论语述何》便是把三统说推拓到与《公羊》毫不相干的《论语》上，以"忠""质""文"为骨干支解《论语》，然后重加组合。对此，朱一新曾指责说：

《公羊》与《论语》初不相涉，而作《论语述何》以疏通之，戴子高（望）复推衍之。[2]

朱一新说整部《论语》二十篇中可以跟"忠""质""文"三统相附会的不过只有"惟夏时、殷辂"，"文王既没"等数句而已，但经刘逢禄及戴望（1837—1873）以"三统"一一配拟，就连韶乐、郑声等文字也都被安上"忠""质""文"的衔头了[3]，以"三世"或"三统"说群经的风气一开，实有将群经视为圣王有意用来表现其经世主张而编写的"戏剧"倾向，朱一新在《无邪堂答问》中便与我

---

1 龚自珍：《五经大义终始答问》，页48。

2 朱一新：《朱侍御答康有为第二书》，收入苏舆编：《翼教丛编》，页20。

3 朱一新：《朱侍御答康有为第二书》，页19。

们不约而同地用了"殆同戏剧"四字来形容当时今文家的这个解经潮流：

> 乃推此意以说群经，遂至典章制度舆地人物之灼然可据者，亦视为庄列寓言，恣意颠倒，殆同戏剧，从古无此治经之法。[1]

关于这一个将群经中的"典章制度舆地人物"皆解成"庄列寓言"的现象，我们在下一节中将续作讨论。

微言派的理论核心是"《春秋》王鲁"这个主题。态度比较激进的经师常将"王鲁"解释为由于孔子是以《春秋》来寄托其"王心"，故实际上有两个鲁国：一个是历史上真正存在的鲁国，一个是孔子笔下的鲁国。刘逢禄在《公羊何氏释例》的"王鲁例"中便说：

> 《春秋》之托王至广，称号名义仍系于周，挫强扶弱，常系于二伯，且鲁无可觊也……就十二公论之，桓宣之弑君，宜诛；昭之出奔，宜绝；定之盗国，宜绝；隐之获归，宜绝；庄之通雔、外淫、灭同姓，宜绝；闵之见弑，宜绝；僖之僭王礼、纵季姬……成、襄之盗天牲；哀之获诸侯、虚中国，以事强吴，虽非诛绝，而免于《春秋》之贬黜者，鲜矣。吾故曰：《春秋》者，火也，鲁与天王诸侯，皆薪蒸之属，可以宣

---

[1] 朱一新：《无邪堂答问》，卷1，页24。

火之明，而无与于火之德也。[1]

在刘逢禄看来，鲁的十二公都是该贬该绝的昏君，可是孔子却在他们身上寄托行之百世的理想，那么《春秋》中真正的鲁史与字面上的鲁史，不正是歧为两层吗？刘逢禄的这个见解是有相当影响力的，陈立在《春秋王鲁说》中便特别提到这一个说法。[2]既然《春秋》中的鲁与天王诸侯都是所谓"薪蒸"，正意味着这些史事是孔子用来寄托其"王心"的手段或工具而已。值得注意的是刘逢禄只说孔子"假借"鲁史，并没有把《春秋经》中的历史全部看成虚假。

　　与刘逢禄同时的凌曙态度便较激进一些。他在《公羊礼疏》这部巨著的《序》上表示他坚决服膺"事莫详于《左氏》，义莫精于《公羊》"这个原则[3]，他为了说明《春秋》是"明义"之书而不是"记事"之书，却发挥了"其事实不足系有无之数"的道理。他说：

　　将谓《春秋》非事实不明，孔子不能逆料邱明为之作传，世无《左传》而圣经亦因之而晦乎？似非通论也。《春秋》固无传而明者也，孔子假当日之行事而王法寄焉尔，其事实不足

1　刘逢禄：《春秋公羊经何氏释例》，收入《皇清经解》，卷1285，总页9487。

2　徐世昌编：《清儒学案》，第6册，卷131，页20。

3　徐世昌编：《清儒学案》，第6册，卷131，页4。

系有无之数也。[1]

《公羊礼疏·序》中的这一句"其事实不足系有无之数"相当严重地打击了《春秋经》的信史性。照他的说法，不必把《春秋》中记载的史事当真，因为其事只在"有无"间耳！

承继凌曙之学的陈立费数十年工夫写了《公羊义疏》这部巨著，复另撰有《春秋王鲁说》一文解释他的基本态度。他说：因为孔子是"假王""托王"于鲁，故《春秋》中的史迹都不必实有其事。他在解隐公元年三月条何休注的"譬若隐公受命"时，就说：

> 何云譬若，即传文托始之义。《春秋》托王于鲁，原非以隐公为王，故何云譬若，犹斯义也。[2]

《春秋》既非真以隐公为王，那么它是在假事以托义了。故陈立说：

> 《春秋》皆假事以托义者也，得其义则事可略也。[3]

如果给"得其义则事可略"另一种称谓，那就是《春秋》史事皆如

1　徐世昌编：《清儒学案》，第6册，卷131，页4。

2　陈立：《公羊义疏》，第1册，页46。

3　陈立：《公羊义疏》，第1册，页45。

《庄子·外物篇》中所说的"筌蹄"了，只要"义"能到手，"事"
是可以当作筌蹄般抛弃的。

陈立又说杜预（222—284）、范宁（339—401）因为看不出
"鲁之《春秋》"与"孔子之《春秋》"实际上是两回事，故在作解
时总是"牵泥于鲁之《春秋》"，故"动辄荆棘"，是"不知读《春
秋》"。[1]为什么孔子的《春秋》会与鲁《春秋》不同？那是因为孔
子非真王，而"诸侯大夫之功罪非匹夫所得而议"[2]，故假王之位号
以正人伦。前面已经说过："得其义则事可略"可以换一种说法，
那就是《春秋》史事皆筌蹄耳；事实上陈立在《春秋王鲁说》一文
中便引包慎言的说法而使用了"筌蹄"二字：

> 凡此十二君者，鲁之君乎哉？《春秋》之君也。方之于
> 周，此二百二十四年，隐公之统绪也。继世相延而业隆太平，
> 则十二公皆筌蹄也。[3]

《春秋》的"十二公"不是历史上鲁的君王，而是孔子改制计划中
的十二个代表，换句话说："十二公皆筌蹄也。""筌蹄"原是《庄
子》书中的用词，现在乃转成今文阵营中讨论解经态度的术语，一
直到梁启超写《读〈春秋〉界说》时，还在袭用它：

1　陈立：《公羊义疏》，第1册，页94。

2　陈立：《公羊义疏》，第1册，页42。

3　徐世昌编：《清儒学案》，第6册，卷131，页20。

义之既明，而其事皆作筌蹄之弃，亦无不可。[1]

叶德辉（1864—1927）讽刺梁启超说：

乃前此则曰书为筌蹄，后此则曰例为筌蹄，是《春秋》一书，除其师所云公法大同外，无不可目之为筌蹄矣。[2]

事实的确就如叶德辉所说的那样，如果照梁启超的说法敷衍下去，整部《春秋》便"无不可目之为筌蹄"了。陈立在"《春秋》王鲁说"中是先追溯刘逢禄的"薪蒸说"再提出他的"筌蹄说"的，这暗示他们之间有一层思想承传的关系。而晚清梁启超在写《读〈春秋〉界说》中亦曾振振有词地提到陈立早已说过《春秋》史事皆是"符号"[3]，不也正说明着他与陈立之间思想承传的关系吗？由刘逢禄到凌曙，到陈立，到梁启超，中间有一条清楚的脉络，完全不能加以忽视。不过，这里还有一层需要分辨的：到目前为止，对于陈立是否真如梁启超所说的，已经提出《春秋》史事皆符号说，仍非所敢定论（按：笔者目前尚未发现陈立使用"符号"二字），但我们可以确定的是到了廖平与康有为，"符号"之说已然确立了。

不管是"薪蒸说"或"筌蹄说"，与我们后面所要谈到的廖

1　梁启超：《读〈春秋〉界说》，收入《饮冰室文集》（台北：台湾中华书局，1960），第2册，页16。

2　叶德辉：《正界篇》，收入苏舆编：《翼教丛编》，页228。

3　其言曰："善哉！句容陈氏立之言也，曰：'《春秋》记号之书。'"见《读〈春秋〉界说》，页17。

平、康有为的"符号说"虽有紧密的关联，但却都还有相当的距离。一方面是刘逢禄、凌曙或陈立在使用"薪蒸说"与"筌蹄说"时，都限于《春秋》一经里，还不敢将之推拓到其他的经书上，另一方面是不管用"筌蹄"一词或"薪蒸"，毕竟不像廖平、康有为明白宣称《春秋》中的史事统统是假的，全部是"符号"。讨论到这里，我们最感兴趣的当然是：从刘逢禄到廖平、康有为将近百年之间，为什么今文家的解经态度推展到这样激烈的程度？

根据初步的观察可以知道，刘逢禄、凌曙、陈立等人之所以未对经书作过多凿空之说，主要还是因为，他们想在其中寄托的义理大抵并没有超出传统思想的格局，不像后来的康有为转身向西方找寻真理，而又想把这些"近事新理"说成是孔子早就预先道出的。尊孔与向西方寻道"双管齐下"，只好在孔子的"躯壳"中充填他原来所没有的思想，乃进行大幅度的凿空说经。或许有人会感到讶异：清代今文家不正是以变法改制著称的吗？这些变法家的理想怎会超不出传统思想的格局呢？让我们简单地回顾一下孔广森、庄存与、刘逢禄、龚自珍、魏源的改革思想与廖平、康有为的差异。

三、清代今文家的政治意识形态

清代今文家的政治意识形态是不可以简单视为一个整体的。不过我们可以说，许多今文经师都标举一种"变"（改制）的哲学。但"变"是一个内容非常复杂的字，它因基本方向之不同而有异，既可以是向古代的理想变，也可以向现代或西方变，只要是与当时社会政治现象之间有了落差，即是一种"变"法改制。

更何况《春秋经》有相当宽广的解释可能性，譬如"天下远近大小若一"这句经文，至少可做三方面的解释。一方面可作为扩张民族势力的张本，同时也可被入侵的敌国顺顺当当地援用[1]，更可能表现为尊王攘夷，严格抵抗异族侵略的理论。譬如说在庄存与手上《春秋》是鼓吹大一统理论的，可是在孔广森手上却将它解释成鼓倡分治的理论（详后）。正因经典解释有这么复杂的可能性，所以清今文家的变法思想呈现如此的多样性倒是不难理解的。

我们不可单纯地把清代今文家之兴起视为是对时代危机的反应。以庄存与这位清今文学的开山学者来说，终其一生大清国势仍属承平，西方的力量也尚未叩关，虽然有几个零星的变乱，但大体来说是处在大一统局面的。[2]乾隆曾下过明谕，反对"政权旁落"，

1　周予同便曾指出这一点，见他的《〈孝经〉新论》，收入朱维铮编：《周予同经学史论著选集》，页477。像《大义觉迷录》便是以儒学中的世界主义来打击儒学中主夷夏大防的思想。儒家经典中的这种多义性是很值得我们重视的。周予同1936年所写的《〈春秋〉与〈春秋〉学》中谈道："'伪满''冀东'的汉奸正在利用'公羊学''太平世'的理论来消灭民族意识，来破坏神圣的中华民族解放运动；而日本帝国主义者也正在利用'公羊学''大一统'的理论来唱它的'皇军'进行曲。"（朱维铮编：《周予同经学史论著选集》，页506—507）周氏写这一篇文章的时间正是华北危急的时候，他是有所见亦有所感的。

2　杨向奎说庄存与的时代是"在南方，英国资本主义势力正在叩关，他们的鸦片烟船停舶以待；在北方，沙皇俄国得寸进尺，蚕食而鲸吞。这不是'夷狄'进于中国的太平世界，而是如何抵抗'夷狄'的问题"。（杨向奎：《清代今文经学》，《绎史斋学术文集》，页329）此说恐怕是有点出入的。北方沙俄是有的，但不构成大威胁，南方鸦片烟船亦然，所以庄存与的经说明显地不是针对他们，而是在为乾隆的大一统乾纲独断的统治提供意识形态基础，这正是他"以经学受主知"之理由。

"各持门户之见"，并自称"对麟经之微言大义""昭习有年"[1]，乾隆之所以看重《公羊》，可能是因为这时天下的局势正符合《公羊》所描述的"大一统"理想吧！乾隆要求大权独揽，庄存与的《春秋正辞》中也一再强调"天无二日，土无二王""全至尊而主人纪"，他的学说正好适合乾隆的需求，故庄氏在当时会"以经学受主知"[2]，并不令人感到意外。[3]庄存与思想的核心是如何为"尊王"思想注入活力，他的几种经说反复推明的便是这一点。如《八卦观象解》一书，便是以卦象为根据来申明人世间上下尊卑的严格秩序。诚如近人孙海波（1911—1972）所说的，全书便是由卦象以"明君臣之道，笃父子之恩，敦宗族亲疏之谊，正妃匹嫡庶之嫌，内而甸采所以享王，外而蛮夷所以宾服，以及用人设教，理财治狱，行师命将，皆本诸先天勿违后天奉若之心"。[4]孙氏很正确地指出他是要把尊王及维护一统秩序的思想当作天经地义之事来遵行。所以庄氏反复强调"别贵贱、序尊卑、体上下，然后民知尊君敬上，而

1　汤志钧《龚自珍与经今文》根据《清实录》的记载指出了这一点。该文刊于《近代史研究》，1980年第4期，页235—249。尤其是页241。

2　汤志钧：《龚自珍与经今文》，页235—249。

3　Benjamin A. Elman, "Scholarship and Politics: Chuang Ts'un-yü and the Rise of the Ch'ang-chou New Text School in Late Imperial China," *Late Imperial China*, Vol.7, No.1(June 1986), pp. 63—86。曾特别从庄存与家族与科举的密切关系来讨论常州今文学兴盛之因。他发现庄氏一门在有清一代得过九十五个功名，其中有二十九个进士。作者曾亲访庄氏故里，并参考了庄氏家谱，所述甚是，不过这一点对整个今文经学的兴起恐怕只是很边缘性的原因。作者又指出：庄存与的名望是因刘逢禄而显，他的著作在死后四十年才刊印，这一点是颇有所见的。

4　孙海波：《庄方耕学记》，收入周康燮主编：《中国近三百年学术思想论集》（香港：崇文书店，1978），页129。

忠顺之行备",而且这一切秩序是以天子为其核心的,"若一民养二君,然日削月浚,虽有存焉,寡矣!"又说"臣子之谊,所以致养于君父,至尊至重",并一再强调《春秋》讥世卿之道理。[1]他认为如果不能在此等大关节处上把握得住,那么就可能演成世卿篡统,只要存在便是合理的局面,无法维持稳固的秩序,则天下大患将起!

在《春秋正辞》的《天子辞》的"大夫见天子"条上,庄存与又说:

> 周公欲天下一乎周也,二之以晋制则不可,其不可于是始,君子谨而志之,欲天下之一乎周也。[2]

"欲天下之一乎周"只是书面上的意思,他真正的要求是希望天下统一于清。外面的夷狄要一乎清,内部更不能例外。因此他反对任何介于皇帝与人民之间的"世卿"(即满洲贵族力量)分享皇帝的权力。《春秋正辞》的《天子辞》中的"王臣卒葬"条又有一段话说:

> 公羊子曰:讥世卿。世卿非礼也。……后世之变,害家凶国,不皆以世卿!故圣人明于忧患与故,岂不知之,则何以必

---

1 (清)庄存与:《八卦观象解》(《味经斋遗书》本),页23—24;《八卦观象》(《味经斋遗书》本),页12、24。

2 庄存与:《春秋正辞》,收入《皇清经解》,第12册,卷376,页8370。

讥世卿？告为民上者，知天人之本，笃君臣之义也。告哀公曰：义者，宜也，尊贤为大。……是故非贤不可以为卿。君不尊贤则失其所以为君，彼世卿者，失贤之路，蔽贤之蠹也……世卿非文王之典也，无故无新，惟仁之亲，尊贤养贤之家法也。[1]

他可能已看到满洲贵族居中揽权，皇帝"政权旁落"（乾隆语）的情况。故力主去掉这些有碍皇帝乾纲独制的中坚力量，而主张进用平民百姓中之贤能者[2]，直接受命于皇帝，有效地贯彻皇帝之意志却不私自营筑私人势力。

庄存与的"变"是要改变政权旁落的现况，扫除世卿势力，而孔广森在《春秋公羊通义》中所大力鼓吹的"变"却相反的是要求世卿分治。他说：

天子诸侯通称君，古者诸侯分土而守，分民而治，有不纯臣之义，故各得纪元于其境内，而何劭公猥谓：唯王者然后改元立号，经书元年为托王于鲁，则自蹈所云"反传违戾"之失矣。[3]

有学者说这是有《公羊》学以来不曾出现过的义法，大抵是不错

---

1 庄存与：《春秋正辞》，卷376，页8368。

2 这是杨向奎的见解，见杨向奎：《清代的今文经学》，《绎史斋学术文集》，页332。

3 见（清）孔广森：《春秋公羊通义》隐公元年条，收入《皇清经解》，第13册，卷679，总页9145。

的。[1]孔广森之所以提倡由世族分治可能是因他出身孔府，把个人的家族地位投射到经说上来。[2]这里想指出的是，孔广森也想要"变"，可是他所希望的是变相巩固世族的地位。同样是以《春秋》为基础的"变"，却可以有这个全然不同的方向。

到了刘逢禄的时代，清朝乱象渐露了，内有白莲、太平军之乱，外有西洋势力入侵，一切局面都与庄存与的时代所见不同。但庄所提倡的"尊王攘夷"思想到这时却有了新的意义。这时已不能乐观地要天下一乎清了，只能较消极地以尊拥天子打开一个新局面来维持这将乱的社会秩序，攘入侵之"夷"及内部的分裂、变乱，由于情势迫促，所以刘逢禄求变的要求颇为急切。但他的"变"仍是向传统去变，譬如说希望把《春秋》当作刑书，以刑为礼之科条等都是。[3]

刘逢禄尊拥天子的热情可以从他对《书序》的态度中看出一二。他的《书序述闻》中坚尊今本《书序》而力驳荀子的"（周公）以枝代主而非越，君臣易位而非不顺"。正因荀子说周公"以枝代主"是所谓"大儒之效"，而今本《书序》却坚持周公只是辅佐成王而决未代其位。[4]这间接反映了他尊拥皇权的态度。对此，

1　杨向奎：《清代的今文经学》，页335。

2　杨向奎：《清代的今文经学》，页334。

3　杨向奎：《清代的今文经学》，页350。

4　顾颉刚在《周公执政称王——周公东征史事考证之二》这篇遗作中说尊《书序》而抑荀子是常州学派共同的信念，庄存与的《尚书既见》、庄述祖的《大诰序说》等书都是同样的态度（页14—16）。杨向奎的《清代的今文经学》对刘逢禄尊拥清廷的态度亦有讨论，见《绎史斋学术文集》，页343—344。

章太炎有精到的观察，他在《中华民国解》中说"镏逢禄辈，世仕满洲，有拥戴虏酋之志，而张大《公羊》"[1]——说明了刘氏等是为巩固清代皇权统治注入强心剂，而不是松解它，更无朝民主改进的意思。

到了道光朝，不管是内乱或外患都到了令人惊心动魄的地步了，魏源与龚自珍亲历其艰，力倡革新。不过龚自珍的"革新"方案却是回到更古代去。

魏源说得相当清楚，"道之器"（礼乐）、"道之断"（兵刑）、"道之资"（食货）是可变的，但是"道"本身不可以变。[2]可变者是西洋之法，不可变者是中国之道，这与后来"中学为体，西学为用"的思路颇为类似。[3]

事实上，魏源认为只是变"法"没有用，最重要的是要得其"人"，大清的法制本身没有什么问题，有问题的是人所造成的"法外之弊"。所以我们可能会感到诧异，为何魏源时而主张"变"，时而又主张"不变"，事实上他是不斤斤于变其体制，而想在人事行政方面作一些改革，[4]也就是以"变"来维持"不变"。

---

1 章太炎：《中华民国解》，收入《章氏丛书》，下册，页781。

2 魏源：《默觚上·学篇九》，收入《魏源集》，页23—24。

3 杨向奎：《清代的今文经学》，《绎史斋学术文集》，页384。

4 这可以从两段材料中看出：《默觚下·治篇四》中说："《郡县》《生员》二论，顾亭林之少作，《日知录》成而自删之；《限田》三篇，魏叔子三年而后成，友朋诘难而卒毁之。君子不轻为变法之议，而惟去法外之弊，弊去而法仍复其初矣。不汲汲求立法，而惟求用法之人，得其人，自能立法矣。"（《魏源集》，页46）《默觚下·治篇三》中也说："立能行之法，禁能革之事，而求治太速，疾恶太严，革弊太尽，亦有激而反之者矣。"（《魏源集》，页45）

龚自珍要求变法的呼声相当强烈而且影响深远，可是他跟康有为不同，康氏想把中国变向一个不改变封建秩序却可以拥有西方资本主义优点的社会，但龚自珍不曾想过向西方求道，这可由他《己亥杂诗》第四十四首的"何敢自矜医国手，药方只贩古时丹"[1]两句诗中充分看出。

　　所以龚自珍的"变"是朝向宗法与井田百亩相结合的农业社会变，同时要求厘正名实本末，以重新安定社会秩序，他的理想蓝图是相当传统的。龚氏的理想社会具体表现在《农宗》及《农宗答问》五篇中，但事实上在他少年时代所作的《尊隐》篇中即隐约有所透露了。在《尊隐》中，他借古史氏之口，描写了宗法社会从发生到衰落的过程，强调宗法的好处说"天下法宗礼，族归心，鬼归祀，大川归道，百宝万货"[2]，在这个以农为本的理想社会中，民分四等，分别为"大宗""小宗""群宗""闲民"[3]，他强调，人民阶级区分如此严密的农业宗法社会最能够维持礼制秩序，所以说："农之始，仁孝悌义之极，礼之备，智之所自出，宗之为也。"[4]

　　这个农业与宗法相结合的理想社会，其情景大致是"百亩之农，有男子二，甲为大宗，乙为小宗"，"小宗有男子二，甲为小宗，乙为群宗"，"大宗有子三、四人，若五人，丙、丁为群宗，戊

1　万尊巘（刘逸生）:《龚自珍己亥杂诗注》（台北：河洛图书出版社，1979），页62。

2　龚自珍:《尊隐》，收入《龚自珍全集》，页87。

3　龚自珍:《农宗》，页51。

4　龚自珍:《农宗》，页49。

闲民"。[1]希望造成一个类似周代封建宗法的"百亩之宗，以十一为宅，以十一出租税奉上"的远景。[2]在这个社会中，"本清而法峻"[3]，"婢妾之养不备，则不世；祠祭弗如式，不世；不辨菽粟，亦不世"，"贵不夺宗祭，不以朝政乱田政"[4]，整套制度不会因社会流动而破坏。龚自珍很得意地表示：

> 是故筹一农身，身不七尺，人伦五品，本末原流具矣！筹一农家，家不十步，古今帝王，为天下大纲，细目备矣！木无二本，川无二原，贵贱无二人，人无二治，治无二法，请使农之有一田、一宅，如天子之有万国天下。[5]

也就是说一旦农宗制推行，则中国便能长保其太平，万世不乱矣。而这套变革的最终目标是要长保大清国脉，这在《乙丙之际箸议第八》中说得非常清楚：

1　龚自珍：《农宗》，页49。

2　龚自珍：《农宗》，页50。

3　龚自珍：《农宗》，页50。

4　龚自珍：《农宗》，页51。

5　龚自珍：《农宗》，页51。"药方只贩古时丹"不仅只表现在《农宗》上，我们看他的三篇《明良论》反复陈说的四个改革方法（《龚自珍全集》，页29—36），也都是传统的方法，难怪他的外祖父段玉裁会在《明良论》文末评说："四论皆古方也，而中今病，岂必别制一新方哉？"（页36）此外，龚自珍事事要求"正名"（如为六经正名），尤其主张官府的行政运作必须正名（如《壬癸之际胎观》第七、第八、第九，《龚自珍全集》，页17—20），相对于当时情况而言，这是一种革新的呼声。虽然所用的是传统的"古方"，却对当时的环境刺激不小。故其复古也正是革新。

天何必不一乐姓耶？鬼何必不享一姓耶？奋之！奋之！……非为黄帝以来六七姓括言之也，为一姓劝豫也。[1]

从庄存与到龚自珍，他们的变革思想大抵是盘旋于传统的典范之下的。可是到了廖平与康有为时情形大大改变了。他们虽然仍是要以变来支持不变，但变的方向有显著的不同。过去是"药方只贩古时丹"，借恢复古代理想来批判当代社会，现在是要改贩"西洋之丹"了。这些"西洋之丹"与儒家经典所揭示的规模制度相去甚远，本来要把这些完全异质的思想引进中国就不容易了，如果有人想把它们装填到儒家的经典之中，则所遭遇到的技术困难必更加严重。这些难题是康有为等所亲身面临的。部分知识分子为何改贩"西洋之丹"呢？那是因为这些知识分子在西人既深且重的刺激下，发现传统的典章已不足自救，故改以吸收西人的优点来对抗西人。这与早先魏源"师夷长技以制夷"的思想模式是一样的。不过魏源所指的"长技"是技术层面的，吸收这类长技都还不至于动摇传统，而康有为是更广泛地、更根本地改变政教。而且所受刺激愈大，在手段上亦愈倾向以西方之学来变中国。

四、新政治环境与托古改制风潮

（一）"西学源出中国说"的两种不同倾向

晚清空前危急的局势对康有为、梁启超造成极大的刺激，乃

---

1 龚自珍：《乙丙之际箸议第八》，《龚自珍全集》，页6。

起而提倡变法，但反对的声浪也非常之大，主要是因为他们的变法主张在传统儒学者看来是一种异质思想。[1] 例如：康、梁说张民权、

1　这里仅以"三世"说为例来说明。"三世"说在魏源等人身上仍是循环式的，主张政治不合理时要"变"——"三世""三统"互换地变，可是康有为是一进不复退式的变，前者还局限于传统格局，后者却迈出其藩篱。

　　魏源还是继承汉代今文家的"忠""质""文"递以救弊，弊极将复返其初之思想。1840年所著的《老子本义》持"气运三造说"，这个说法仍脱胎自旧"三统"说。他说："气化递嬗如寒暑然，太古之不能不唐虞三代，唐虞三代之不能不后世。……夫治始黄帝，成于尧，备于三代，歼于秦。迨汉气运再造，民脱水火，登衽席，亦不啻太古矣。"[《论老子》，《老子本义》（台北：台湾商务印书馆，1972），页2—3]很明显地表达出他极端崇拜"太古"的心情，而其判别社会之良劣亦以是否符合"太古"之世为准。太古之世是什么样的社会？——他说是老子所形容纯朴的"太古心"。但是到了康有为手上，"三世"说变成一进不复退式的观念，这是一个重大的突变。康氏是于1884年，也即是到廿七岁时读了《礼运》的大同、小康之道，决定用"三世"论加以比附，他挣脱过去以循环论来解"三世"论的旧辙，改套用习自严复的进化论。在他廿七岁至卅岁时所撰的《礼运注》及《人类公理》二书中此说已完全确定。《礼运注》中说："且孔子之神圣，为人道之进化，岂止大同而已哉。"[康有为：《礼运注·叙》（演孔丛书本），页2]便充分说明了他的一进不复退的"新三世论"，这个新论断绝了回到"三代圣王之旧制"的可能性。《礼运注》中提到礼的"时义"时所说的一段话可以说明他的新观点："大道何为？人理至公，太平世，大同之道也；三代之英，升平世，小康之道也。孔子生据乱世，而志常在太平世，必进化至大同，乃孚素志。"（页2）

　　三代既然只是"小康"，离孔子的素志——"大同"的距离太远了，人们又何必回头看三代呢？在《论语注》中，康有为把他的新蓝图作了如此的描绘——"由君主而渐为立宪，由立宪而渐为共和，由独人而渐为夫妇，由夫妇而渐定父子，由父子而兼锡人类，由锡类而渐为大同，于是复为独人。"[康有为：《论语注》（台北：宏业书局，1976），卷2，页10]这样的理想已经不是清代早期今文经师所能想象的，最关键性的变化是他把自己心目中的大同世界与今文家太平世的理想等同起来。难怪朱一新对康氏的"新三世论"作了这样的批判："无论改制出于纬书，未可尽信，即圣人果有是言，亦欲质文递嬗复三代圣王之旧制耳，而岂用夷变夏之谓哉？"（《朱侍御答康有为第四书》，苏舆编：《翼教丛编》，页31）朱一新认为"改制"之说本就不一定可信，即使可信，也只是要教人改从三代之制，哪里是像康有为说的那样，连"三代"都鄙为"小康"，到最后必然会走向"用夷变夏"这一条路。其实不仅是反对康氏的朱一新会这样说，恐怕连龚自珍、魏源见到康有为的新说时也会感到惊讶。

开议院是救国之方，朱一新却认为那是"召乱之言"，说"西人之说至谬，其国必不能久存"，王仁俊（1866—1913）亦认为"民主非法也，西法也"。[1]王先谦一再责备康、梁何以不知"民权平等之说断不可从"[2]；张之洞（1837—1909）更说：

> 惟国权能御敌国，民权断不能御敌国。……或曰：民权固有弊矣，议院独不可设乎？曰：民权不可僭，公议不可无……何患其不能上达？[3]

保守派认为由于目前正与西方对抗，故民权思想不可付诸实施。但康、梁认为就是为了与西方对抗要实施民权。在对抗西方这一个共同的目标下，竟然出现两种完全不同的手段。

传统中国君臣相当悬隔，康、梁认为应当修正成总管与掌柜般的关系[4]，这个意见对保守派的刺激甚大。屠寄责问说："（梁启超）岂谓君臣之伦为出于不得已也乎？"[5]叶德辉更认为忠君为孔教特立之义，为西教所不及，康、梁如欲坚持"孔教"，即应同时坚守君

1　朱一新：《朱侍御答康有为第一书》，收入苏舆编：《翼教丛编》，页12；王仁俊：《王吏部仁俊实学平议》，收入苏舆编：《翼教丛编》，页134。

2　王先谦：《王祭酒复洪教谕书》，收入苏舆编：《翼教丛编》，页399。我们可以发现王先谦对康、梁变法所持的态度似甚闪烁不定，他私下曾赞同康、梁的某些主张（页402），但在公开场合却表极力反对，甚至毁《孔子改制考》版（页397）。

3　张之洞：《张尚书正权（劝学内篇第六）》，收入苏舆编：《翼教丛编》，页129—130。

4　此为"湖南时务学堂课艺总教习梁启超"语，苏舆编：《翼教丛编》，页360。

5　屠寄：《屠梅村侍御与时务报馆辨辟韩书》，收入苏舆编：《翼教丛编》，页157。

主制。

　　关于伦理关系，叶德辉首先反对康、梁特倡女权，认为西方国家便是因女权太重，以致无君臣、父子、夫妇、兄弟之秩序。[1]朱一新及王仁俊等的意见也跟他相同。康、梁动摇了传统的三纲五常，被责为"慕于欧洲之富强，直欲去人伦，无君子，下而等于民主之国"[2]，在他们看来，康、梁实无异是西方国家的仆役。但他们的控诉却非康、梁所能接受，因为康、梁正自认为他们之所以提倡这类思想是为了要坚守国家民族的阵容。就连当时人所最诟病的"合种通教"之说，康、梁也辩称他们之所以力倡此议乃是为了保种保教，认为唯有透过合种通教才能强中国人种。[3]但反对他们的人也说，他们之所以反对是为了保种保教，叶德辉的控诉充分表达了这层意思。他说康氏倡"合种通教"的用意是"几若数千百万中国之赤子无一可留种者"。[4]在叶德辉看来，这种想法简直不可思议；但从康、梁这一边看来，他的控诉一样是不可思议的。这反映出：在"意图"（intention）的层面上，康有为和他的反对者是没有多大差别的，可是在手段（means）上，他们之间有了重大的分殊。

　　大部分反对变法者认为只要能"明六经之恒言"，便可应付危难的时局了，不必亟图改弦更张；下面这一段话最足以代表这一派

1　叶德辉：《叶吏部与俞恪士观察书》，苏舆编：《翼教丛编》，页443—444。

2　屠寄：《屠梅村侍御与时务报馆辨辟韩书》，苏舆编：《翼教丛编》，页159。

3　叶德辉说："彼谈时务者乃敢昌言于众曰：通教以保教。"（苏舆编：《翼教丛编》，页442—443）他说此举"自彼通之，谓之用夏变夷；自我通之，谓之开门揖盗"。（苏舆编：《翼教丛编》，页442）

4　叶德辉：《叶吏部与俞恪士观察书》，苏舆编：《翼教丛编》，页442。

人的心情：

> 吾闻古之君子，蕲至于道者，无他焉，反经而已矣。……
> 夫明六经之恒言，返而求诸圣凡共由之大道，抑亦志士所不容
> 自已者也。[1]

如果有人质问："六经之恒言"既然这般高伟，为何受六经浸透得
如此深刻的中国，这两千年来大部分的时日都是在牵补架漏下度过
的呢？他们可能会这样回答：那是因为两千年来都是被扭曲后的六
经当道，"非古先圣王明目达聪之本意"[2]；只要能回到圣王之本意，
一切就有希望。

当时另还有一些人这样认为：吸收西学不是不行的，但必须
在保存中国古学的前提下才能接纳；文悌（？—1900）的一段话可
为佐证。他说：

> 中国此日讲求西法，所贵使中国之人明西法为中国用，以
> 强中国，非欲将中国一切典章文物废弃摧烧，全变西法，使中
> 国之人默化潜移，尽为西洋之人，然后为强也。故其事必须修
> 明孔孟程朱、四书五经、小学性理诸书，植为根柢。[3]

1　朱一新：《无邪堂答问》，卷5，页37—38。

2　朱一新：《无邪堂答问》，卷4，页46。

3　文悌：《文仲恭侍御严参康有为折》，收入苏舆编：《翼教丛编》，页83—84；又可参
页92。

在他们看来，接纳西学必须以"修明孔孟程朱、四书五经、小学性理诸书"为前提，张之洞的"中体西用论"正好反映这一派士大夫共同的想法。

"西学源出中国说"也是晚清一派很有力量的思潮。[1]这派人的论调看起来极为保守，其实却潜在两种可能：它可以成为抗拒西学的有力武器，同时也可以成为要求吸收西学的有力护符。我们可以说在这一个躯壳中事实上拥有两个灵魂，一个极保守，一个极激进。从保守的一面来说，"西学源出中国"的说法，正可以使他们更进一步相信人们只要能重新掌握古学的真谛，即可以克服西人的挑战。从激进的一面来说，此无异于承认当今的西洋文明与中国的古学不相违背，或甚至是密切关联的，故吸收西学等于是重光旧学；深一层去看，此说无异是间接承认了西学的正面价值。所以，在"西学源出中国说"这个看来极保守的面具里，我们竟然看到两种完全相反的可能性。这里姑举当时学界领袖俞樾（1821—1907）为例，俞氏是强烈主张"西学源出中国说"的人，当王仁俊的《格致古微》出版时，他为这部集以中学比附西学之大成的书作了这样的《序》：

> 苟取吾儒书而熟复之，则所谓光学、化学、重学、力学，固已无所不该矣。[2]

1　关于这个论题，王尔敏有详细的叙述，见他的《清季维新人物的托古改制论》，收入《晚清政治思想史论》（台北：自印本，1969），页31—50。

2　（清）俞樾：《王棪臣格致古微序》，收入俞樾：《春在堂全书》（台北：中国文献出版社，1968），页2925。反对接受西学的叶德辉的思想底层也是"西学源出中国说"，见苏舆编：《翼教丛编》，页163、165、212。

并且在这篇《序》中表示对此书的论点"力赞成之"，因为这部书宣扬"西法"尽包孕于中国旧学的道理：

> 使人知西法之新奇可喜者，无一不在吾儒包孕之中。方今经术昌明，四部之书犁然俱在，士苟通经学古，心知其意，神而明之，则虽驾而上之不难，此可为震矜西法者告，亦可为鄙夷西法者进也。[1]

我们应该注意到前引文的最后两句——"此可为震矜西法者告，亦可为鄙夷西法者进也"——俞樾的意思是：因为西学源出中国，故不必"震矜"于西学之奇，但也正因它源出中国，与中国古学不相违逆，故亦不必"鄙夷"，这段话不正为保守与激进两种可能性作了最好的展示吗？

廖平、康有为与早期的梁启超在会通中西思想的技巧上便远师自"西学源出中国说"，只是一时不易从外表觉察出它的痕迹而已。他们在技术上一样是"取近世之新学新理以缘附之曰：某某者孔子所已知也，某某者孔子所曾言也"[2]，不过他们与其他的"西学源出中国"论者仍有所不同。一方面是因为西力的挑战日大一日，为了达到以六经为依据来改革社会政治的希望，他们提倡"托古改制"论。第二是因廖平、康有为承续前辈今文经师所发展出来的"经书

---

1 俞樾：《王韬臣格致古微序》，页2925。

2 这是梁启超自述之词，见梁启超：《保教非所以尊孔论·论保教之说束缚国民思想》，收入《饮冰室文集》之九，《饮冰室文集》，第4册，页56。

寓言化"趋势，遂将"托古改制"的程度推展到空前未有的地步。

（二）"托古改制"与"以今改古"

有一点值得注意的是：尽管中国历史上的许多变法改制皆以托古的方式出现，但是，实际上"托古"与"改制"并不是必然要结合在一起的。当人们撰史的目的是"托古改制"而非学术研究时，常会刻意夸张古代历史的某一阶段与现在正在做、或未来想要做的相吻合。他们宣称现在或未来的情形在古代已经出现过，故在组织古代的历史时，是以他对当前的看法为基准的，他们不是"为了解古代而了解古代"，而是为建立现代而重组古代；或是把历史过程处理得非常戏剧化，非常目的化。

本来撰史或考史时，运用史料是一项权利，但如果把这项工作建基在一些意见中，依据这些意见来选取符合的史料，把历史事实从它们的历史网络中抽出来，故意回避掉那些与此意见相矛盾的证据，然后按照现实的需要把它们重组。这种做法是不管古代实际状况如何，只管现代要如何的，从而构造出一些可以清清楚楚地回答所有现实问题的历史——而这是正常的历史研究所不可能做到的。

总括上面的讨论，可以得到这样的结论：激烈的托古改制论者无意将历史事实放在他们真正的历史网络中，而是用一种近似"类比"的方法，把历史与现代相似化，在这种情况下，实际是破坏真正的历史过程，破坏"时间"因素在历史发展中扮演的角色[1]，

1　以上观念主要借自 Herbert Butterfield, *The Whig Interpretation of History* (London: G. Bell and Sons, 1931), pp. 37-42。但在原著中主要是讨论辉格党的历史解释。这种以外在的意见去支配历史叙述的情形，以启蒙时代的史家为最著，对此 Carl L.（转下页）

而取消了这两种质素则历史等于是不存在的，故"托古改制"论者所从事的撰史或考史的工作，从表面上看是历史，其实根本就是反历史的，是现代人在死人身上玩的一种诡计。

事实上，"托古改制"在中国有相当长远的传统。历史上的"托古改制"论者千差万别，完全不能以一语概之。王莽及王安石的变法，甚至连武则天的变法[1]，都是某种意义的托古改制。"托古改制"论虽然千差万别，但其特征是以现实经世致用的需要去改造古代历史。在清末内外的困局下，考证之学既然未能有效地回应现实境况[2]，廖平、康有为遂选择将全部六经寓言化，以在孔子的"躯壳"中注入现代思想的手段来进行"托古改制"，并达到其特尊孔子的目的。

尊孔虽然是两千年来大多数儒者共同的心情，但不免会因时代个人之不同而有程度上之不同。譬如清代学者中便有尊周公过于

（接上页）Becker, *The Heavenly City of Eighteenth-Century Philosophers* 中 有 精 密 的分析，见该书页71-118。此外，美学大师卢卡奇（Geörg Lukács）的 *The Historical Novel,* trans. Hannah and Stanley Mitchell (Atlantic Highlands, N. J.: Humanities Press, 1978) 一书也有精彩的讨论。他认为启蒙史家"技巧地支配历史"（artistic mastery of history），态度是"反历史"的，见该书页22、26、28。

1 按唐代比附《周官》以言改制之风甚盛，武后之比附《周官》可分别见《旧唐书》，卷6、卷42。我们应注意到武后比附《周官》以改制度名称是在李敬业叛变时（《旧唐书》，卷67）。

2 攻击乾嘉考证学无法致用的呼声是始终不断的。在张舜徽的《清人文集别录》（北京：中华书局，1980）中，我们可以比较方便地理出一个头绪来。如彭翙（页446）、龙启瑞（页506）、张瑛（页535）、张裕钊（页529）、冯煦（页608—609）、李江（页563）等都是。章太炎所说的"说经者所以存古，非以是适今也"，又说礼经是"当代不行之礼，于今无用之仪"（《与人论朴学报书》，收入《章氏丛书》，页722），是晚清经学阵营中对传统学术无力呼应现实挑战最值得重视的一个呼声。

孔子的。以章学诚（1738—1801）为例，因为他相信：经书中的理想政制是周朝曾经实现过的，而这些典章制度又泰半出于周公之手，孔子只不过是加以忠实记述而已，所以，孔子与周公二人谁较伟大，不问可知。[1]如果说孔子与周公的历史评价存在某种程度的紧张性，是并不夸张的。

廖平于光绪十二年（1886）撰成《今古学考》时犹认为孔子主《王制》，周公主《周礼》，二者分庭抗礼，同治中国[2]；后来却笔锋掉转，于光绪十四年（1888）撰成《辟刘篇》与《知圣篇》，尊《王制》抑《周礼》，大力突出孔子的地位；且为了"奇伟尊严孔子"（章太炎语），他的思想发展成极为奇特的风貌。

廖平原来就接受了刘逢禄、宋翔凤、魏源、龚自珍的看法，认为《毛诗》《周礼》《逸礼》《左传》皆与孔子无关，出于后人伪造。但宰予说"夫子贤于尧、舜"，苟六经非孔子所作，只是祖述尧、舜，宪章文、武，则孔子何以能越尧、舜、文、武而上？为了凸显孔子地位，廖平主张今文六经皆孔子所撰，书中所述既非当时语，亦非当时事。廖平之所以敢作如此大胆的论断，牵涉到另一重大之背景——在廖平的著作中，处处透露出他对"黄金三代"的实况彻

1　章学诚在《文史通义》中便明白说出此想法。他说："（孔子）学周公而已矣。周公之外，别无所学乎？曰：非有学而孔子有所不至。周公既集群圣之成，则周公之外，更无所谓学也。周公集群圣之大成，孔子学而尽周公之道，斯一言也，足以蔽孔子之全体矣。"（清）章学诚：《文史通义》（台北：盘庚出版社，1978），《原道上》，页24。同一意旨又见该书页24、25、28等。通观《文史通义》全书，致用的意味是非常浓厚的。

2　见廖平：《〈经学四变记〉序》，收入《经学五变记》（台北：长安出版社，1978），页1。

底的怀疑。[1]他在光绪二十年（1894）所写的《古学考》中即这样描述周代渎乱朴陋的情况：

> 今所传者均非史，若周时史事，皆怪力乱神，不可以示后人。如同姓为婚，父纳子妻，弑逐其君，桓公灭卅国，姑姊妹不嫁七人等，背礼丧教乃为真事。当时亦均视为常事，并无非礼失礼之说，孔子全行掩之。[2]

周时史事如此渎乱，那么舜、文王等圣贤的时代的情形又是怎样呢？廖平说：

> 夫尧时禽兽逼人，舜如深山野人；又舜，东夷；文，西夷。孟子所称，何等谫陋！他若《尸子》《韩子》《淮南子》所称尧、舜，皆乔野无文（《通鉴前编》纂辑诸说甚备），此犹可曰俭德也。《礼·明堂位》"土鼓、蒉桴、苇钥，伊耆氏之乐也"，已无八音克谐之雅。《墨子》"尧堂高三尺，土阶三等"，

1　清代学术发展史中有一支伏流若隐若现，那就是认为过去大家所熟悉的"黄金三代"的实际情况是相当朴陋的。章太炎在《国故论衡》（台北：广文书局，1977）的《原经》篇中说"或言孔子以上，世颇凕无文教……因推成周以上，中国亦朴陋如麋鹿"的观点，江永老早就说过了（页89）。清季朱一新的《无邪堂答问》也说"春秋时，强凌弱，众暴寡，灭国数十，杀人盈城"（卷4，页44），又有一条回答学生"春秋时名公巨卿甚多，求其学行纯笃者不数觏，非涉于功利即涉于浮华"的提问时，朱一新特别提到继阮元主持学海堂的大儒林柏桐所撰《春秋风俗》二十卷，对春秋荒乱风俗之实况多所发露（卷3，页11）。

2　廖平：《古学考》，页45。

第三章　清季今文家的历史解释（下）　　　　149

难容群牧群后之朝。(《淮南子》：舜作室，筑墙茨屋。)《礼记》虞官五十，则与"百僚师师"不符。秦博士说古帝王地不过千里，则与五服五千不合。《礼纬》唐虞二庙，夏四庙，殷五庙，周六庙（史事），已非"天子七庙"之制（经制）。《左传》"天子七月""诸侯五月""大夫三月""士逾月"（经制）。《尸子》谓禹之丧法，制丧三日（史事）。况禹卑宫室，恶衣服（《论语》）；尧下为巢，上营窟（《孟子》）；不窋失官，窜之戎狄（《国语》）；太王居邠，被侵狄人（《孟子》）。草昧之象，载籍极博。[1]

上古既是如此朴陋，则传统的"黄金古代"观念实际上已根本动摇了。廖平一方面责备常人是古非今的错误观念，一方面却急着想说明何以这样荒陋的上古时代在六经中竟摇身一变为"黄金古代"？这一个问题康有为也碰到了。从各种资料中我们可以看出廖、康二氏之所以发展出上古荒陋的观念可能主要受诸子书中的上古史观的影响。当清代诸子学逐渐兴起并摆脱"异端"的地位时，它们的一些古史观与经书中的古史形观形成了矛盾（按：诸子学复兴并不是指诸子书到这时候才开始有人读，而是说它们在整个时代思想界中位置不同，轻重不同，过去它们的古史观多被当成谬悠之谈，但到这时却被很认真地看待了。这层分别应当获得注意）。举大禹的事迹为例，墨子与孔子对他的描述便极端不同。照孔子的说法，大禹是"致美黻冕"，生活水准相当之高了，照墨子的说法，则他是

1　廖平：《经学五变记》黄镕按语，见《经学五变记·五变记笺述》，卷上，页8。

"衣裳细布，敝无所用"，可说是物质环境荒陋时代"高贵的野蛮人"（卢梭语）。另以对尧、舜的记载为例，康有为就注意到为什么孔子说尧、舜"五服五章、山龙藻火、大（九）章韶乐"，而墨子称尧、舜"土阶茅茨，夏葛冬裘"[1]，像这种将孔、墨的上古史观相歧异矛盾之处举出对校的例子，在《孔子改制考》中数量不少[2]，而这决不是一个偶然的现象，乃是诸子学的地位上升后对儒经的古史观构成之严重挑战。其实，岂只诸子构成威胁，就连孟子说到尧时的情况也与经书有所不同——他说："尧之时，天下犹未平，洪水横流，泛滥于天下，草木畅茂，禽兽繁殖；五谷不登，禽兽偪人，兽蹄鸟迹之道，交于中国。"（《孟子·滕文公上》）康有为早年所写的《民功篇》中便充分借子书中的记载重新揭露这一上古人兽不分的实况。[3]上面所提到的孟子那一段话便是他所喜引用的。[4]接受这样的上古史观很容易使康氏相信"伏羲以前皆野合野生，无宗族之叙"，"黄帝教熊罴、貔貅貙虎以战，尧诛鍥貐、凿齿、九婴、大风、封豨、脩蛇，周公驱猛兽"，等等。[5]我们如能稍加留意，必可发现《民功篇》中用来论证上古实况的资料大多是从子书来的（如

1　康有为：《孔子改制考》（台北：台湾商务印书馆，1968），卷11，页3。《大戴礼》之所以不得列为经书，便可能是因为它有不少篇同于诸子（《管子》《荀子》、曾子书及贾子书），足见传统中国子书与经典分量之异了。等到有人把子书中的古史当成事实，而且用来批判经书的古史时，其破坏力便可知了。

2　康有为：《孔子改制考》，卷4，页35。

3　康有为：《民功篇》，蒋贵麟编：《万木草堂遗稿外编》，页68。

4　康有为：《民功篇》，蒋贵麟编：《万木草堂遗稿外编》，页68。

5　康有为：《民功篇》，蒋贵麟编：《万木草堂遗稿外编》，页68、69。

《墨子》《韩非子》《吕氏春秋》《淮南子》等都是）。如果根据这些
证据作一个推论，子书中的记载被放在与经书同等地位（甚至更为
推重）时，必对传统黄金古代的观念构成重大挑战。《民功篇》中
的上古史观一直到康氏写《孔子改制考》时都不曾改变，他在《孔
子改制考》中说中国虽然号称文明古国，但实际上在夏、商、周三
朝时还是相当荒陋的；《孔子改制考》上有这样一段话：

太古开辟，为萌为芽，漫漫长夜，舟车不通，书契难削，
畴能稽哉？大地人道，皆茧剏于洪水后……吾中国号古名国，
文明最先矣，然六经以前，无复书记，夏、殷无征，周籍已
去，共和以前，不可年识，秦汉以后，乃得详记。[1]

又说：

老庄之托古，以申其在宥无为之宗旨。岂知太古之世，人
兽相争，部落相争，几经治化，乃有三代圣王，作为治法，安
得三皇五帝乱天下之说。[2]

他认为三代圣王才是开始草创治法之人，"三皇五帝乱天下"之说
是不可靠的。三皇五帝时代既然是刚脱离野蛮草创的时期，怎么可
能大治天下呢？故经书中所出现的三皇五帝治迹根本是不实的。康

---

[1] 康有为：《孔子改制考》，卷1，页1。

[2] 康有为：《孔子改制考》，卷4，页18。按：治乱、徂存、置废等字可以正反为训。

有为在许多地方反复地强调洪水期过后，人类的文明方始诞生：

> 洪水者，大地所共也，人类之生，皆在洪水之后，故大地
> 民众，皆蕰萌于夏禹之时。[1]

人类之生既皆在洪水后，而大地民众皆萌于夏禹之时，那么经书上
说夏启盛琴瑟钟鼓，实际上是完全不可能的。他说：

> 夏启当天地开辟时，安得盛琴瑟钟鼓与？[2]

由上面的材料可以看出，当时康有为与廖平可能面临着同样的矛盾
与困惑——为何六经的三代与实际的三代大异？廖平与康有为怎样
解答这个问题呢？为了解开这个矛盾，廖平认为中国是有两层上古
史观的，一套是真的上古，一套是六经中的上古史观。[3]廖平说六
经中的上古史观是"孔子翻经，增减制度，变易事实，舍其不善而
着其善"的成果。这方面的资料甚多，谨引较重要的一条为证：

> 春秋时，三皇五帝之典策尚多可考，其言多神怪不经，与

1　康有为：《孔子改制考》，卷2，页1。

2　康有为：《孔子改制考》，卷4，页35。

3　如果借用洛夫乔伊（Arthur O. Lovejoy）的说法：真正相信上古是黄金时代的崇古
论者，可名之为Hard Primitivism，刻意把上古造成黄金时代的崇古论者，可称为Soft
Primitivism。 见Arthur O. Lovejoy And George Boas, *Primitivism and Related Ideas in
Antiquity* (New York: Octagon Books, 1980), p. 303。

经相歧，实事实也。孔子翻经，增减制度，变易事实，舍其不善而著其善。但制度不合者人难知，行事不合者人易知，故《孟子》所载时人之论古事，孟子皆据经为说，辞而辟之。实则时人所言所载，事实也；孟子所言，经教也。使孔子作于前，后无继之者，则六艺何能孤行于后世？故必有贤者出，依经立义，取古人行事皆缘附六艺，无改作之嫌，并使后人不至援古事以攻驳六艺，此贤者所以为圣讳。如《国语》之传《春秋》，传事实之意轻，附礼制之意重，凡一细事，皆铺写古事、古礼、经说之文，连篇累牍，当日事实万不如此琐碎，此传者托事以见礼文经义，亦如孔子假时事以取义也。其于孔子事迹，皆缘六经以说之，合者录之，不合者掩之，古与今合，方免后人据时事以攻六艺。[1]

他指出经书中的上古史之所以与实际的上古史歧为两套，是因为孔子托古改制"增减制度，变易事实，舍其不善而著其善"的缘故，而孟子也继承了孔子改制的旨意，因此他也"取古人行事皆缘附六艺，无改作之嫌，使后人不至援古事以攻驳六艺"，这段话的内在涵意其实就是"六艺自为（孔子）一人之制"。[2] 廖平的"实见六艺美善非古所有"语[3]，更明白点出六艺是创教改制用的"经"而不是真正的史，故廖平说"史学不足以言经学"。就因为他是依照这个

1　廖平：《知圣篇》，卷上，页10—11。

2　廖平：《知圣篇》，卷上，页6。

3　廖平：《知圣篇》，卷上，页6。

标准来衡断解经之书的价值的，故像清代考证学的扛鼎之作《禹贡锥指》及《春秋大事表》，在他看来俱成违逆经义之书：

> 经学与史学不同，史以断代为准，经乃百代之书。史泛言考订，录其沿革，故《禹贡锥指》《春秋大事表》皆以史说经，不得为经学。读《禹贡》须知五千里为百世而作，不沾沾为夏禹之一代而言，当与车辐图对勘，详内八州而略要荒十二州，以禹贡沿边要荒不更别立州名……《春秋》以九州分中外，是春秋以前疆域尚未及三千里，春秋收南服，乃立九州，不及要荒，《尚书》乃成五千里定制，周公篇又由海内以推海外，此皆《禹贡》之微言大义，胡氏概不详经义，泛泛考证，故以为史学，而不足以言经学。[1]

本来史学与经学间是有一些矛盾的，南宋、清代都有过这类龃龉[2]，但过去的"经""史"之争与此处所说的并不相同，此处的争辩重点是六经中的史事究属史实，抑或孔子虚构以寄托其政治理想的

1　廖平：《知圣篇》，卷上，页51—52。

2　关于南宋学界的经学史学之争，请参见钱穆：《宋明理学概述》（台北：台湾学生书局，1977），页200—205。并可参见牟宗三《政道与治道》（台北：广文书局，1961）第十章《道德判断与历史判断》中讨论朱熹与陈亮的部分，页225—269。至少对清代学者而言，重经与重史不只被单纯地视为是两种治学范围的不同，甚至有了价值高下之分。如徐仁铸认为中国学者之大蔽在因仍蹈袭，"莫敢自出新法以变古人之旧者"（见苏舆编：《翼教丛编》，页199），而钱大昕在为赵翼《廿二史札记》（台北：世界书局，1974）所写的《序》中也说传统"有诃读史为玩物丧志者，又有谓读史令人心粗者"，"彼之言曰：经精而史粗也，经正而史杂也。"（页1）不过廖平此处所强调的"经""史"之分，是就解读经典的两种态度而言。

问题。以《禹贡》篇来说，就关系到究竟是孔子写来寄托"建国理想"的书，或是当时的地理实况？廖平斩钉截铁地论断：六经不是"史"，故绝对不可以研究历史的态度去研究它。在他自己看来，这个论断自然是有坚强理由的；这个理由就是：孔子超迈前圣，其所写的六艺（指今文经）"美善皆非古所有"，而是孔子所独创的。如果问廖平：今文经中的"美善"既然是孔子所造的，那么，古文经为什么也将三代描写成黄金时代呢？廖平面对这一质问时宣称，古文经中的黄金古代是东汉学者造的，东汉学者也与孔子一样在从事造古活动：

> 不知古学至东汉乃成……是古全由今生……旧误以周制为古学，故致颠倒。实则周制本不可考，古学亦非用周制。[1]

研究廖平的人完全不可忽略上引文中的"是古全由今生"一语，这句话背后的基础是周代历史本来就荒陋到"本不可考"的地步，故任何记载周史、考订周史的书都是向壁虚造、徒劳无功。廖平便是持这个看法否决了所有周代信史的。甚至连许慎、郑玄等古文经大师以研究史书的方式来训解经书，也被他斥为"望文生训"：

> 乃东汉以下之经学，则不必先求本师，预考文例，但能识字解义，按照本文，详其句读，明其训诂，即为经说，真所谓望文生训，不求其端，不竟其委，但能识丁，便可作传。除

1　廖平：《古学考》，页41。

《公羊》外，今所行之十二经注疏，一言以敝之，曰望文生训而已，靳注吴集，相去未远，文字之外，究心实多，以今日初识笔画之童蒙，说古昔圣神之微旨，而谓如盲词市簿，一见能解，一闻能知，岂不哀乎！学者亦尝假四字以为说，实则阮、王二刻，能逃望文生训者，宁有几人？盖欲求义例，必先有师，不能得师，必先于各经先师传说义例……先考之至精至熟，然后可以读经，此法久绝。[1]

这里产生了一极有趣的现象："望文生训"原是考证学家用来讥讽今文经师的，这里却成了廖平讥笑治学态度谨严的许慎、郑玄的用语，其理安在哉？这是因为廖平认为他们不懂得"圣神之微旨"：只解释字面上的史事制度，没能察觉到六经的史事是孔子假造的、是"托事以见礼文经义"的、实非真有其"事"的，故专在字面上作解诂就是"问道于盲"。廖平这一段议论的另一刀锋是指向整个乾嘉考证传统。从上引的"除《公羊》外，今所行之十二经注疏，一言以敝之，曰望文生训而已""阮（元）、王（先谦）二刻（按：指《皇清经解》及《续皇清经解》），能逃望文生训者，宁有几人？"这两段话，便可以看出他否定整个乾嘉学统的用心！而乾嘉学术所累积庞大的上古历史知识，也被廖平用"望文生训"四个字一笔抹杀了。在《经学五变记》中有一段史料把他的态度说得非常清楚：

凡经传所说尧、舜、禹、汤、文、武、周公，帝德王道伯

1　廖平：《知圣篇》，卷上，页54。

功，皆属孔子一人之事……自王莽崇尚古学，挪为三代鼎彝，由是孔子以前乃有六书文字，黄帝尧舜乃有断代之书。[1]

如果顺着廖平的这一段话再往前引申，整个上古信史不就全被否定了吗？

我们再来看看康有为如何处理"黄金古代"并非上古实况的问题。康有为为了解这个题，也发展出与廖平相当一致的看法，他在《孔子改制考》上宣称：

> 夫三代文教之盛，实由孔子推托之故。[2]

又宣称：

> 虽名三代，实出（孔子）一家。[3]

康有为曾受廖平极大的影响（甚至是抄袭廖平），他们在这方面的论点若相仿佛并不值得惊讶。

无疑地，"上古荒陋"的史观对廖平、康有为将全部经书加以符号化的工作起了极大的鼓舞作用。当廖平与康有为掌握了"上古荒陋"这一支有力武器后，六经所记载的尧、舜、禹、汤、文、武

1　廖平：《经学五变记·五变记笺述》，卷上，页23。

2　康有为：《孔子改制考》，卷1，页1。

3　康有为：《孔子改制考》，卷9，页5。

的事迹的真实性受到全面挑战，而整个上古三代信史也被一一推倒。故刘逢禄、凌曙、陈立尚称《春秋》十二公二百四十年史事是孔子用来加乎"王心"的，而廖平与康有为则进而把六经中全部信史推翻了。

五、如何为孔学注入新活力？

其实，廖平与康有为不仅发展出二层史观的手法相同，他们在说出黄金三代"实出孔子一家"时背后的动机也几乎是一样的；那就是替在当时地位逐渐动摇的孔学注入新活力[1]，使他可以继续保持其"生民所未有之圣"的尊严。

本来，对每一个时代的人而言，某些经典是不是死的，端视它能否有效地关联呼应当代的境况。但"关联呼应"（correlate）时代的境况是有一定的途径与分际的，它一方面要随时注意境况，用合于那个时代的概念工具来宣扬学说，一方面要不失其本质与独特性。如果它完全不关心时代的境况而自说自话，那是一门吸引不了人的学问。[2]但是，当传统儒学参与现代的境况时，假如解经者是从现实境况的诸问题中抽求六经的解答，六经本身也就丧失了自我的本质与独特性，反过来被当代的境况所决定了。对任何时代的经

1　此处我是借用 Carl Becker 的"人工呼吸"一词。见 Carl L. Becker, *The Heavenly City of Eighteenth-Century Philosophers*, p. 17。贝克认为到了现代，神学要靠人工呼吸才能生存。

2　"关联呼应"的观念借自保罗·田立克（Paul Tillich）的《系统神学》（*Systematic Theology*）的第1卷。保罗·田立克著，龚书森、尤隆文译：《系统神学》（台南：东南亚神学院协会，1988），第一卷，页83—94。

学家而言，这都是一个很难掌握的分际。而廖平、康有为在替孔学注入新活力时，正好陷入这一困境中。

廖平、康有为是如何陷入自己编造的陷阱中呢？这是个相当曲折的问题。

我们都知道晚清的现实境况不时地在对孔学发出问题，而且大部分的问题都构成了严重的威胁与挑战。举个例说，严复从英国回来就曾上书说："地球，周、孔未尝梦见；海外，周、孔未尝经营。"[1]这个质问对晚清士大夫来说是极为亲切、沉痛的。因为长期累积的印象使他们至少在潜意识里都认为周、孔是古今未有之大圣。廖平与康有为等孔学传统的坚强拥护者面对这一类挑战时心中的冲击必定是非常巨大的。事实上，严复的那一句话在廖平的书中便被引用而且表达了严重的关切。[2]从廖氏的自述中可以十分清楚地发现：从某层面来说，他之所以根据早年被自己驳得体无完肤的《周礼》撰写《地球新义》，即是为了回答严复提出的问题。[3]在晚清这一类的质问与挑战数不在少，如果孔学无法作有力的回答，那么它又有何存在的理由呢？廖、康二人便花费了很大的精力来为孔学从事代答的工作。

从我们现代的眼光来看，廖平、康有为替孔学回答晚清现实

---

1 廖平：《经学五变记·三变记》，页7。

2 廖平：《经学五变记·三变记》，页7。

3 廖平委婉地表示，过去对《周礼》"漫不经心"，后来才恍然大悟，原来严复所责问的，正是《周礼》老早做过的。由此可见他写《地球新义》《皇帝疆域图表》，真正的背景除了是受张之洞诱逼外，最重要的是回应严复之挑战。但他回答的方式是从严复的"问"中去抽取答案。参见廖平：《经学五变记·三变记》，页4。

社会挑战的方式是很奇特的。他们毫不考虑地将自己认为对这些挑战最好的回应注入孔子的躯壳中，为了达到这一点他们把孔子的历史实体挖空成一只容器，以便为孔子装填那些他自己也不认识的异质思想。

以廖平而言，前面我们已经说到他为了特尊孔子，而将所有"经传所说尧、舜、禹、汤、文、武、周公帝德王道伯功"说成"皆属一人之事"，在他看来，这个说法足够回答那些把六经当成史书的考证学者所怀抱的一个看法：孔子撰六经，而六经所记大多为周公所创的制度，孔子只是一个写录之人，那么周公自然贤于孔子。但廖平发现这还不够，不只是六经中的"帝德王道伯功"应该是属于孔子一个人的，连现今欧美各国的所有文明都应该是孔子所曾昭示过的，这样，孔子的学说不就是超越所有时空限制的伟大巨构、更有理由屹立于当前的世界吗？为了达到这一目的，他大胆地以预言的方式解释孔子学说。把握了这个前提，才能了解廖平所谓"二变学"时期所作《孔经哲学发微》《地球新义》《皇帝疆域图表》等几乎不可理解的释经之书真正的意涵，也才能理解这个经学家在理路上极为讲究但内容却荒诞可笑的释经文字中，有深刻而急切的用心。上面几部书的一贯特色是把全球五大洲的发展以进化先后排列，中国居最高，其他各洲依清末民初的强盛程度排列，而且把它们纳入六经"预言"的范围中。他以预言代替历史作为儒家思想的内容，经此一举，孔子变成了生民所未曾有的先知。但却也带来与他原来意图完全吊诡的结果。

从表面看来，廖氏有意压低西方各国文明的地位，但实际上是去除了中国文化与他们的隔阂，进而希望接纳他们。这话怎么说呢？因为居于文化发展最高阶段的中国在接纳发展程度较低的西洋文化时，丝毫不失其自尊之感。况且夷狄（西洋各国）的文化既是圣人在六经中预言所及的，则我们今天又何必对它们感到见外？这层意思，廖氏在《皇帝疆域图表》中说得最清楚——他说"大同之世，无所谓夷也"，又说"始为夷而终为牧"。[1]

前面提到，廖平宣称西方现代文明都是孔子所预言过的，西人对中国的挑战也都是用孔子的思想作为武器，故他在为孔学注入新活力时，不只是坚持孔子知有外国，而且强调跟康有为"但施之中国，则一切之说皆我旧教之所有"的想法相同[2]，推其用心，原是想加强孔学回应现实困局的能力，以保住孔子的尊位，故说"自成其盛业（按：指撰成《地球新义》等书），孔子乃得为全球之神圣，六艺乃得为宇宙之公言"。[3]用章太炎的话说，不管廖平或康有为，他们的种种作为的原始意图都是欲"奇伟尊严孔子"的[4]，但我们不能忽视，这个行动的副产品是将一向不理于保守派人士之口的西学吸纳入孔学内部。

但不管是想将"一切之说"讲成是"我旧教所有"，或是把"黄金古代"说成是孔子所创造，都要能回避先秦诸子中所保留的史料才行。六经与诸子所叙古史固有殊异之处，但交集之处仍相当

1　廖平：《皇帝疆域图表》（六译馆丛书本），页56。

2　康有为：《意大利游记》，收入《欧洲十一国游记》[上海：广智书局，光绪三十二年（1906）]，页132。

3　廖平：《经学五变记·三变记》，页5。

4　章太炎：《原经》，《国故论衡》，页88。

的多。若想坐实六经中的史事皆孔子自造之说，又将如何对付诸子书中这一笔史料的挑战呢？廖平发展出这样一条路：他主张先秦诸子也跟孔子一样创教改制，故其所记述的古史也是"自造事以加王心"，其所记载亦属假托。可是问题来了——既然诸子所记古史也是自造的，为何所造内容与孔子所造如此相近呢？而且如果孔子所造事迹诸子也有能力造出，那么孔子又比诸子伟大到哪里去？廖平势必曾为这个问题感到难堪，所以他选择了一个特别的办法，认为诸子皆宗孔子，故所造古史皆与孔子所造近似。廖平说："孔道恢宏如天如海，大而八荒之外，小而方里之间，巨细不遗。"[1]在他看来，"孔道"是无所不包、巨细不遗的，转一个角度来说，"孔道"对诸子百家是不排斥的；非但不互斥，而且还有密切的源承关系，他很含蓄地说："子家出孔圣之后，子部窃孔经之余。"[2]廖平原是想说明孔子包容一切的伟大，但却造成了一个他意想不到的效果，也就是将原先被视为异端的诸子说成是孔门的"分枝同本""仅如兄弟之析居"[3]，譬如墨子，他说："墨家之宗旨，要皆圣道之支流。"[4]廖平发表这些意见的原始意图是为了"奇伟尊严孔子"，结果竟替诸子取得了正统的地位。本来，圣人之道是独一排外的，廖平为了增强它的绝对性，乃主张它包含一切，但实际的结果一方面是使孔子的思想中不容许有任何违反西学与诸子学的东西，将圣人之道降低

1　廖平：《皇帝疆域图表》，页114。

2　廖平：《皇帝疆域图表》，页113。

3　廖平：《皇帝疆域图表》，页114。

4　廖平：《皇帝疆域图表》，页59。

到和过去认为是"异端""邪说"的西学、诸子学并存之地步。另一方面则将"凡经传所说尧、舜、禹、汤、文、武、周公帝德王道伯功"及西洋"一切之说"皆说成是"孔子一人之事",乃意外地把上古信史推翻殆尽。在其原始意图与结局之间,恰成一吊诡。

　　从康有为的文字中可以发现当列强瓜分中国之局将成时,他心情非常之焦急。当时他的主要关怀是如何"保教"。也就是一方面保住中国,另一方面使孔学不致成为一门过时的、无力的学问。而在他看来,保住中国正是保住孔教的大前提,所以大力主张变法。当康氏主张变法时,古文阵营的健将朱一新曾寄书驳难,康有为在光绪辛卯年(1891)给朱一新的回信上说明他的理由:

　　使彼不来,吾固可不变。其如数十国环而相迫,日新其法以相制,则旧法自无以御之。[1]

康氏说若不变则"旧法自无以御"。旧法不足抵抗的结果是"国亡教微",他尤其担心万一中国亡了,西方人将"以其教易吾教"[2],故责备反变法者:

　　国亡教微,事可立睹。诸君子乃不察天人之变,名实之间,犹持虚说,坐视君民同灭而为奴虏。[3]

1　康有为:《答朱蓉生书》,蒋贵麟编:《万木草堂遗稿外编》,页818。

2　康有为:《答朱蓉生书》,页818。

3　康有为:《答朱蓉生书》,页818。

他的信上也把这一层关怀说得非常清楚。他表示，如果中国强了，则孔子之学可以在全球扬眉吐气：

> 若吾力强，可使吾孔子之学，中国声灵，运一地球。吾不自立，则并其国与其教而并亡之。[1]

"保教"是他的中心工作，他汲汲以强国为事者，亦以卫教也。但他所拟的强国之道是吸收西人之法，而用来支持其吸汲西学的理论基础是这样的：

> 力遵祖考之彝训，而邻人之有专门之学、高异之行，合于吾祖考者，吾亦不能不节取之也。[2]

他还把当代西方政法学术等同于"三代两汉之美政"[3]，故从他的逻辑来看，吸收西学即是所谓"尊祖考彝训"。西学"合于吾祖考"，而当代的中国反而不是先圣心目中理想的中国，在他看来，中国先圣的理想既被"外夷近之"，则外夷"虽其先世出身卑贱，（中国）反为之屈矣"。[4]

---

1 康有为：《答朱蓉生书》，页818。

2 康有为：《与洪佑臣给谏论中西异学书》（光绪辛卯年作），《万木草堂遗稿》（台北：成文出版社，1978），页259。

3 康有为：《与洪佑臣给谏论中西异学书》，页259。

4 康有为：《与洪佑臣给谏论中西异学书》，页259。

他用这个论据来抵挡各方面的攻击，故当朱一新斥责康氏是"阳尊孔子，阴祖耶苏"时，有为答以"是何言欤？马舌牛头，何其相接之不伦也。"[1]当大家认为康有为是在压抑国学以兴西学时（用朱一新的话来说就是"嬗宋学而兴西学"），康有为觉得他的敌人是无可理喻的。因为康氏自认为他是在提出一种新的孔子学来抵抗西学的挑战。当时人认为他是在肆无忌惮地毁弃中国之学时，康有为却觉得他是在更有力地坚守孔子之学，而决不是随意放弃任何据点。

谈到康有为自己说得振振有词的"使吾孔子之学，中国声灵，运一地球"这类话时，我们决不可回避这样一个问题：康有为到底是真的尊孔，还是只把孔子当成是一面变法改制的挡箭牌？《孔子改制考》中有一段话：

> （孔子）布衣改制，事大骇人，故不如与之先王，既不惊人，自可避祸。[2]

一读之下即可猜到康有为用来描述孔子的话正是描述他自己——孔子托诸"先王"，康有为则托诸"孔子"。但是我们不能草率认定康氏只是在利用孔子之名来从事变法，而他对孔子的尊仰可能只是饰词。因为，康氏的尊孔论调如果只是饰词，则变法失败，或当孔子不再在多数人心中具有号召力时，他就没有弹此旧调的必要了。

---

1 康有为：《答朱蓉生书》，页816。

2 康有为：《孔子改制考》，卷11，页1。

然而他不但在民国以后仍旧提倡孔教，一直到1924年所写的《答（韩国）朴君大提学书》上依然说：

> 今天下所言孔子者，皆非孔子之学，实朱子之学而已；而言朱子学者，又非朱子之学……而不知太平大同学者也。今大地百国改为民主大半矣，甚至进而为社会说矣，若引孔子之学说，犹有董子《繁露》与《礼记》之礼在（按：指《礼运大同》篇）……则今日民主说、社会说，无不范围其中矣。[1]

这篇文字大抵仍忠实延续了康氏在清季的想法。认为过去孔学经刘歆、朱子严重扭曲，故不能适应社会变动，而现在大地万国"改为民主大半矣，甚至进而为社会说矣"，如果不再发扬孔子礼运思想之真面目，则孔子将会因为无法与现代世界关联呼应而被淘汰的：

> 董子尚只传其口说，若《礼运》则指明孔子曰，其为孔子学说至明矣。然朱子惑于刘歆据乱之世，据《礼运》大同之说为老子之学，是朱子舍弃孔子太平大同之说，而无以范围方今民主社会之义，则孔子之道穷矣。天下既误尊朱子为孔子，而朱子守刘歆之据乱说，不能范围民意，不能范围社会，安所用孔子，则安能不攻孔子？此非孔子之不及，乃朱子为刘歆所教也。朱子知四书而不知五经，知据乱而不知太平大同……朱子之发扬道义，激厉人心，教莫切焉，功莫大焉，其尊之甚至，

1　康有为：《答朴君大提学书》，蒋贵麟编：《万木草堂遗稿外编》，页671。

故隐忍久之，欲为朱子讳，然无如民主之国既多，社会之说盛行，若不发明孔子大同之道，而徒称号偏安之朱子，则孔子之教恐亡也。[1]

康有为虽然出自理学家朱次琦（1807—1882）的门下，可是他对朱子的评价一直不高，早年写《康子内外篇》时即已处处透露反朱的立场。但是他早年倒不是从朱子只"知据乱而不知太平大同"这一点去反对他的，而是针对朱子"理"与"智"的观念加以驳难的[2]，前后的不同多少告诉了我们朱子与刘歆都是康氏笔下箭靶型的角色，好把所有"据乱"的罪状往他们身上推。他之所以要找寻出扭曲孔学的罪臣，是因唯有如此他才有理由宣称孔学的真面目是这样或那样，也才有宣说未被扭曲的"孔子太平大同之说"是合于"方今民主社会之义"的理由。本来康有为就认为"民主社会之义"是改革晚清社会政治最理想的一套方案，而他之所以要将西方这一套"民主社会之义"说成是孔子早经揭示的"太平大同之说"，是因他认为如果不这样做的话，孔子学说将"不能范围民意，不能范围社会"，而假使孔子学说照顾不到民意与社会，那么"安所用孔子"，而一般人又"安能不攻孔子"。康有为很委婉地表示他有为朱子讳的意思，但因当时西方施行"民主之国既多"，而"社会之说盛行"，如果不尽快阐明孔子大同之学，让世人知道所有使西方

1　康有为：《答朴君大提学书》，页671—672。

2　康有为：《康子内外篇》，蒋贵麟编：《万木草堂遗稿外编》，页13、24—25、29—30。

人强盛并据以威胁中国的"学艺政制"都是孔子早就揭示过的，那么"孔子之教恐亡也"。此层意思在下面这一段话中说得更为明白透彻：

> 今所最要明者，是三世之义，……今已行民主，故世之诟孔子者，以君臣义之故，若知三世升平太平之义，则知孔子之道如春夏秋冬，兼备四时，无所不有。……故孔子是圆通无碍，无所不包，欲攻之而无可攻也。[1]

他认为一旦三世大同之说重新被重视，使大家都能认识到"无所不包"的孔学早就把民主之义宣说无遗了，则孔子在这个世界各先进国俱行民主制度的时代里便可以依然维持其尊严而"不受攻焉"。故说：

> 三世大同之说可出，孔子乃范围无外，而不受攻焉。否则仅如刘歆朱子之所传，则经民主后，孔子不能行。[2]

如果不能替孔学注入新内容，则时人必将把被扭曲后的、坚守君臣之义的儒学视为过时之物。我们从这里可以清楚看出康氏很关心一个问题——难道现代民主制所到之处，孔子的地位就要退却吗？

1　康有为：《与日人某君笔谈》（原稿无标题），蒋贵麟编：《万木草堂遗稿外编》，页736。

2　康有为：《与日人某君笔谈》，页737。

在他看来，解决这问题的最佳途当然就是替孔子注入新活力，说："孔子如立宪君主。"[1]

康氏曾一再地模仿（甚至可说是抄袭）基督教的规模制度，作为他理想中孔教之型制，故许多人责备他真正的用心是想将西教引入中国。但就康氏个人而言，他是想学"西教"的形式来强化孔教，然后回过头来对抗"西教"。[2]故当一般人指责他是蔑弃中国的西化派时，谁想到他也正在大力讨伐"化为西人"者，在《答朱蓉生书》上说：

> 缘学者不知西学，则愚暗而不达时变；稍知西学，则尊奉太过，而化为西人。故仆以为必有宋学义理之体，而讲西学政艺之用，然后收其用也。[3]

当王仁俊（斡臣）担心康有为的所作所为是：

> 居恒言志，抗希三代……空文见义，……若果泥于新说，则圣贤一堂讨论，不几于谋为不轨乎？[4]

1　康有为：《与日人某君笔谈》，页737。

2　此点在《孔子改制考》中屡屡言及。墨家的宗教组织亦为康氏所憧憬，认为它有"教皇"有"信物"。他显然是以基督教的规制来想象墨教。见康有为：《孔子改制考》，卷6，页3。

3　康有为：《答朱蓉生书》，页820。

4　王仁俊：《王吏部实学平议》，苏舆编：《翼教丛编》，页150—151。

叶德辉担心康氏徒党：

> 必欲破夷夏之防，合中外之教。[1]

甚至有人责备他"以蔑古为宗旨"的同时[2]，他还在对朱一新解释
"六经之精微深博"的理由[3]。康有为难道言不由衷，或只是抬出六
经孔子作为挡箭牌？不然。他在写给朱一新的信上便说，他之所以
敢提出那些外人看来蔑弃古学的论点，是因为他自己与朱一新一样
都相信六经之道"行遍地球"，故敢说西人之"学艺政制"与孔子
之学"绝不相碍"：

> 诚如足下所谓，六经之道，日用所共由，如火不可缺，仆
> 即欲叛而逃之，则行遍地球，亦如足下所谓，未闻者有所谓新
> 奇者。……考之西俗既如此，则谓仆为变义理，仆将以何变之
> 哉？若将从其教，则彼《新约》《旧约》之浅鄙诞妄，去佛尚
> 远，何况六经之精微深博乎？其最大义为矫诬上天，以布命于
> 下，亦我六经之余说，非有异论也，即使仆能悖谬，其如仆颇
> 能穷理何？……以西人之学艺政制，□以孔子之学，非徒绝不
> 相碍，而且国势既强，教借以昌也。……方今四海困穷，国势

1　叶德辉：《叶吏部与南学会皮鹿门孝廉书》，苏舆编：《翼教丛编》，页415。

2　宾凤阳：《宾凤阳与叶吏部书》，苏舆编：《翼教丛编》，页385。

3　康有为：《答朱蓉生书》，页820。

微弱，仆故采用其长。[1]

把西人的学艺政制当成是"我六经之余说"，当然是高度尊仰孔子的说法，这是朱一新等人所能同意的，而康有为在说这个话时既不是在自欺，也不是在欺人；梁启超于光绪廿八年（1902）所写的《保教非所以尊孔论》对其师当年极度尊孔的原始意图作了最佳的见证：

> 抑今日之言保教者，其道亦稍异于昔，彼欲广孔教之范围也，于是取近世之新学新理以缘附之，曰"某某者孔子所已知也，某某者孔子所曾言也"，其一片苦心，吾亦敬之，而惜其重诬孔子而益阻人思想自由之路也。夫孔子生于二千年以前，其不能尽知二千年以后之事理学说，何足以为孔子损？梭格拉底未尝坐轮船，而造轮船者不得不尊梭格拉底；阿里士多德未尝用电线，而创电线者不敢菲薄阿里士多德，此理势所当然也。以孔子之圣智，其所见与今日新学新理相暗合者必多多，此奚待言。若必一一而比附之、纳入之，然则非以此新学新理厘然有当于吾心而从之也，不过以其暗合于我孔子而从之耳。是所爱者仍在孔子，非在真理也。万一遍索之于四书六经，而终无可比附者，则将明知为铁案不易之真理，而亦不敢从矣。万一吾所比附者，有人从而剔之曰："孔子不如是"，斯亦不敢不弃之矣。……动以西学缘附中学者，以其名为开新，实则

1　康有为：《答朱蓉生书》，页820。

保守。[1]

这一段见证非常宝贵，梁启超在短短几年后所作的回忆可以反映他们师徒当年真正的意图——"是所爱者，仍在孔子""动以西学缘附中学者，以其名为开新，实则保守"。但他尚未道出紧接着这个从意图的层面来说是"保守"、从手段的层面来说是"开新"的活动之后的，是对传统巨大的破坏力。

由前面征引的这一段话中，可以看出后来梁启超对他的老师"动以西学缘附中学"的办法是很不满意的，但我们读了这一段话后决不能误会梁启超对其师当年的论调，从一开始就杯葛到底的。事实上，梁氏正是当年帮忙宣扬"以西学缘附中学"最有力的人。他在《论支那之宗教改革》一文中说明孔教之基本精神时，便特别提出：

进化主义非保守主义，平等主义非专制主义，兼善主义非独善主义，强立主义非文弱主义，博包主义（亦谓之相容无碍主义）非单狭主义。[2]

其中的"博包主义"一词尤值玩味。事实上只有将六经的历史内容挖空后，孔学才可能"博包"那些孔子所不认识的异质思想。正因

1　梁启超：《保教非所以尊孔论·论保教之说束缚国民思想》，页56。

2　梁启超：《论支那宗教改革》，收入《饮冰室文集》之三，《饮冰室文集》，第2册，55—56。

梁启超跟廖平、康有为一样，一开始就要孔学"博包"诸子学，故提出"诸子源出孔学说"：

> 今当发明并行不悖之义，知诸子之学即孔子之学，尊诸子即所以尊孔教，使天下人人破门户之意见，除保守之藩篱，庶几周秦古学复兴而人智发达矣。[1]

"尊诸子即所以尊孔教"的想法对廖平及康有为来说都不陌生。康有为还说传孔子真旨的是庄子，梁启超也跟着再三强调《论语》不传微言"[2]，真正传孔子微言的是孟子及庄子。[3]

"博包主义"的第二步是"博包"西学。欲博包西学首先得要去除传统中国排摒夷狄的思想。他在为徐勤写的《春秋中国夷狄辨序》一文中说：

> 自宋以后，儒者持攘彝之论日益盛……乌乎，吾三复《春秋》，而未尝见有此言也。……孔子之作《春秋》，治天下也，非治一国也；治万世也，非治一时也，故首张三世之义。所传闻世，治尚麤觕，则内其国而外诸夏；所闻世，治进升平，则内诸夏而外彝狄；所见世，治致太平，则天下远近大小若一，

1　梁启超：《论支那宗教改革》，页61。

2　梁启超：《读〈孟子〉界说》，收入《饮冰室文集》之三，《饮冰室文集》，第2册，页21。

3　梁启超：《论支那宗教改革》，页56—57。

彝狄进至于爵……今论者持升平世之义，而谓《春秋》为攘彝狄也，则亦何不持据乱世之义而谓《春秋》为攘诸夏也。[1]

甚至激烈地表示：

中国亦新彝狄也。[2]

因为孔子是"治万世而非治一时"，故夷狄之学（西学）事实上是孔子早就揭阐过的。这个奇怪的想法在当时被他视为天经地义，他振振有词地说：

非通群教，不能通一教，故外教之书亦不可不读也。[3]

又说：

今宜取六经义理制度微言大义，一一证以近事新理以发明之，然后孔子垂法万世，范围六合之真乃见。[4]

1　梁启超：《春秋中国夷狄辨序》，收入《饮冰室文集》之二，《饮冰室文集》，第1册，页48。

2　梁启超：《春秋中国夷狄辨序》，页49。

3　梁启超：《万木草堂小学记》，收入《饮冰室文集》之二，《饮冰室文集》，第1册，页35。

4　梁启超：《湖南时务学堂学约》，收入《饮冰室文集》之二，《饮冰室文集》，第1册，页28。

事实上，如果只是说上半截"取六经义理制度微言大义，一一证以近事新理"，就还只是"西学源出中国论者"之旧辙，但加上下半截"孔子垂法万世，范围六合"，则所有"近事新理"都必须是孔子所早就昭示过的，就把六经变成"预言书"了。梁启超要求时人：

> 必深通六经制作之精意，证以周秦诸子及西人公理公法之书以为之经，以求治天下之理。[1]

"孔子垂法万世，范围六合之真乃见"数字，在今人看来大多会认为是门面话，可是康、梁却相信"近事新理"都是孔子为"万世""六合"所预先制定。故"近事新理"进入中国一分，孔子"之真"就多揭露一分。在这个思想前提之下，梁启超把当时西人之所以菲薄孔学，与"陋儒之所以自蔑其教"的原因做了一个极有意思的诊断：

> 由不知孔子之所以为圣也。[2]

只要让他们知道孔子之所以为圣是因为他已"垂法万世""范围六合"，则不管是西人或中国学者必不致有任何轻蔑之意了。为了让他们更真切地了解孔子之所以为"圣"的理由，梁启超主张应尽量

1　梁启超：《湖南时务学堂学约》，页28。

2　梁启超：《湖南时务学堂学约》，页28。

把原本是孔学支裔的西洋"近事新理"吸纳到孔学内部来。这个态度在他为《西政丛书》所作的《序》上表现得尤为清楚,他宣称非学西人"立国之本末"不可,因为这些方法本来就是"吾三代圣人所以平天下之义"![1]

六、"帝德王道伯功,皆属孔子一人之事"

但要怎样才能把"近事新理"缘附到孔子身上呢?这是托古改制论者最关心的问题之一。我们还清楚记得,廖平与康有为先是受了清代今文家以微言解经的影响,其次是为了特尊孔子,把六经中的"黄金古代"一概视为孔子所造。但如果他们只做到这一步,孔子也还可能只是个过时的圣人,为了弥补这个遗憾,他们为孔学注入新活力,大量以西学"缘附"孔学。本来倡"西学源出中国"说的学者们多只是取儒经中与西学文义看来颇相仿佛的地方加以发挥而已。廖平、康有为、梁启超就完全轶出其轨了。他们一方面把拿来"缘附"的内容推展到前所未有的广度[2],一方面援用了今文阵营

1　梁启超:《西政丛书叙》,收入《饮冰室文集》之二,《饮冰室文集》,第1册,页63。

2　对他们随意"缘附"的情形,章太炎在《反对以孔教为国教篇,示国学会诸生》中有如下的描述:"往者宋翔凤之说《论语》,好行小慧,已足以易人心意矣。近世如王闿运则云墨家巨子即絮子,絮者,十字架也……廖平则云:'法语之言',谓作法兰西语。……'吾犹及史之阙文也。有马者借人乘之',知孔子以前,皆并音字,马即号马,乘即乘除也。"章太炎洞悉过度缘附对经书历史结构造成的破坏,他说:"苟反唇以相稽,虽谓孔丘即空虚,本无是人,而今之所传者,皆阳虎为之词,又何以难焉。"〔原件系抄本,转引自汤志钧编:《章太炎年谱长编》(北京:中华书局,1979),上册,页458—459〕

的前辈经师的微言解经，并将之引申到"《春秋》记号之书"（梁启超语）的地步，使"缘附"的工作做起来更无忌讳。像廖平在《经学五变记》上所说的"凡经传所说尧、舜、禹、汤、文、武、周公帝德王道伯功，皆属孔子一人之事"，设若让刘逢禄、凌曙、陈立等人看到恐怕已经不太能接受了，但像他把历史上的鲁、商二国解成是"中""外""华""洋"的符号，在他的前辈看来恐怕更要大吃一惊吧。[1]这类新解在康有为的《孔子改制考》中更是到处可见。该书卷十二上说：

> 六经中之尧、舜、文王，皆孔子民主君主之所寄托……以为轨则，不必其为尧、舜、文王之事实也。[2]

他之所以费心抹杀尧、舜、文王的史迹，就是想腾出空间，注入"民主君主"的理想。此外，他还用类似的方式把重女权（男女平权）的理想及选举的理想说成是孔子所已有[3]，而且愈演愈烈，在光绪二十七年（1901）所撰成的《中庸注》中甚至把"欧美宫室"说成是孔子旧制。其言曰：

> 孔子之制皆为实事。如建子为正月，白统尚白，则朝服首服皆白，今欧美各国从之。建丑，则俄罗斯回教从之。明堂之

1　廖平：《知圣篇》，卷上，页8。

2　康有为：《孔子改制考》，卷12，页2。

3　康有为：《孔子改制考》，卷9，页14。

制三十六楣七十二户，屋制高严……则欧美宫室从之。[1]

《春秋董氏学》卷2中的《王鲁》条中亦说：

> 缘鲁以言王义。孔子之意，专明王者之义，不过言托于鲁以立文字。即如隐、桓，不过托为王者之远祖，定、哀为王者之考妣。齐、宋但为大国之譬，邾、娄、滕侯亦不过为小国先朝之影。[2]

也就是说《春秋》中的每一对名词全都是孔子使用的代号，不必用考索历史的方法去探求的，"以事说经"者非但无功反而有罪：

> 自伪左出，后人乃以事说经，于是周、鲁、隐、桓、定、哀、邾、滕皆用考据求之，痴人说梦，转增疑惑。[3]

他把两千年来历史考证态度解经的所有努力一笔打成"痴人说梦，转增疑惑"，便是为了想增加在有限的旧瓶中灌入无限新酒的空间。

梁启超早期受康有为影响极大，在《读〈春秋〉界说》中说：

1　康有为：《中庸注》（台北：台湾商务印书馆，1968），页37。

2　康有为：《春秋董氏学》（台北：台湾商务印书馆，1969），卷2，页3。同样文字亦见于《孔子改制考》，卷8，页12。

3　康有为：《春秋董氏学》，卷2，页3。

夫事也者，则不过假之以明义，义之既明……而其事皆作筌蹄之弃，亦无不可也。[1]

陈立的"筌蹄说"在梁启超身上发挥了作用，不过梁启超不只是倡说"义之既明""其事皆作筌蹄之弃"，他更大胆地说：

《春秋》，记号之书也。[2]

并指出后人之所以不知《春秋》是"记号之书"乃是经过下列几次扭曲：当荀卿受仲弓南面之学后，舍微言而言大义，传李斯，后来又大行于秦，于是孔子之教一变，秦以后的学者遂把孔子当君王看。刘歆佐王莽篡位，伪造古文经，把《春秋》当成记事之书，于是东汉以后的人把孔子当史官看。宋以后的学者，则是把孔子当成迂儒。[3]但不管是把孔子当成君王或当史官看，都是天大的谬误，必须把孔子当作创教之素王才可以。过去今文家认为孔子"为汉制法"，梁启超则大力辩驳说孔子不只"为汉制法"而且是为万世制法。[4]依他看，孔子在经书中提到尧、舜，就是在谈大同的理想，提到禹、汤、文、武、成王、周公就是在谈小康之道。他在《读

1　梁启超：《读〈春秋〉界说》，页16。

2　梁启超：《读〈春秋〉界说》，页17。

3　梁启超：《新学伪经考叙》，收入《饮冰室文集》之二，《饮冰室文集》，第1册，页61—62。

4　梁启超：《经世文编序》，收入《饮冰室文集》之二，《饮冰室文集》，第1册，页47。

《孟子》界说》上说：

> 孟子言尧舜、言文王，为大同之名号。《礼运》以小康归
> 之禹、汤、文、武、成王、周公，其大同盖谓尧、舜也，故曰
> 天下为公。《春秋》哀十四年，传言其诸君子乐道尧、舜之道，
> 亦指大同言。《春秋》隐元年传，王者孰谓，谓文王也，文王
> 亦太平世之义。[1]

他一再提醒大家当知孔子在尧、舜、文王等代号下所"托"的义
理，但是在反对者看来，所谓"托"根本就是"诬附"。叶德辉指
责说：

> 经文虽可缘饰，圣迹岂得诬附耶。[2]

如所周知：对经典的义理不断创新解释是一种责任，也是一种权
利，但"创新"与"诬附"之间是有相当距离的。每一部经典都有
它内在的"问—答"系统，后人不能强要经典回答它原来就没有问
过的问题。超出它原来所问而强要它们答，就不再是创新，而是
"诬附"了。照叶德辉的说法，康、梁师徒大力推行"《春秋》记号
之书"的理论，实际上就是要方便"行其康说"：

1　梁启超：《读〈孟子〉界说》，页20。

2　叶德辉：《叶吏部答友人书》，收入苏舆编：《翼教丛编》，页435。

今乃痛斥记事之《左氏》，而偏主明义之《公羊》，其意盖恐事义并陈，不得行其康说。[1]

叶氏说出如果"事""义"并陈，则诬附的工作会受阻碍，"行其康说"便要受到很大的限制。朱一新也说：

六经之用也，道也者，如饮衢尊然，无智愚贤不肖，人人各如其量，挹之而不穷，世之人以其平澹无奇也，往往喜为新论以求驾乎其上，遂为贤智之过。[2]

正如他所说的：六经如果只是古代政教典章之记录，而不是圣人替今人的境况所制的答案，看起来的确是很"平澹"。但是六经之道本来就是"无智愚贤不肖，人人各如其量，挹之而不穷"，不必刻意穿凿的，但是廖平、康有为他们却不以为然。他说：

又炫于外夷一日之富强，谓有合吾中国管商之术，可以旋至而立效也。故于圣人之言灿著六经者，悉见为平澹无奇，而必扬之使高，凿之使深……而凡古书之与吾说相戾者，一皆诬为伪造，夫然后可以为吾欲为，虽圣人不得不俯首而听吾驱策。……古人著一书，必有一书之精神面目，治经者当以经治经，不当以己之意见治经。六经各有指归，无端比而同之，是

1　叶德辉：《正界篇》，收入苏舆编：《翼教丛编》，页224。

2　朱一新：《朱侍御答康有为第四书》，收入苏舆编：《翼教丛编》，页29—30。

削趾以适屦，屦未必合，而趾已伤矣。[1]

廖、康、梁为了使"平澹无奇"的六经能马上有效地回应当代的困境，故要"凿之使深""扬之使高"，"以己之意见治经"，朱氏认为这是在操纵经典，而不是在为圣人服务，是在逼圣人"俯首而听吾驱策"，把圣人之学（"足"）裁削成跟自己的意见（"屦"）一模一样的东西，经裁削之后"足""屦"不一定相合，但圣人之学已伤矣！这并不是朱一新一个人的意见，洪良品就曾拿康氏取用《史记》的材料为例来说明这种纵横出入、高下随心的态度。《翼教丛编》中洪良品给梁启超的一封信中说：

何以贵师必专据此书？（按：指《史记》）但于其中有合己意者，则曰铁案不可动摇，有不合己意者，则以为刘歆为窜入。[2]

《史记》《汉书》经过康有为的任意去取后，所载史实大部分被斥为伪事，故洪良品沉重地说：

在汉止有《史》《汉》二书，谓所载半皆伪事，则天下既无可据之经，又无可据之史。[3]

---

1 朱一新：《朱侍御答康有为第四书》，页32。

2 洪良品：《洪右丞给谏答梁启超论学书》，收入苏舆编：《翼教丛编》，页53。

3 洪良品：《洪右丞给谏答梁启超论学书》，页54。

《史》《汉》如此，经书更是如此，洪良品说经过康氏之摧破而中国"无可据之史"，自然不是过当之语。康、梁为何要造成广大的破坏力呢？叶德辉是这样猜测的：

> 康、梁倡为伪经、改制、平等、民权之说，于是六经去其大半，而学不必一年而成。[1]

我们很难坐实康、梁是为了"学不必一年而成"而毁六经之说。因他们"倡为伪经"主要是为了要达成"改制、平等、民权"的行动作准备，但此举却出现一个大吊诡——《新学伪经考》及《孔子改制考》虽都是考史之书，其基本态度及所达到的结果却是反历史的。他以崇古作为在现代变法改制的手段，其实际结果则是推倒了上古信史。难怪朱一新要说康、梁的尊圣运动是经书的厄运[2]，而叶德辉也说他们是"明为尊经，实则背经"[3]，激烈反对康、梁的余联沅（晋珊）更说：

> 其自序（按：指《新学伪经考》）有"刘歆之伪不黜，孔子之道不著"等语，本意尊圣，乃至疑经，因并疑及传经诸儒。[4]

1　叶德辉：《〈长兴学记〉驳议》，收入苏舆编：《翼教丛编》，页251。

2　朱一新：《朱侍御答康有为第二书》，收入苏舆编：《翼教丛编》，页21。

3　叶德辉：《正界篇》，页224。

4　余晋珊：《安晓峰侍御请毁〈新学伪经考〉片》（附余晋珊奏语），收入苏舆编：《翼教丛编》，页71。

过去所有指控康、梁疑经毁圣者大多不能说中其内心强烈的尊圣动机，而余联沅却用"本意尊圣，乃至疑经"八个字简要地把康、梁的"意图"与"结局"之间的吊诡性和盘托出。

我们都知道，传统主义者最后不可退让的据点是尊仰孔子。廖平、康有为、梁启超与他们的论敌在这一点上几乎是毫无分别的（如果有所分别的话，是廖、康、梁所塑造的孔子是前所未有的伟大，几乎变成了人格神）。而他们之间最大的不同在于：过去孔子是一个历史人物，但廖、康、梁却想将孔子发挥成"全知""遍在"的圣人，乃至以私智去斟酌孔子，在孔子的"躯壳"中填入他们所想鼓吹的内容，使得孔子脱离了它的历史实体，成为一个可以由后人任意决定其内容的空壳子。想使孔子"全知"也好，"遍在"也好，对廖平、康有为来说，都是为了更强化人们对孔子的信仰；但说孔子是"全知"的结果却反而使孔子的面目被不断变迁的现实境况所决定，丧失本身的客观性。说孔子"遍在"，不只为中国"制法"，且为全世界"制法"，也就等于将他的实体向全空间延伸，表面上看起来这是"张大孔子"，但实际的结果是使他完全失去了自己的独特性与自主性。孔子之道既然是博包的，故不与其他思想对立，甚至可以包容实际上与它相反的东西，这样一来，反而把孔子之道降低到和异说平等的地位，更使得孔子变成不可以有违反人类任何思想的可能性。而以上种种发展的最后结局都是解消上古信史。故当我们发现紧接着而来的，是一场翻天覆地的抹杀古代信史的运动时，丝毫不必感到意外。

七、《孔子改制考》之成立对今文经及先秦诸子信史性的破坏

　　前面已大致叙述了廖平、康有为、梁启超"本意尊圣，乃至疑经"吊诡性地摧毁了上古信史的情形了。这里想较深入地讨论康有为在这个破坏工作中扮演的角色。廖平的思想主要影响了康有为，但对后代造成巨大影响作用的，不能不推康氏的《孔子改制考》及《新学伪经考》。

　　康有为主要继承了清代今文家从刘逢禄—凌曙—陈立以至廖平逐步增强的经书微言化倾向，这个倾向到了康有为身上因为托古改制的需要而作了最彻底的发挥，其结果就有如公元11世纪在欧洲出现的以记号解《圣经》的潮流一样。[1]不过，值得强调的是：康有为不只是推倒六经中的古史，他还要把诸子书中的古史也一并推翻，《韩非子》的一段话给了他莫大的启示：

> 　　孔子、墨子俱道尧、舜，而取舍不同，皆自谓真尧、舜，尧、舜不复生，将谁使定儒、墨之诚乎？殷周七百余岁，虞夏二千余岁，而不能定儒、墨之真，今乃欲审尧、舜之道于三千岁之前，意者其不可必矣。[2]

在《孔子改制考》中这一段话反复地出现，足见其重视之一斑。因

1　见 Carl L. Becker, *The Heavenly City of Eighteenth-Century Philosophers*, p. 10。

2　康有为：《孔子改制考》，卷1，页3。原文见《韩非子·显学》。

为有这一重矛盾，使他敢于"藉诸子之纷呶以考太古之情状"。[1]他的理由是：

> （孔子及诸子）皆曰吾上祖述尧、舜、禹、汤、文、武云云，则当时诸子纷纷托古矣，然同托于尧、舜、禹、汤、文、武而相反若是。[2]

"诸子之纷呶"的问题实际上可以作好几方面的解释。设若是我们碰到这样一个问题时，至少可以从诸家的"纷呶"中选出何者是可靠的，何者是错误的；但康有为并不选择这一条途径，在他看来，这不是解决史学疑难的机会，而是在替儒学注入新活力时回避掉诸子的阻碍最好的机会；所以他宣称既然诸子所说的上古三代都不一样，那么一定是每家自创之说而非真有其事，一举将诸子学的信史性也抹杀了。所以我们决不可以为康有为辨伪经只到古文经为止，未敢进一步疑今文经及诸子。事实上，《新学伪经考》是全盘推倒古文经的信史性，而《孔子改制考》一书从深一层看即是全盘推倒今文经及先秦诸子的信史性。康有为又认为所有出土的地下史料都是刘歆集团伪造来配合他的造伪活动的，故几乎所有上古史料的信史性皆被他推翻了。

《新学伪经考》宣布所有古文经皆是刘歆所伪造，等于否定了全部古文经的历史真实性，这一点前面谈过，此处不再论。《孔子

1　康有为：《孔子改制考》，卷1，页3。

2　康有为：《孔子改制考》，卷4，页2。

改制考》的基本核心就是孔子写今文六经，与诸子一样进行托古改制，《孔子改制考》虽是以诸子及今文经的资料作为骨干写成的，但这只意味着他相信它们分别代表了孔子及诸子的思想，而并不意味着他相信今文经及诸子的信史性。事实上，正因他把今文经当成是孔子创教改制真正的计划书，故也就否定了今文经的信史性。因此在康氏心目中，不管是在古文经、今文经或先秦诸子中的史事都一样是伪造的。

这里先谈康氏抹杀诸子书中的信史性。在《孔子改制考》卷4中，康氏说："战国诸子无事不托古"[1]，"当周末诸子振教，尤尚寓言哉。"[2]又说："战国人自申其说，无往而不托之古人矣"[3]，"诸子皆随意托古人以成其说，不计事实也。"[4]譬如庄子，他说：

> 庄子寓言，无人不托，即老聃亦是托古也。[5]

又如管子，他说：

> 管子创经（按：应为"轻"）重，开矿学，亦托于禹、汤、

---

1 康有为：《孔子改制考》，卷4，页33。

2 康有为：《孔子改制考》，卷4，页2。

3 康有为：《孔子改制考》，卷4，页36。

4 康有为：《孔子改制考》，卷4，页41。

5 康有为：《孔子改制考》，卷4，页21。

伊尹、黄帝。[1]

甚至说：

> 管子创议院，亦托先王。[2]

管子是否有"创议院"的思想非此处所欲论，但我们可以确定康有为既说管子"托于禹、汤、伊尹、黄帝""托先王"，则《管子》中记载的上古史事不就全不可信了吗？康有为说墨子的托古技术与孔子一样好：

> 墨子托先王以非命，孔子之言命，亦何莫非托先王以明斯义哉？[3]

讲"非命"的人所援用的历史是假造的，讲"命"的人又何尝不假？孔子讲的大禹事迹是假的，而墨子讲的大禹事迹也一样是假的：

> 墨子多托于禹，以尚俭之故。禹卑宫室以开辟洪荒，未善制作之故，当是实事，故儒墨交称之。至孔子谓致美黻冕、墨

1　康有为：《孔子改制考》，卷4，页32。

2　康有为：《孔子改制考》，卷4，页34。

3　康有为：《孔子改制考》，卷4，页15。

子谓衣裳细布，黻无所用，此则各托先王以明其宗旨。[1]

康有为认为不管孔子或墨子笔下的大禹都是他们各自思想形态的反映，不必实有其事。《吕氏春秋》中曾提到神农的故事，康氏说：

（吕氏）所谓有为神农之言，神农荒远，安得有遗言乎？[2]

他说《吕氏春秋》之所以要把年代荒远的神农推出来完全是为了增加宣教的力量，不必实有其人其事：

寓言于谁，则少年不如耆艾，今人不如古人，耆古之言则见重矣。耆艾莫如黄帝、尧、舜，故托于古人以为重，所谓重言也。凡诸子托古皆同此。[3]

孔子、先秦诸子及刘歆，都在"托古改制"，也就意味着他们都在造伪，而尧、舜、禹就像箭垛一样，他们的事迹都是各家造伪累积而成的，一部大家熟悉的中国上古历史就成了"伪史"，而一部先秦学术史也就成了"造伪史"。

前面已提到过：由于在康有为看来，孔子也是晚周诸子之一，他跟诸子一样都创教改制，所以他写的（今文）六经更是"无往不

---

1 康有为：《孔子改制考》，卷4，页17。

2 康有为：《孔子改制考》，卷4，页37。

3 康有为：《孔子改制考》，卷4，页2。

托"。就因为今文六经全是孔子的手笔，所以今文经中所有的史事全是假的，他作此主张的理由跟廖平是一样的：

> 若《诗》《书》《礼》《乐》《易》皆伏羲、夏、商、文王、周公之旧典，于孔子无与，则孔子仅为后世之贤士大夫，比之康成、朱子尚未及也，岂足为生民未有、范围万世之至圣哉？[1]

清代今文经师虽提倡孔子作《春秋》"以加乎王心"，但多少仍有些保留，尚不敢像廖平、康有为彻底打通六经言之，把《诗》《书》

---

1 康有为：《孔子改制考》，卷10，页1。即使康有为肯承认今文经中的记载是真史，后人也很难根据它们重建上古历史；因为经康氏大力划削后，已到了朱一新所说的"学者几无可读之书"的地步。他说："如足下言《尚书》当读者仅有二十八篇，余自《周易》《仪礼》《公》《穀》《论》《孟》而外，皆当废弃，五经去其四，而《论语》犹在疑信之间，学者几无可读之书，势不得不问途于百家诸子。百家诸子之言，其果优于古文哉？"（见《朱侍御答康有为第四书》，收入苏舆编：《翼教丛编》，页33）依康有为的观点看，只有今文经是当读的，那么如果把所有现存的今文经典当作信史来处理，可能为上古史建立一个比较完整的轮廓吗？

陈澧曾引钟文烝《穀梁补注》的有趣统计，说《穀梁传》中所叙史事一共只有寥寥廿七件。[（清）陈澧：《东塾读书记》（台北：台湾商务印书馆，1965），页174] 难怪朱一新会说，想建立春秋史而不用《左传》，几乎是不可能的："然《毛诗》废矣，鲁、韩之简篇残佚，可使学者诵习乎？欲废《左传》，然《左传》废矣，《公》《穀》之事实不详，可使学者悬揣乎？"（《朱侍御答康有为第三书》，收入苏舆编：《翼教丛编》，页27）的确，如果只以《公》《穀》为依据来讲春秋史，则许多史事只能止于悬揣。朱氏说鲁韩《诗》是"简篇残佚"更是一点不夸张，因为后人辑得今文三家《诗》[见（清）钟谦钧辑：《古经解汇函》（台北：鼎文书局景印本，1974），第8册，页4465—4615]，真的是到了"除韩《诗》略存章句外，齐鲁已难于区别"的地步（叶德辉语，见《叶吏部辖轩今语评》，收入苏舆编：《翼教丛编》，页180），而康有为自己在《长兴学记》中虽特别提出要人习"六艺"，但却未列出一部经书作教材，而只是说了几句泛语 [康有为：《长兴学记》，收入《康南海先生文集》（台北：文海出版社，1975），第5册，页26—29]。

《礼》《易》都说成是造来寄托"王心"的产品。廖、康因想把孔子捧成"生民未有、范围万世之至圣",所以不以孔子只造一部《春秋》为满足。所以康有为说大家都知道《春秋》是孔子作的,但却无人能道出《诗经》也是孔子的手笔:

> 《春秋》之为孔子作,人皆知之;《诗》亦为孔子作,人不知也。[1]

所以《诗》三百篇与《春秋》都决不能当作历史文献。今文《尚书》的《尧典》《皋陶谟》《益稷》《禹贡》《洪范》……都是孔子手造以存"大经大法"的[2],故说:

> 《尚书》为孔子所作。
>
> 虽为文武之道,实是儒者之道,以此推之,二十八篇皆儒书,皆孔子所作至明。[3]

这里的"儒书"二字不能与寻常所见的"儒书"等看。因为《孔子改制考》中说"儒"在孔子之前是没有的,孔子创教乃用"儒"以名其教[4],故"儒书"即孔子所作之书也。此外,《仪礼》今文十七

1　康有为:《孔子改制考》,卷10,页3。

2　康有为:《孔子改制考》,卷10,页3。

3　康有为:《孔子改制考》,卷10,页4。

4　康有为:《孔子改制考》,卷10,页7。

篇亦"为孔子完文"[1]而决不是周公所创行之制[2],《丧礼》亦"为孔子所制作,而非禹、汤、文、武之制作也"[3],三年丧之制也是孔子所创,可惜当时不曾实行。[4]总而言之:

> 五经六艺之文,孔子为汉制之。[5]

"五经六艺之文"不但是孔子自造,而且是为汉预造的,所以五经六艺不只是计划书,还是预言书呢!几千年来为国人所憧憬的"三代",康有为也全盘否定了它的真实性,他说:

> 孔子欲裁成三代以为三统。[6]

故三代仅成了孔子解说"三统"理论的代号耳。大家笃信不疑的三代文明"皆藉孔子发扬之,实则茫昧也"[7],"虽名三代,实出(孔子)一家"。[8]

1　康有为:《孔子改制考》,卷10,页5。

2　康有为:《孔子改制考》,卷10,页7。

3　康有为:《孔子改制考》,卷10,页6。

4　康有为:《孔子改制考》,卷10,页6。

5　康有为:《孔子改制考》,卷10,页18。

6　康有为:《孔子改制考》,卷1,页5。

7　康有为:《孔子改制考》,卷1,页5。

8　康有为:《孔子改制考》,卷9,页5。

但康有为并不曾表示夏、商、周三代实际上不存在的。他只是说:"夏殷之事,茫昧无稽"[1],因为"茫昧无稽",所以孔子及诸子、刘歆都任意编造附会。譬如夏代的礼制,在《礼记·檀弓篇》上便言之凿凿;但康有为却说:

夏殷之礼皆无征,而仅得乾坤之义,夏时之等,何为尚有此琐碎丧祭之典,如《檀弓》所杂称引者?然则为儒者之称托何疑。[2]

夏朝既然是天地开辟未久之时,人民尚与野兽争地,怎可能有如此"琐碎丧祭之典"?故康有为判断它们是孔子为了寄托自己的理想而假造的。彻底打通后壁说,六经中所记载的夏、商、周三代的典制文物根本就是孔子思想系统中"忠""质""文"三统的符号而已。[3]

六经中关涉周代史事最多,康有为却宣称"周制亦茫昧矣","惟其不详,故诸子得以纷纷假托"。[4]但为什么以前的人会信誓旦旦地说六经中记载的周史是信史呢?康有为辩称那是因为刘歆的"伪经一出,而凡百制度遂归周制"[5],这也就意味着,我

---

1 康有为:《孔子改制考》,卷1,页4。

2 康有为:《孔子改制考》,卷11,页4。

3 康有为:《孔子改制考》,卷11,页6。

4 康有为:《孔子改制考》,卷1,页4。

5 康有为:《孔子改制考》,卷9,页9。

们过去所熟悉的周代历史几乎全是刘歆伪造的。他认为中国的信史，应该从秦开始[1]，此举一下子便将中国信史缩短了将近两千年。

接着看康有为如何否定历史上的圣主明君黄帝、尧、舜、文王的事迹。相传黄帝活至三百岁，康有为说：

> 黄帝者，人耶，抑非人耶？何以至于三百年乎？[2]

又说：

> 黄帝之言，皆百家所托。[3]

本来"黄帝者，人耶，抑非人耶？何以至于三百年乎？"是脱胎自《大戴记·五帝德》的"宰我问于孔子曰：'昔者予闻诸荣伊言：黄帝三百年，请问黄帝者人耶？抑非人耶？何以至于三百年乎？'"这段旧话在此出现，仍旧有它的破坏力。《泰伯》篇上说尧"荡荡乎民无能名焉"，康有为说那并不是说尧伟大至无法形容，而是因为"尧无政，传安能名之"[4]，其口气与顾颉刚在《讨论古史答刘胡二先生》中所说的"这几个人（尧、舜、禹）的事迹是没有什么确实

---

1 康有为：《孔子改制考》，卷1，页4。

2 康有为：《孔子改制考》，卷11，页12。

3 康有为：《孔子改制考》，卷1，页4。

4 康有为：《孔子改制考》，卷12，页6。

的记载的，你要那样说就可那样说"[1]，何其相似！尧既然"无政"，那么《尧典》中的事迹怎么来的？康有为说"《尧典》一字皆孔子作"[2]，又说"《尧典》为孔子之微言，素王之巨制，莫过于此"[3]，故过去一直当成信史看的尧帝事迹实际上是孔子造的。孔子之所以要造《尧典》正是为寄托"民主""议院"之思想：

> 惟《尧典》特发民主义。自"钦若昊天"后即舍嗣而巽位，或四岳共和……格文祖而集明堂，辟四门以开议院。[4]

我们当然知道：不是孔子真的想造《尧典》以寄托"开议院"之理想，而是康有为想"开议院"，而又将这理想注入孔子"躯壳"中。《尧典》是孔子造的，记载舜帝事迹的，《虞书》也是"孔子手作"[5]。依他下面这一段话看，尧、舜根本是洪荒时代的两个人：

> 盖古者大朝，惟有夏殷而已，故开口辄引以为鉴，尧、舜在洪水未治之前，中国未辟。[6]

1　顾颉刚：《讨论古史答刘胡二先生》，《古史辨》，第1册，页130。

2　康有为：《孔子改制考》，卷12，页5。

3　康有为：《孔子改制考》，卷12，页5。

4　康有为：《孔子改制考》，卷12，页5。

5　康有为：《孔子改制考》，卷12，页1。

6　康有为：《孔子改制考》，卷12，页1。

既然是洪水未治以前的人，怎么可能发展出"民主""议院"的思想呢？其为孔子"手作"无疑。孔子在经书上造尧、舜，孟子也在他的书中造尧、舜，康有为甚至说"孟子之尧、舜即孔子也"[1]。他认为从先秦以迄春秋战国就这样层累不断地造下去。

康有为又说经书中一再出现的文王实际上是有两个：一个是周文王，一个是孔子笔下的文王。[2]历史的文王不重要，经书上出现的文王则全是孔子的反身代名词。他再三地谈到这一点：

> 文王所以为文，即孔子也。[3]
> 孔子改制后，弟子后学皆称文王。[4]

孔子不是真王，故自号为文王以寄王法：

> 文王但假为王法，非真王也……文王为谁，非孔子而何。[5]

故凡是经书中说到文王治迹，实际上即是孔子的政见，历史上所谓文王的"仁政"，即是孔子想行的仁政。《孔子改制考》卷十二上即

1　康有为：《孔子改制考》，卷12，页10。

2　康有为：《孔子改制考》，卷12，页7。

3　康有为：《孔子改制考》，卷12，页13。

4　康有为：《孔子改制考》，卷12，页15。

5　康有为：《孔子改制考》，卷12，页7。

有一条说：

> 文王之政，即孔子井田学校之仁政也。[1]

总而言之，"六经中先王之行事，皆孔子托之以明其改作之义"[2]，孔子创造出他们的事迹是为了"易当世"[3]，孔子在想达升平世时，"托文王以行君主之仁政"，想达太平时，"托尧、舜以行民主之太平"[4]，故孔经中所记载都"不必其为尧、舜、文王之事实也。"[5]

流传两千年的圣朝、圣王史迹皆经康有为一一化为孔子寄托其理想的代号。从刘逢禄以《春秋》为"薪蒸"，到凌曙的"(《春秋》) 其事实不足系有无之数"、到陈立之"十二公皆筌蹄"，再到廖平、康有为、梁启超，中国传统信史已被"意外地"摧毁殆尽了，难怪康有为要笑被目为疑古急先锋的崔述"乃为《考信录》以传信之（按：指经书中的上古史事），岂不谬哉？"[6]康有为真正想讲的是经书子书乃至出土实物中的上古历史全部是假造的，复何"信"可"考"乎？ 1923年轰动一时的顾颉刚《与钱玄同先生论古史书》中说的：

1　康有为：《孔子改制考》，卷12，页13。

2　康有为：《孔子改制考》，卷11，页11。

3　康有为：《孔子改制考》，卷11，页11。

4　康有为：《孔子改制考》，卷12，页1。

5　康有为：《孔子改制考》，卷12，页2。于卷11页4复云："《五帝德》及《帝系姓》皆孔子所定。"

6　康有为：《孔子改制考》，卷1，页1。

古代的史靠得住有几？崔述所谓"信"的又何尝是信？¹

顾氏这段话几乎就是从他自谓熟读的《孔子改制考》第1卷转手而来的。²

在这一章中已大致将《孔子改制考》中否定古代信史的论点介绍过了，这里试着做一点回顾：既然今文经书中的史事都是孔子虚构"以加乎王心"的，古文经书中所有史事都是刘歆伪造以佐王莽篡窃的，诸子书又是诸子伪造来达到创教改制之目的，连《说文解字》也都是"党伪"之书，不就等于宣布上古信史全不可信，全部都有重新检讨的必要？这是《古史辨》广泛检讨上古信史的一个精神源头。很多过去被视为理所当然的故实，此时皆重新被一一检视。如《易经》经顾颉刚检讨后，便提出系列触目惊心的结论：没有尧、舜禅让的故事，没有圣道的汤、武革命的故事，没有封禅的故事，也没有观象制器的故事。像这些论题，并不全是康有为或廖平所提出过的。但是上古信史既然经廖、康全盘抹杀，所有的上古史料在新一代史家们眼中便有了与前人完全不同的意义。所以新一代史家据以推翻旧史的文献仍是非常传统的，但却得出令人惊异的结论来。因此，那是史观的改变，而不是史料的改变。这一方面说明了为什么古史辨运动竟然不是以庞大新史料的出土，或是累积了相当数量的细部辨伪工作作为起点；两方面说明了为什么康有为用"托古"二字所否定的史事到了顾颉刚等人手上便变成了

---

1 顾颉刚：《与钱玄同先生论古史书》，页65—66。

2 顾颉刚：《古史辨·自序》，页26。

"造伪"了。

顾氏转手自廖平、康有为的观念极多，如他于1930年在《阮元明堂论》中所说的："清代学者号称核实，然以其信古之笃也，'礼学'虽极发达，不过将古人乱造之伪事与可笑之曲解整理之，傅会之，使其成一系统耳；按之实际，则对于古代制度仍茫无闻知。……故清人之礼学，比于斫冰之业，甚劳而无功者也。"又说:"《论语》言文献无征，《孟子》言诸侯去籍，古代之礼制早亡矣。今一检《礼书纲目》《五礼通考》诸书，则古礼之完整无以异于当代之政典，岂孔、孟之言欺我哉? 将无孔、孟以后之儒者不甘其亡佚，日为补缀，使将丰盈至此乎?"[1]这两段话与前面谈到的廖平、康有为对清儒考证学的批评，不是正相仿佛吗!

---

1 顾颉刚 :《阮元明堂论》，页13。

第四章　顾颉刚与古史辨运动之兴起

一、顾颉刚对康有为吊诡式的继承

在前面两章中已大致叙述廖平、康有为为了尊孔及托古改制，对古代经典及历史所作的种种独特的解释。此举有三个吊诡性的结果：第一是否定了所有上古信史；第二是将两千年来的儒学视为"伪学"，反而使人觉得孔子思想与中国历史发展完全无关；第三是将整个儒学传统孤立到孔子这一个点上，故只要有人朝孔子攻击，整个儒学传统的尊严便会立时跌得粉碎。事实上在《新学伪经考》（1891）及《孔子改制考》（1897）出版九年后，章太炎就写成丑诋孔子的《诸子学略说》（1906），动手作最后一击了。（以下谈到《新学伪经考》及《孔子改制考》时合称《二考》）

故在清末造成儒家式微的关键人之一，竟然就是最想保住儒学权威的康有为，使孔子的尊严一蹶不振的人之一，竟就是对他最忠实的拥护者康有为。康有为的论敌朱一新不是早就侦破了这一点吗？他说"孔子厄于康、梁"，真是一语中的。但因为康有为与儒学权威崩溃的关系是吊诡性地发生的，使得后来的人不很容易承认这一层关系。即以康氏和古史辨运动的关系为例，他对这个史学运动的影响也并不是"有意识地"发生的。

康有为的《二考》虽都是以考证的姿态出现，但都不是有意地要从事史学研究，故即使他的《新学伪经考》《孔子改制考》影响到后来的史学研究，也许亦非康有为始料所及的。本来，不同的精神可以依附在同样的结构里，为了尊孔而推倒信史和为了重建真正的上古史而推倒传统信史就是两种精神依附在一个同样的结构中。但这一现象在当事人却不一定能看出来。像顾颉刚是对康有为的著作浸淫很深的人，有时却还以为康有为真的是在为研究而研究，他在《古史辨》第1册《自序》上说：

> 长素先生受了西洋历史家考定的上古史的影响，知道中国古史的不可信，就揭出了战国诸子和新代经师的作伪的原因，使人读了不但不信任古史，而且要看出伪史的背景，就从伪史上去研究，实在比较以前的辨伪者深进了一层。[1]

他虽清楚在康有为的《新学伪经考》《孔子改制考》书后有相当复杂的背景，但仍误以为他受了西洋上古史研究的启迪才写出这两部书。不过他已道出这两部书使人读了"不但不信任古史，而且要看出伪史的背景"了。也正因为康有为与顾颉刚是分属不同范畴的人物——一个是政治企图极强的经学家，一个是史学家，我们不免要问，康有为写《二考》的主要目的是要人家认同他的变法改制，而不是要从事什么严格的史学讨论，那么他与后来新的历史潮流有什么关系？其实历史发展之所以值得深探也正就在此复杂曲折之处。

---

1 顾颉刚：《古史辨·自序》，页78。

在历史上，不同意图所产生的事件时常形成因果继承的关系。问题不在于他们的工作是否属于同一个范畴、是否出于同样的意图，重要的是某一意图实际上所造成的结果，及同时代的人，或后人对这个结果的解释。解释学（Hermeneutics）强调作品写成后即有它自己的生命，而且重视阅读者的领会与再创造（即所谓"读者反应论"），在思想的递演过程中，继承者对原来思想的解释与再创造也是很值得注意的。所以康氏为了政治运动而写的经学书籍，在钱玄同、顾颉刚等人是把它当作史学著作来解释与继承的（虽然他们也都意识到康氏的书有某种政治目的），这种再解释的现象显然不是康有为所能预为决定的。我们看顾氏的一段话便知道他是把康有为的说经之书当作史学著作来领受的。他说：

> 经今文学运动的兴起……这虽然在表面上应该是经学的问题，但在骨子里，对于史学实有很密切的关系。[1]

他也并不是不知道康氏著书是为了政治宣传，在《论康有为辨伪之成绩》中他说：

> 康氏为人，盖政客而非学者，其著书目的，但欲借孔子之名以造成其主教之地位，由此动机观之，至无足论；然其书固不可易也。古文学之伪，就彼搜集之材料观之，证验确凿，

1　顾颉刚：《经今文学的兴起与贡献》，《当代中国史学》（香港：龙门书店，1964），页40。

不可逃遁。[1]

但是这一点并不妨碍他承认其书在史学上的客观价值。他也谈到应该继承康氏的结论，但舍弃他的宗旨：

> 然吾人之法虽可取资于康氏，而宗旨迥然不同。康氏之道，言教也，欲求得一信仰之对象。[2]

这种不同意图之间的转接，周予同也敏锐地看出了。他说：

> 康氏著作的目的在于假借经学以谈政治；但康氏著作的结果，却给予史学以转变的动力，破坏儒教的王统与道统，夷孔子与先秦诸子并列，使史学继文字学之后逐渐脱离经学的羁绊而独立；而且在史学独立的过程中，逼使康氏走上时代落伍者的宿命的路。[3]

1　顾颉刚：《论康有为辨伪之成绩》，《国立中山大学语言历史学研究所周刊》，11集，123—124期（1930年3月），页13。

2　顾颉刚：《论康有为辨伪之成绩》，页14。

3　周予同：《五十年来中国之新史学》，朱维铮编：《周予同经学史论著选集》，页523。但是康有为与顾颉刚之间仍是有些重大转换的。一方面是康氏的今文家派意识被顾氏完全摆落了，一方面是康有为尊孔的意图非但被顾氏遗忘，而且还遭到批判。清代今、古文两家的最后大师康有为、章太炎对顾氏的史学观点都有重大影响。可是，他们的家派意识都被打破了。而且顾氏还超越了他们的限制，利用两家互攻的漏洞发展出他的优势。在这一方面对他启发最大的是钱玄同。难怪一直到1965年冬和1966年春，顾氏在北京香山疗养院对何启君作口述时，坚持是钱玄同要他重新清理今古文之争的公案，造成了他辨古史的动机。他的回忆是这样的："钱玄同，搞的是汉学，（转下页）

所以康有为虽然是个政客，但是政客的书一样可能影响到后人的史学研究方向，不同意图下的产物固然常常漠不相关，但它们也有接合在一起的时候。因与果之间有无限种联接方式，而且它们之间的关系也不是永远不变的，而是随着每一个别案例而有所不同。

（接上页）即汉朝对于古老的经书之研究。由于发生了古文与今文二派，把经学弄乱了。到底何者是正确的？清人研究了二百年。钱玄同又接着干。他见到我以后，想以我来代替他完成这一研究。于是许多汉学的大问题，同我谈说。"［顾颉刚口述，何启君整理，《中国史学入门》（香港：中国图书出版社，1984），页53］这里所谓"汉学的大问题"大致是些什么呢？由《秦汉的方士与儒生·序》上记1920年钱玄同告诉顾颉刚的话大致可以考察出来——"今文家攻击古文经伪造，这话对；古文家攻击今文家不得孔子的真意，这话也对。我们今天，该用古文家的话来批评今文家，又该用今文家的话来批评古文家，把他们的假面具一齐撕破。"（顾颉刚：《秦汉的方士与儒生·序》，页7）顾氏自述他听了这番话觉得眼前仿佛打开一座门："这番议论从现在看来也不免偏，偏在都要撕破，容易堕入虚无主义。但在那时，当经学家在今、古文问题上长期斗争之后，我觉得这是一个极锐利、极彻底的批评，是一个击碎玉连环的解决方法，我的眼前仿佛已经打开了一座门，让我们进去对这个二千余年来学术史上的一件大公案作最后的判断了。"（顾颉刚：《秦汉的方士与儒生·序》，页7）足见在顾颉刚古史观的形成过程中，钱玄同扮演了相当重要的角色。

钱玄同原是章太炎的得意门生，但后来却倒向今文阵营，受到康有为《二考》极大的影响。我们只要读到他们二人的论学书信（见《古史辨》，第1册）便可以发现在顾氏晴天霹雳似的宣布大禹是爬虫类，尧、舜皆是子虚乌有之人前，钱玄同如何再三地以康有为的旧说为号召了；在1923年2月9日的一封信上，钱玄同勉励顾颉刚一起勇敢负起"离经畔道"的责任时便说："康有为之《新学伪经考》，至今痛诋之者还是很多，因为推倒'群经'，他们总认为'宜正两观之诛'也。然正惟其如此，咱们所肩'离经畔道'之责任乃愈重。"（《古史辨》，第1册，页52）钱玄同虽然主张要对今、古文家"一起撕破"，但他心目中的"离经畔道"却还是指顺着《新学伪经考》的论点去疑古文，顺着《孔子改制考》去疑今文，故当顾颉刚于十六天后（1923年2月25日）提出举世惊骇之说时，他复帮他坐实说："尧、舜这两个人，是周人想像洪水以前的情形而造出来的；大约起初是民间底传说，后来那班学者便利用这两个假人来'托古改制'。"（钱玄同：《答顾颉刚先生书》，《古史辨》，第1册，页67）

钱、顾二人同受康有为的影响，但在推倒上古信史的工作上，钱氏对顾颉刚发挥很大的支持力量。

此处还应一提的是：古史辨运动不是在史料上有了什么重大发现所引发的，而是处理史料的方法与心理有了重大的不同才导出的，所以用"旧史料新心理"来形容是大致不错的。关于这一点，顾颉刚在《古史辨·自序》中作了现身亲证：

有了一种新的眼光再去看书时就满目是新材料了。[1]

他又以对尧、舜与桀、纣事迹的研究为例来说明这一种"新眼光"：

我们只要用了角色的眼光去看古史中的人物，便可以明白尧舜们和桀纣们所以成了两极端的品性，做出两极端的行为的缘故，也就可以领略他们所受的颂誉和诋毁的积累的层次。只因我触了这一个机，所以骤然得到一种新的眼光，对于古史有了特殊的了解。[2]

在上面这段引文中顾氏强调他触了一个"机"，到底是什么样的"机"呢？自然是"层累造成说"这个新眼光。

正是因为新眼光的出现全盘改变上古史观念，所以顾颉刚不是一件事接着一件事去考辨，然后才作出"禹是爬虫类"、中国历史起于东周等等这类结论的。因此，我们讨论这个运动时，如果只是个别探讨哪一本书事实上是早经怀疑过的，哪一件事也是过去便

1　顾颉刚：《古史辨·自序》，页55。

2　顾颉刚：《古史辨·自序》，页41。

经考辨过的，而把古史辨当作另一次规模比较大的同类活动，那是没有重大意义的。事实上，单独发现某一本书的某一部分系前人伪造，或某一件史事靠不住，并不一定会导致像古史辨这样巨大的运动。否则难以解释：为什么在中国长远的辨伪史上，不断累积如此庞大的材料了（张心澂的《伪书通考》及郑良树的《续伪书通考》搜罗颇富），却不曾爆发过像古史辨那样一下子要把历史截断两千年的运动。[1]

事实上，疑古活动是与历史一样久远的。

古史辨运动在中国疑古史上之所以特别的突出，倒不只是因为在否定古书古史的程度上有轻重广狭之别，而是古史辨一开始就带有全盘"抹杀"上古信史的精神——在还没有逐步地检视每一件史事（或大部分重要史事）前，就先抹杀古书古史。而这个精神主要便是承继清季今文家的历史观而来的。

本来研究思潮的传承与推移就是相当棘手的事，因为某人对某事有什么样的影响通常很难论定，有时甚至是无形迹可求的，可是思想史研究中如果不能在这方面有所用心，毕竟是一种遗憾。在这里必须特别强调：谈论以康有为为代表的清季今文家与古史辨之关系，不是要说前者导致了后者的兴起，也不是说"古史辨的兴起完全是康有为的某种影响所造成的"，而是要确定，前者在

1　辨证某书的年代或作者为伪，和坚持其书所载史事一切为伪是两回事。中国的辨伪传统自然是与《古史辨》有相当程度的关系的，这可以很轻易地从辑录在《古史辨》第1册上编那一批顾颉刚与胡适讨论编印《辨伪丛刊》的信件中看出。尤其是姚际恒的《古今伪书考》、崔述《考信录》及郑樵的《诗辨妄》为最重要。这一批信件大抵写于1920年11月到1923年2月之间。同时他们也在讨论《红楼梦》问题，积下二十七封信，于1981年由顾颉刚的助手整理发表。

古史辨运动"质的形成"（qualitative formation）与"量的扩张"（quantitative expansion）之过程中是否扮演一个角色，如果是，其程度如何？以及古史辨运动中哪些具体的事实可以归诸前者的影响？从以下的讨论中，我们可以发现以康有为为代表的晚清今文学家除了对古史辨有整体概念的启发外，事实上还有许多个别相仿佛（analogy）的论题及观念存于二者之间。此处试着在七大册《古史辨》、多达三百五十篇的论文中，区别其主从轻重，归纳出下面五个主题，它们分别是：（一）禹的问题与中国古史系谱，（二）经书历史性与伦理性的冲突，（三）五德终始说与古史系统的大整理，（四）先秦诸子的历史背景，（五）层累造成说的变形——"神话分化说"。我们还可以发现：这五个论题大多与刘逢禄的《左氏春秋考证》、康有为的《孔子改制考》《新学伪经考》及崔适的《史记探原》等书有密切的关系。

二、禹的问题与中国古史系谱

（一）禹是爬虫类吗？

古史辨中的第一场论战是"禹"的问题。我们如能回溯康有为对禹的历史所作的讨论，或许不会对这一论争的内容感到太过震惊。

《康南海自订年谱》中"光绪十二年、二十九岁"条记下了一件他思想生涯的重大转变：

是岁……以经与诸子，推明太古洪水折木之事，中国始于夏禹之理，诸侯犹今土司，帝霸乘权，皆有天下，三代旧事旧制，犹未文明之故。[1]

他自道这个革命性的发现是"以经与诸子推明"而得的，也就是我们前面一再说过的以经的古史观与子的古史观相校而得。在这新的上古史观中，他破天荒地将大禹视为中国最古之人。把这个想法往前推一步，不正意味着过去国人熟极而流的黄帝、尧、舜是子虚乌有之人物吗？后来他撰写《孔子改制考》便继续发挥禹是洪水退后不久的人物：

洪水者，大地所共也，人类之生，皆在洪水之后，故大地民众皆菑萌于夏禹之时。[2]

既然禹是大地民众初"菑萌"之时的人，那么禹与五帝三王五伯又何尝有礼乐文明？所以他说我们对五帝三王五伯所有的了解都是前人伪造的：

夏启当天地开辟时，安得盛琴瑟钟鼓与？五帝三王五伯皆托也。[3]

1　康有为：《康南海自订年谱》（台北：文海出版社，1975），页17。

2　康有为：《孔子改制考》，卷2，页1。

3　康有为：《孔子改制考》，卷4，页35。

禹既为洪水退后初生之民，则其神圣性被摧毁，一降而为野蛮时代的原始人。这跟后来顾颉刚在古史辨开始时的《与钱玄同先生论古史书》中所宣扬的历史观念是类相仿佛的。

古史辨运动在一开始便是来势汹汹的，不过当时并不一定意识到一个年轻助教的一篇文章会引燃一场漫天的大火，顾颉刚于1923年5月6日在《读书杂志》发表的《与钱玄同先生论古史书》晴天霹雳般宣称：

> 禹，《说文》云，"虫也，从内，象形。"内，《说文》云，"兽足蹂地也。"以虫而有足蹂地，大约是蜥蜴之类。我以为禹或是九鼎上铸的一种动物，当时铸鼎象物，奇怪的形状一定很多，禹是鼎上动物的最有力者；或者有敷土的样子，所以就算他是开天辟地的人。……流传到后来，就成了真的人王了。[1]

同时，他又像《楚辞·天问》般对几个上古史的问题自问自答，它们分别是：

  （一）禹是否有天神性？

  （二）禹与夏有没有关系？

---

[1]　顾颉刚：《与钱玄同先生论古史书》，页63。禹是整部《古史辨》最关键的问题之一。施耐德（Laurence A. Schneider）很正确地指出："禹的传说对顾特别重要，因为它是三代盛世构造的基石，也因为禹是远古最具有神授能力的人物"，见 *Ku Chieh-Kang and China's New History* (Berkeley: University of California Press, 1971), p. 223。此处是采用好友梅寅生先生的中译，见梅寅生译：《顾颉刚与中国新史学》（台北：华世出版社，1984），页248。

（三）禹的来源在何处？

（四）《禹贡》是什么时候作的？

（五）后稷的实在如何？

（六）尧、舜、禹的关系如何？

（七）《尧典》《皋陶谟》是什么时候作的？

（八）现在公认的古史系统是如何组织而成的？[1]

这八个问题企图把过去约定俗成的一段上古历史系谱从朝代与朝代之间的接榫点完全拆散开来重新检查。他对这八个问题概括的回答是这样的：在比较可以相信的文献——西周中叶宋人所作的《商颂》中，禹是一个神，可是到了鲁僖公时变成人了，而且开始说后稷是"缵禹之绪"。但为什么不说他缵黄帝或尧、舜的绪呢？因当时并没有黄帝、尧、舜其人，那时最古的、有天神性的人王只有禹。[2]禹和夏本来是漠不相关的，当时只认禹是开天辟地的人，夏桀是被汤征诛的人[3]，但因为禹出于九鼎，而九鼎是夏铸的，商灭了夏搬到商，周灭了商搬到周，当时不过因为它是宝物，所以搬来搬去，但经过了长时间的递传，大家对它就有了传统的观念，以为凡是兴国都应取九鼎为信物，一有了传统的观念，就要追溯以前的统，知道周取自商，商取自夏，自然夏、商、周会联成一系。成了一系，于是商汤不由得不做夏桀的臣子，周文王不由得不做殷纣的

1　顾颉刚：《讨论古史答刘胡二先生》；刘掞藜：《讨论古史再质顾先生》，页105—150、151—186。

2　顾颉刚：《与钱玄同先生论古史书》，页62。

3　顾颉刚：《与钱玄同先生论古史书》，页63。

臣子了。他们追溯禹出于夏鼎，就以为禹是最古的人，应作夏的始祖了[1]，这个解释是以"九鼎"为线索贯串出来的。

《论语》与《商颂》一样，是顾氏用来判断古代的上古史观的发展情况的依据。他说："在《论语》之后，尧、舜的事迹编造得完备了，于是有《尧典》《皋陶谟》《禹贡》等篇出现。有了这许多篇，于是尧与舜有翁婿的关系，舜与禹有君臣的关系了。"[2]一些重要的上古史人物间的关系被他彻底拆开。那么怎样解释后世所知那些井井有条的系统呢？他说："从战国到西汉，伪史充分的创造，在尧、舜之前更加上了多少古皇帝。于是春秋初年号为最古的禹，到这时真是近之又近了。自从秦灵公于吴阳作上畤，祭黄帝……经过了方士的鼓吹，于是黄帝立在尧、舜之前了。自从许行一辈人抬出了神农，于是神农又立在黄帝之前了。自从《易系辞》抬出了庖牺氏，于是庖牺氏又立在神农之前了。自从李斯一辈人说'有天皇，有地皇，有泰皇，泰皇最贵'，于是天皇，地皇，泰皇更立在庖牺氏之前了。自从《世本》出现硬替古代名人造了很像样的世系，于是没有一个人不是黄帝的子孙了。"[3]顾颉刚总结这个上古系谱成立的过程说：

时代越后，知道的古史越前；文籍越无征，知道的古史越多。

1　顾颉刚：《与钱玄同先生论古史书》，页63。

2　顾颉刚：《与钱玄同先生论古史书》，页64。

3　顾颉刚：《与钱玄同先生论古史书》，页65。

在顾颉刚的《与钱玄同先生论古史书》刊出后两个月，刘掞藜（1899—1935）于1923年7月1日也在同一本《读书杂志》上刊出《读顾颉刚君〈与钱玄同先生论古史书〉的疑问》，他集中在两点上反驳：

（一）他主张禹没有天神性。他说即使把"禹敷下土方"的"下土"和"上天"相对而言，并不见得会有"禹是上帝派下来的神不是人"的意思。

（二）对于顾氏以《论语》《诗经》中有无记载而衡断历史人物的有与无感到不满。他说：

> 顾君何以又说"《生民》是西周作品，在《长发》之前，还不曾有禹的一个观念"呢？因用不到牵入禹的事而不将禹牵入诗去，顾君乃遂谓作此诗的诗人那时没有禹的观念，然则此诗也用不到牵入公刘、太王、王季、文王、武王而不将公刘、太王、王季、文王、武王牵入诗去，我们遂得说《生民》作者那时也没有公刘、太王、王季、武王的观念吗？于是我们可进一步而说《閟宫》也是因为用不着说到后稷缵黄帝、尧、舜的绪，所以没有牵他们进诗去。顾君因为《閟宫》作者没有牵他们进诗去，遂说"那时并没有黄帝、尧、舜"；然则《閟宫》也没有牵成王、穆王、隐公、桓公进去，我们遂得说那时也并没有成王、穆王、隐公、桓公吗？

顾氏又说《长发》《閟宫》中没有将"夏""禹"连称，所以认为他们之间没有关系，刘氏对此亦表示不可思议[1]，他已经很敏感觉察到顾氏论证过程中有一个潜在的预设。当顾氏宣称《尧典》及《皋陶谟》是在《论语》之后编造出来时，刘氏再度看到这个预设的影子：

> 今顾君只因没有看见重重复复地将尧、舜、禹的事实写上，遂以为《尧典》《皋陶谟》《禹贡》是在《论语》之后编造完备，那末，我们也没有看见《诗经》上诗篇重重复复地写在《论语》里，我们遂可说"在《论语》之后，后稷、文王、武王的事迹编造完备了，于是有《生民》《大明》《皇矣》等等出现"吗？[2]

在《与钱玄同先生论古史书》的深层中，刘氏的确是一再看到了一个难以名之的架构的：

> 《论语》上孔子不举舜作例以答问孝的门人，这是孔子不好举例的惯性，并不足以引来证明有《论语》后才有《尧典》……若果如顾君所说，则孔子对于以上种种的问，也从没有举过《商书》《周书》《大雅》《小雅》那些讲仁德、讲为政、讲使民、讲稼穑、讲孝友、讲做人、讲君子、讲礼义、讲

---

1 刘掞藜：《读顾颉刚君〈与钱玄同先生论古史书〉的疑问》，《古史辨》，第1册，页84—86。

2 刘掞藜：《读顾颉刚君〈与钱玄同先生论古史书〉的疑问》，页88—89。

　　　　　　　　　　　　　　　　古史辨运动的兴起

临民的人物或言语作例，难道我们遂可以为《商书》《周书》
《大雅》《小雅》出于《论语》之后吗？ [1]

这里原原本本地抄下几段刘掞藜驳顾颉刚的文字，是为了说明：刘
氏所攻击的重点与过了将近两年之后张荫麟（1905—1942）所攻击
的重点是一样的。张荫麟说顾氏滥用"默证"，凡《诗经》与《论
语》上所没说的即认为无其人或无其事（详后），而刘氏上面所提
的种种疑问，也是同样一个疑惑：难道《诗经》《论语》所未提到
的，便都是后人伪造的吗？顾氏潜在的思想结构中是只相信《论
语》与《诗经》中的几篇所反映的上古历史，所以凡此二书中所无
的俱为假，俱为后出，这样的思想结构与崔述只"考信于六艺"很
相仿佛。但崔述采信得广，顾氏只收缩到几篇诗与《论语》上。这
个结构从张荫麟看起来，是滥用"默证"，从刘掞藜看来，是只承
认记载在《论语》《诗经》中的古史才靠得住，其余全假。如果再
添一面看，则是把《论语》与几篇诗以外的古史都视为后人刻意伪
造的结果。这一点我们随后还要谈到。
　　胡适的族叔胡堇人的《读顾颉刚先生论古史书以后》与刘文
刊在同一期《读书杂志》上，他的论点与刘掞藜大抵相近似，而又
更为简略。他在这篇文章中一再坚持一个态度："我以为古史虽然
庞杂，但只限在尧、舜以前。若尧、舜以后的史料，似乎比较稍近
事实。" [2]

1　刘掞藜：《读顾颉刚君〈与钱玄同先生论古史书〉的疑问》，页91。

2　胡堇人：《读顾颉刚先生论古史书以后》，《古史辨》，第1册，页95。

顾颉刚在答复刘掞藜、胡堇人的《讨论古史答刘胡二先生》中,仍然坚持他的禹有天神性,而且是一种动物的旧说。但这时因为发现九鼎不可能铸于夏代,所以,他对于先前所说的"禹为动物、出于九鼎"的后半句已经放弃了,他说:

> 我所以要修正这条假定之故,因为九鼎不铸于夏代,禹说才起于西周的中叶,已有坚强的理由了。
>
> 至于九鼎的来源,我以为当是成王建立东都时铸下的大宗器。[1]

他把禹神话出现的时间再往后拉,将其时间和九鼎铸成时间同定在周成王以后。他说:"对于禹的来历很愿意再下一个假定:'禹是南方民族的神话中的人物。'"[2]为什么要说禹出于南方?那是因为楚越间因地土的卑湿,积水泛滥成灾,故有宣泄积水的必要。因草木的畅茂,有蛟龙的害人,故有焚山泽,驱蛇龙的需要,有了这种需要,很利于禹益治洪水神话的发展与传播,他认为,禹之出于南方民族,这是一个很重要的证据。[3]禹神话"自越传至群舒(涂山),自群舒传至楚;自楚传至中原。流播的地域既广,遂看得禹的平水土是极普遍的;进而至于说土地是禹铺填的,山川是禹陈列的,对

1　顾颉刚:《讨论古史答刘胡二先生》,页120。

2　顾颉刚:《讨论古史答刘胡二先生》,页121。

3　顾颉刚:《讨论古史答刘胡二先生》,页123。

于禹有了一个'地王'的观念。"[1] 就是因为铺填土地，陈列山川不可能是人力所能做到的，所以当刘掞藜一再强调禹没有理由是一个天神时，顾颉刚反问他道：

> 若禹确是人而非神，则我们看了他的事业真不免要骇昏了。人的力量怎能毂铺土陈山？就说敷土是分画九州，甸山是随山刊木，加以疏瀹江河，试问这事要做多少年？在"洪水横流，禽兽逼人"的时候又应做多少年？[2]

对于这个诘问，刘掞藜的回答是：禹并非一人治水，依照古文献显示，他的治水是得到天下人民帮助的。[3] 在这一来一往的论辩中，双方都没有被说服。不过我们可以发现顾颉刚显未有效地回答刘氏质问的重点：为什么《诗经》与《论语》所无的史事俱属伪造或不可信。

另外一个论辩主题是关于禹字的训解问题。许多人质问虫名难道便不能作人名？用虫名作名字的人，就属子虚乌有吗？刘掞藜、绍来及张荫麟对此有相当一致的意见。刘氏指出：

> 无论夔兽为几足，亦无论夔为魋兽，古今以鬼以兽等等名人者多矣……今以铸鼎象物的夔是兽形，遂证夔为罔两为

1　顾颉刚：《讨论古史答刘胡二先生》，页127。

2　顾颉刚：《讨论古史答刘胡二先生》，页111。

3　刘掞藜：《讨论古史再质顾先生》，页181。

兽，先生亦可以彝器上的虎豹……蛇鲤……趸驼……系属兽形鱼形虫形，遂证於菟、郤豹……祝鮀、孔鲤……公孙虿、郭橐驼……为兽为鱼为虫；以彝器上的魑为鬼形，遂证魑为罔两吗？[1]

他同时批评钱玄同使用《说文》上后出的解释来抹杀古史上的人物，是不谙《说文》的义例：

> 就"尧""舜"二字的意义说："尧"，高也；"舜"，大也，遂决定尧舜只是理想的人格之名称，但是我们知道"高宗""高祖""太宗""太祖"都是"高""大"的意思，难道遂可断定历来许多高宗、高祖、太宗、太祖都只是理想的人格之名称而无其人吗？[2]

刘氏又画龙点睛地表示这种错误皆是迷恋《说文》的余毒。[3]由于论战箭头指向《说文》，所以该书成了《古史辨》中另一个讨论的主题。他们想问：以《说文》证史时究竟应该遵守什么样的纪律？柳诒徵的《论以〈说文〉证史必先知〈说文〉之谊例》中便尖锐地指出："《说文》者，解字之书，非为后世作人名字典。"[4]他说：《说

---

1 刘掞藜：《讨论古史再质顾先生》，页160。

2 刘掞藜：《讨论古史再质顾先生》，页164。

3 刘掞藜：《讨论古史再质顾先生》，页165。

4 柳诒徵：《论以〈说文〉证史必先知〈说文〉之谊例》，《古史辨》，第1册，页218。

文》中释"鼎"和"吕"时都说禹是人而非虫[1]，难道顾颉刚没看见？他又说：治史者应当："以史为本，不可专信文字，转举古今共信之史籍一概抹摋。"[2]柳氏很轻蔑地反问：为什么"千数百年读《说文》者从未致疑及此，独某君始具明眼，发前人之所未发乎?"[3]

这篇文章使顾颉刚甚为恼怒，他决无让步之意，仍旧坚持把"禹"解为"虫"并不为过。在《答柳翼谋先生》中说：

> 在《说文》本书上看，鲧作鱼解……夔作魖解。禹在传说中既与他们同时同事，觉得解禹为虫也不算得过分。[4]

顾氏表示，他顶多只能改称禹这神话人物为"动物"，若要他承认禹是"人"，根本做不到：

> 虫是动物的总名，……言禹为虫，就是言禹为动物。看古代的中原民族对于南方民族称为"闽"、称为"蛮"，可见当时看人作虫原无足奇。禹既是神话中的人物，则其形状特异自在意内。[5]

---

1 柳诒徵：《论以〈说文〉证史必先知〈说文〉之谊例》，页218。

2 柳诒徵：《论以〈说文〉证史必先知〈说文〉之谊例》，页218。

3 柳诒徵：《论以〈说文〉证史必先知〈说文〉之谊例》，页218。

4 顾颉刚：《答柳翼谋先生》，页225。

5 顾颉刚：《答柳翼谋先生》，页225。

不过我们从顾氏所流露的蛛丝马迹中便可以测出他这时的古史观念并不固定，在《讨论古史答刘胡二先生》中他不就说过禹是耕稼的国王吗？[1]细心的读者马上就可以发现这一个矛盾，1926年，清大的陆懋德便在《评顾颉刚〈古史辨〉》中对此作了严厉的质询：

> 因《说文》训禹字为虫，遂疑禹为蜥蜴。……因《商颂》"禹敷下土方"，遂疑禹为天神。……因《论语》"禹稷躬稼而有天下"，遂疑禹为耕稼的国王。禹究竟是"蜥蜴"？是"天神"？抑是"国王"？余皆求其结论而不得。[2]

对于这一个质难，顾氏并未直接作答。

（二）方法论的检讨

前面谈到，刘掞藜已发现顾氏过信《诗经》《论语》，凡此二书未载即不信其有，后来张荫麟的批评也集中在同一个点上。张荫麟与梁园东都是从方法论上反击顾颉刚之说的要将。在《与钱玄同先生论古史书》刊出一年十一个月后，留心西洋史学方法的张荫麟于1925年4月发表了《评近人对于中国古史之讨论》，从方法论上彻底检讨顾氏的立说。他认为顾氏推翻上古信史的论点，多建立在毫不限制地使用"默证"上。什么是"默证"？他解释说：

1　顾颉刚：《讨论古史答刘胡二先生》，页107。

2　陆懋德：《评顾颉刚〈古史辨〉》，《古史辨》，第2册，页375。

凡欲证明某时代无某某历史观念，贵能指出其时代中有与此历史观念相反之证据。若因某书或今存某时代之书无某史事之称述，遂断定某时代无此观念，此种方法谓之"默证"。[1]

他强调顾颉刚并不是以指出某时代中有与某历史观念相反之证据来证成他抹杀古史的论点。以"禹与夏的关系"为例，张氏就指出：

　　关于禹与夏之关系，《诗》《书》《论语》均不能施用默证。换言之，即吾侪不能因《诗》《书》《论语》未说及禹与夏之关系，遂谓其时之历史观念中禹与夏无关。[2]

顾氏因《诗》《书》中无禹为尧舜之臣的记载，所以不信。张荫麟从方法论上批评他说：

　　夫《诗》《书》中……无禹为尧舜臣之记载，此是事实，然亦未尝有禹非舜臣之反证或暗示。若因其言禹九条未尝谓禹为尧舜臣，遂断定禹非尧舜之臣，此又违反默证适用之限度。[3]

他并指出顾氏的整个理论核心——"层累说"，也是误用默证的

1　张荫麟：《评近人对于中国古史之讨论》，《古史辨》，第2册，页271—272。

2　张荫麟：《评近人对于中国古史之讨论》，页279。

3　张荫麟：《评近人对于中国古史之讨论》，页287。

结果：

> 顾氏所谓"禹是西周中期起来的，尧舜是春秋后期起来的，他们本来没有关系"，其说不能成立。其所以致误之原因，半由于误用默证，半由于凿空附会。[1]

对于张荫麟的批评，顾颉刚并未反应，因他并不认为自己的层累造成说之推论过程有何错误。所以刘掞藜质问时他不回答，张荫麟质问时他也不加反应。可修正的是细部论点，不可修正的是大的架构。故以夏铸的九鼎作为说明夏商周连成古史系谱的理由[2]，他可以因发现夏代没有铸鼎的技术加以放弃，但他从未想过放弃拆解整个古史系谱的大工作。在1923年8月的《讨论古史答刘胡二先生书》中，他改用先秦诸子不断伪造不断层累的理论来填补因九鼎不成立留下的空隙，认为不管是禹与夏的关系，尧、舜、禹的禅让，文王为纣臣等都是战国诸子基于他们当时现实环境的需要而伪造的。值得注意的是：崔述虽然承认战国诸子"非但托言多也，亦有古有是语而相沿失其解，遂妄为之说者"（《考信录提要上》）。但是他并没有说诸子为了现实需要而刻意"伪造"。在顾氏手中"战国伪史家"则充分发挥了解释功能：

> 我寻求禹和夏，尧和唐，舜和虞所以发生关系之故，以为

---

1 张荫麟：《评近人对于中国古史之讨论》，页288。

2 顾颉刚：《与钱玄同先生论古史书》，页63。

这是战国的伪史家维持信用的长技。他们觉得尧舜禹都是冥漠中独立的个人，非各装在一个着实的地方不足以使得他们的地位巩固，于是这些假人经由伪史家的作合，就招赘到几个真国度里做主人了！这确是很有效力的事。试看蚩尤、共工之类，当时的传说何尝不盛，只是没有经过伪史家的安顿，至今在古史中永是浮沉不定，随人转移。[1]

在说明尧、舜、禹一脉相续的禅让关系时，他也说那是诸子纾解战国政治困局而捏造的故事。因为战国时代连年交战，人民苦痛，对于政治问题的解决要求非常急切。可是他们没有能力革命，所以想鼓吹一套政治道德化的禅让[2]，顾颉刚接着又说："但自古只有父兄传子弟的局面，而没有先圣传后圣的局面，他们鼓吹禅让说是得不到证据的。没有法子，就拉了两个'无能名'的古帝——尧舜——和一个在传说的系统上列于夏初的古王——禹——做他们鼓吹学说的凭藉。……尧、舜、禹的关系就因了禅让说的鼓吹而建筑得很坚固了。"[3]关于文王是否为纣臣，他也表示两人原来是不相干的，后来之所以成为君臣，主要是春秋后期到战国初期，篡君位的惭臣捏造出来为自己脱罪的：

推原所以有文王为纣臣之说的缘故，实由于春秋后期以至

1　顾颉刚：《讨论古史答刘胡二先生》，页118。

2　顾颉刚：《讨论古史答刘胡二先生》，页129—130。

3　顾颉刚：《讨论古史答刘胡二先生》，页130。

战国初期的时局的引导。春秋之末，世卿已极专横。到了战国，小国之卿就成了小国之君（如鲁之季氏），大国的卿就成了大国之君。……但他们虽是自己成了国君，对于故主的君臣名分上总不免有些挂绊，对于被欺凌和被推倒的故主身上总不免有些"惭德"。在这惭德之下的自解，惟有以汤武革命为理由。他们以为以臣灭君是古来一例的，他们为故主之臣，正与汤和文武为桀纣之臣一样：故主不振作，该得由大臣来"易位"。汤和文武灭了故主，无损其为圣王。[1]

商、汤、文王、武王灭了故主与春秋战国的强臣灭了故主案例几乎相同，他认为春秋战国之所以造出那些故事，一方面是"有意的造作"，二方面是"无意的误会"。他说：

　　这一种心理，一半是有意的造作，一半是无意的误会。有意的造作，只为自己装面子，可以弗论。无意的误会，则实由于当时人历史常识的太缺乏。……所以在这个时期之中，可以断说汤和文武的故事一定造出了许多有意的谎话和说出了无数误会的谎话。又一方面，那时的学者（政客）为了游说人主，鼓动风气，都有待于取证，而取证务必以适合于当世情形的为动听，故不管古代事实如何，定要说成与现代同一的状况，使得所说的在古可征，在今可用，而后足以尽其能事，所以又发

1　顾颉刚：《讨论古史答刘胡二先生》，页149。

生了许多有意的谎话。[1]

顾氏不断提到"造史"的人或"伪史家",把层累而成的古史系谱当作他们伪造的成果。像后稷这个人物过去是很不好解释的,现在却很容易地推给"造史的人":

> 造史的人想着太古的人专事渔猎,必有创始渔猎的,故有庖牺氏……后稷之名很可看出是周人耕稼为生,崇德报功,因事立出的,与庖牺、燧人……有同等的性质。[2]

总之,上古史事无不造伪,所造的古史也正是春秋战国诸子现实环境的直接反映。

(三)打破地理的、民族的、历史的、经典的一元论

顾颉刚认为中国历史上的地理观、历史观、民族观及对经典的认识,都被一种不自然的一元论所支配,以至于语言风俗不同的民族却全部划归黄帝一人的后裔,各种纷纭的典礼与学说,也全被归到尧舜传心的一元论;作者不一,性质不同的典籍,亦被判成是孔子一手所作;本来互不相联的地域,也被说成是自古以来即是一元发展。他认为这四种一元论都是为了方便用"道统"说来统一一切,使得古代帝王莫不传此道统,而古代所有礼制皆成了古代帝王

---

1 顾颉刚:《讨论古史答刘胡二先生》,页149—150。

2 顾颉刚:《讨论古史答刘胡二先生》,页140。

之道的表现，孔子的"经"更顺理成章地成为这些伟大的"道"的记载。他认为这一段集大"合"而成的古史是疑难重重，漏洞百出的，现在则到了大"分"的时候了。现代人应该把它的组成分子——从约定俗成的古史系谱中拆解下来，严格审视之后，再重新组织。这是近代史学的一个革命性发展，此下中国上古史界的各种多元论，都或多或少与此相关。

引发这个古史大拆解的关键人物是禹。由对禹的讨论，很快地便牵连到如下几个主题：夏、商、周不是一系相承？禹与夏无关？商与汤也无关？尧、舜、禹本非一脉而来？文王不为纣臣？这一连串疑问的摧毁力是非常巨大的，逼使人们追问向来不成问题的"民族出于一元""地域一统"的观念是否全该打破？而禹既然是由天神一步步变为人王，那么新史家不应打破"古史人化"的观念？[1]

这几个约定俗成了几千年的观念如果都不可靠，那么"黄金时代"又安在哉？在1923年7月1日的《答刘胡两先生书》中，顾氏便谈到要"打破民族出于一元的观念""打破地域向来一统的观念""打破古史人化的观念""打破古代为黄金世界的观念"。值得注意的是，顾颉刚解释民族一元、地域一统、古史人化、黄金古代四个观念的由来时，也用着他的老办法，认为它们都是战国诸子及儒家造伪的成果。像民族一元的观念，便是由于春秋以来，大国攻灭小国太多，疆界日益增大，民族日益并合，种族观念渐淡而一统观念渐强，于是许多民族的始祖的传统亦渐渐归到一条线上，有了

1　顾颉刚：《答刘胡两先生书》，页99—101。

先后君臣关系，宣扬这种一线相承古史观的《尧典》《五帝德》《世本》诸书遂被造作出来。[1]

他说非但《尧典》《五帝德》《世本》这些民族一元的文献是呼应现实环境而伪造的，连《禹贡》等古地理文献也全都是当时人民希望统一的情绪下之产物。这样的观念在战国以前是不曾出现的，直到战国诸子才把当时的理想反映到笔下所造的古代疆域书上。顾氏说：

> 《禹贡》的九州、《尧典》的四罪，《史记》的黄帝四至乃是战国时七国的疆域。[2]

《禹贡》的九州既然只是战国地理想象的反映，则过去说它是尧时的地理书自然是靠不住。那么，一方面是这部书不能再理所当然地视为夏代史料，二方面是向来地域一统之观念也同样靠不住。他说不止"地域一统"是人为造成，连"古史人化"的过程也是诸子一手导演出来的，因为"自春秋末期以后，诸子奋兴，人性发达，于是把神话中的古神古人都'人化'了"[3]。

"黄金古代"这个传统中国士大夫梦寐以求的境界更是战国学者造出来规劝时君行仁政用的，若论其实，古代很快乐的观念是春秋以前的人所没有的。他说：

1　顾颉刚：《答刘胡两先生书》，页99。

2　顾颉刚：《答刘胡两先生书》，页100。

3　顾颉刚：《答刘胡两先生书》，页100—101。

古代的神话中人物"人化"之极，于是古代成了黄金世界。其实古代很快乐的观念为春秋以前的人所没有……自从战国时一班政治家出来，要依托了古王去压服今王，极力把"王功"与"圣道"合在一起，于是大家看古王的道德功业真是高到极顶，好到极处。……我们要懂得五帝三王的黄金世界原是战国后的学者造出来给君王看样的，庶可不受他们的欺骗。[1]

五帝三王的黄金世界是战国诸子所造的说法，与廖平、康有为说圣道王功皆属孔子一人手造及先秦诸子托古改制的说法，是若合符节的，由此可看出他们之间密切的沿承关系。这个把春秋战国思想史当作古史的说法，在顾颉刚《我的研究古史的计画》中所立的一个撰写专书计画中，更充分表现出来。他说这一部专书的组织应对下列问题作系统性说明：

（1）某时代的古史观念如何？

（2）这个古史观念是从何时，何地，或因何事来的？为什么要来？

（3）这个古史观念在当时及后来发生了什么影响？

以上三条，为当时的古史观念。

在这三个问题旁边他又立了一个对照组，分别是：

1　顾颉刚：《答刘胡两先生书》，页101—102。

（1）这时（案：即造史之时）的史事可以考实的有多少？

（2）这时的实物留遗至今的有多少？

（3）对于这时的民族和文化的大概情形的想象是怎样？

以上三条，为当时的史事。[1]

这两个对照组之间的关系凸显出顾氏的一个思想基础：上古史事是时代意识的直接反映，所以要了解"当时的古史观念"之前先要了解"当时的史事"，也就是说要解开那些层累的古史系谱前必先了解伪造出它们的时代环境。

古史辨中的讨论恰像一个玉连环般，通常环环相扣而至。故当第1册中有"地域一统"的讨论时，第2册中便接着有关于"秦汉统一的由来和战国人对于世界的想象"的讨论，这两个论题之间有什么样的内在关联呢？正因为向来"地域一统"的观念要打破，《禹贡》九州的大一统观念是出于战国时人的伪造，所以紧接着而来的任务便是检讨上古疆域真正的情形与秦汉统一的思想背景。

顾颉刚于1926年6月1日发表《秦汉统一的由来和战国人对于世界的想象》这篇文章，是引起此次论辩的导火线，其最核心的论点是这样的：

《禹贡》上的九州，一般人都认为夏朝的制度。其实夏国的地盘只占得黄河的一角，哪能有这样伟大的计画。九州乃是战国的时势引起的区画土地的一种假设，这种假设是成立于统

---

1 顾颉刚：《我的研究古史的计画》，页216。

一的意志上的。因为是假设，所以各人所说的不必一样。[1]

他的文章暗示秦的统一是受到当时流行的天下思想之鼓励的。傅斯年发表的评论中虽指出顾文的一点小错误，不过他表示非常赞成"古疆域小"这一个中心思想[2]，而张荫麟则秉其一贯反对顾颉刚的态度质问顾氏没有把王畿与全国疆域分开来看。他说："三代王畿之狭小，自是事实；然王畿与全国境域不容混为一谈。"[3]他极坚决地反对顾、傅二氏的"古疆域小"这个论点，并且非常严厉地表示：顾颉刚是不求真是非，只慕新奇，处处想打倒旧偶像，却没想到自己是在创造一个新的偶像。[4]刘掞藜与张荫麟一样，反对"古疆域小"之说。他说中国的地域发展不必然是进化的，没有任何理由可以假设古代地域极小，后来代代推广。[5]他个人虽然同意应该打破"古来各地域一致"的旧观念，可是不了解为什么古来各地域并非一致的主张就一定会导出古疆域小这样的结论。因为这两者没有必然的关联。他反问说：正因为古地域不一致，不正可以说各地域是在广大地域上多元并存吗！[6]

1　顾颉刚：《秦汉统一的由来和战国人对于世界的想象》，《古史辨》，第2册，页4。

2　傅斯年：《评〈秦汉统一的由来和战国人对于世界的想象〉》，《古史辨》，第2册，页10。

3　张荫麟：《评顾颉刚〈秦汉统一的由来和战国人对于世界的想象〉》，《古史辨》，第2册，页15。

4　张荫麟：《评顾颉刚〈秦汉统一的由来和战国人对于世界的想象〉》，页16。

5　刘掞藜：《讨论古史再质顾先生》，页154。

6　刘掞藜：《讨论古史再质顾先生》，页157。

三、经书历史性与伦理性的冲突

康有为等人宣称古文经是刘歆集团伪造或改窜来佐王莽之篡的，这使后来的人对诸经性质、真伪、年代的厘清有了迫切感。古史辨集中讨论了《诗》《易》《春秋》三书。

在对这三部经书的辩论中，最明显的特征是声明它们都被汉儒严重扭曲了，而现在是要把被扭曲的恢复原状的时候了。这可以分成三层来说：（一）汉儒把《诗》《易》这些古代史料说成是圣人有意编排而成的道德教化之书。所以像《诗经》中原本是没有什么深意的诗篇前后秩序，也被渲染成有深刻的用意寄寓其中，也就是把诗篇彻底伦理化了。为了迁就伦理化的要求，同时把诗篇的历史性彻底扭曲了。（二）汉儒为了宣扬圣人构作人文世界之说，所以出现"观象制器"的说法，认为如果没伏羲的画卦，整个中国的人文发展便成了不可能。（三）在顾颉刚看来：经书经历过了汉朝的大"合"，把许多不相干的文献附到"经"，又把"经"全部归给孔子，并强调孔子寄深刻的意旨于其间。现在是到了大"分"的时候了。所以要把《诗序》与《诗经》分开，使它变成一部生活史料，而不是圣道王化之书。对于《易经》，则是要去除《易传》来看《易经》，完全剥落它的道统色彩，使它从圣经回复到筮书。

（一）《诗序》与《诗经》的合与分

康有为认为《诗经》一书纯是乐歌。我们都知道历史上已有不少学者抱持同样的看法，不过再经康有为等将此说重新提出，则有新的意义。[1]他责备毛《诗》不知《诗》为乐章，故违背了孔子"乐正而《雅》《颂》各得其所"的真正意思。他又认为《诗序》乃刘歆助造，卫宏所成，至于大小毛公则全是刘歆一手捏造的人物。[2]康有为的指控可能是继承魏源《诗古微》中所提倡的：要豁除毛《序》，回到三家《诗》以求孔子制礼正乐之用心而来的。[3]我们知道《诗序》是发挥诗的"美刺"，也就是将诗三百篇加以道德教训化的大本营，康有为在《新学伪经考》中将它打成刘歆所伪，使得《诗序》及《诗经》性质的问题重新获得注意。而《古史辨》第3册下编便围绕"《诗经》之性质"进行论辩，该系列论文约可分成三组：第一组检讨、攻击《诗序》。以顾颉刚之《毛诗序之背景与旨趣》[4]《论诗序附会史事的方法书》[5]，郑振铎（1898—1958）的《读毛诗序》，陈槃（1905—1999）的《周召二南与文王之化》及何定生（1911—1970）的《关于〈诗经通论〉》[6]等为主。值得注意的是，他们既不要毛《序》，也不要三家《诗》，而是要回到诗文的本身来论诗，完全超出今、古两家的宗派意识。

1　康有为在《新学伪经考》上说："《诗》本乐章……有夫妇之礼，即有房中之乐，于是作《关雎》《鹊巢》诸诗，以为乐章……故季札观乐，为之遍歌风、雅、颂，尤为全诗入乐之证。"（页55）

2　康有为：《新学伪经考》，页109。

3　魏源：《诗古微序》，《魏源集》，页120。

4　顾颉刚：《毛诗序之背景与旨趣》《论诗序附会史事的方法书》，《古史辨》，第3册，页402—406。

5　郑振铎：《读毛诗序》，《古史辨》，第3册，页382—402。

6　陈槃：《周召二南与文王之化》，《古史辨》，第3册，页424—439；何定生：《关于〈诗经通论〉》，《古史辨》，第3册，页419—424。

顾颉刚于1923年撰写的《〈诗经〉在春秋战国间的地位》一文是引起这组讨论的导火线。他强调《诗经》是一部入乐的诗集。古代人对于诗的态度，纯粹只是为自己享用，要怎么用就怎么用，但他们无论如何应用诗篇，都不曾想在诗上推考古人的历史，也不希望推考作诗人的事实[1]，可是后来诗渐脱离了实用，便有人开始讲起它的基本意义与历史了，顾氏认为孟子以王道说诗是这个变化的关键。《诗经》本不是圣人之作，但经孟子一说，就处处和圣人发生了关系。[2]处处标榜"以意逆志"的结果，完全扭曲了诗的本来面目，以至于"明明是一首红女田父的诗，一点没有说到祖功宗德，但因为以意逆志的结果，就成为'周公陈王业戒成王而作'的诗了"[3]。照此发展下去，最后弄到"凡是字面上说得最悲苦的，就是内幕里极快乐的；字面上说得最快乐的，就是内幕里极悲苦的"[4]。汉人讲求通经致用，把三百篇当谏书，故将这条路数发挥得最彻底，"如《东门之池》《鸤鸠》《椒聊》等，全无刺意，都转湾抹角说成刺诗[5]。也就是说《诗经》的"历史性"被汉代的伦理观彻底扭曲了。顾氏说《诗经》的"历史性"与"伦理性"是经过三个阶段的合与分的："第一期是汉，那时只有伦理观念，没有历史观念，所以不承认《诗经》在古代历史上的价值，而只承认它在汉代的伦

1　顾颉刚：《〈诗经〉在春秋战国间的地位》，《古史辨》，第3册，页344—345。

2　顾颉刚：《〈诗经〉在春秋战国间的地位》，页358—359。

3　顾颉刚：《〈诗经〉在春秋战国间的地位》，页364。

4　顾颉刚：《〈诗经〉在春秋战国间的地位》，页364—365。

5　顾颉刚：《读〈诗〉随笔》，《古史辨》，第3册，页372。

理上的价值。第二期是宋，那时既有伦理观念，又有历史观念，在历史观念上不肯不指出它在古代社会的真相，而在伦理观念上又不忍不维持孔子在经书上的权威，结果弄得圣道与非圣道纠缠不清。"他认为现在是到了第三期了，也就是要把历史观念和伦理观念彻底分开的时候。这时不当再把《诗经》当成圣人教化的本子了，故现代人读《诗经》时并不是希望增进道德，而只想在这部古书里增进自己的历史知识。[1]为了"不承认孔子删《诗》，不承认《诗经》中藏着圣人的大道理"[2]，也为了把《诗经》恢复到古代史料的地位，他主张把《诗经》和《诗序》彻底分家。是否该把被扭曲的诗义重新恢复其本貌，抛开汉儒加诸其上的圣人大道理，成了这场论战的核心。

顾颉刚于1930年撰成的《毛诗序之背景与旨趣》，主要便是讨论前人在说各诗的历史背景时，如何极尽扭曲之能事。他锐利地指出《诗序》把"政治盛衰""道德优劣""时代早晚""篇第先后"四件事纳之于一轨，这样做的理由是因为他们相信《诗经》的先后顺序都是圣人刻意安排而不是自然形成的。所以整部《诗经》是一部仔细构思过的教化书。凡篇章安排在前者，其年代较早，道德亦优，其时政治必盛。反是，则一切皆反。所以"在善人之朝，不许有一夫之愁苦；在恶人之世，亦不容有一人之欢乐。"[3]也即是说，

---

1 顾颉刚：《重刻〈诗疑〉序》，《古史辨》，第3册，页410—411。

2 顾颉刚：《重刻〈诗疑〉序》，页410。

3 顾颉刚：《毛诗序之背景与旨趣》，页402。

《诗序》为了达到以诗为刺的目的,"最敢以己意改变历史"[1],"其于当时政事全无关系之诗篇,亦一切纳之于某王某公之政事之下"[2],以致全无历史观念。

前面已提到过诗的篇第先后次序会与"政治盛衰""道德优劣""时代早晚"联在一起,完全是因为他们相信这是孔子排定的一出"道德教化剧",而顾颉刚即针对这个重点进行攻击,说诗篇的安排根本没有孔子的意图贯串其间,诗三百篇只是些参差不齐的史料,活生生硬套的结果,随处可见到《诗序》作者扭曲历史本貌的鲁莽:

> 夫惟彼之善恶不系于诗之本文而系于诗篇之位置,故《二南》,彼以为文王周召时诗,文王周召则圣人也,是以虽有《行露》之狱讼而亦说为"贞信之教兴",虽有《野有死麕》之男女相诱而亦说为"被文王之化而恶无礼"。《小雅》之后半,彼以为幽王时诗,幽王则暴主也,故虽有"以享以祀"之《楚茨》而亦说为"祭祀不享",虽有"兄弟具来"之《頍弁》而亦说为"不能宴乐同姓"。其指鹿为马,掩耳盗铃之状至为滑稽。二千年来,儒者乃日诵而不悟。郑玄为作《毛诗谱》,何楷为作《诗经世本古义》,凡此序之所定,悉信为实录,且为之作更清楚之年代表。[3]

---

1 顾颉刚:《毛诗序之背景与旨趣》,页403。

2 顾颉刚:《毛诗序之背景与旨趣》,页403。

3 顾颉刚:《毛诗序之背景与旨趣》,页402。

这段文字极为简要地点出把历史文件加以圣人意图化后所产生的怪状。他并指出，即使像王柏这样大胆怀疑《诗序》的人，其实还是逃不出《诗序》的掌心：

> 《诗序》要将全书拍合历史，故把前列诸篇放在文武时而定为"正"，后列诸篇放在幽厉时而定为"变"。但诗篇的次序原没有这样整齐，所以"正"中也有愁苦的，"变"中也有愉乐的。《诗序》一味曲解，把它混过了。我们如果打破《诗序》，则正变之说自然倒坠。但王柏一方面虽不信《诗序》，一方面还是提倡正变之说，屡以正风、正雅为周公时诗，变风、变雅为周公以后之诗。甚至《诗序》中没有分正变的颂，他也分起正变来了。[1]

郑振铎的见解与顾颉刚也很相近，他1923年所发表的《读毛诗序》，一方面指出凤被认为攻击《毛诗序》最力的朱熹，其实在许多见解上仍然陷入《诗序》的范围中不能脱身[2]，一方面攻击《毛序》的"最大的坏处，就在于他的附会诗意，穿凿不通"[3]。他举了许多例子来说明这一点。"譬如有两篇同样意思，甚至于词句也很相似的诗，在《周南》里是美，在《郑风》里却会变成是刺。或是有两篇同在《卫风》或《小雅》里的同样的诗，归之武公或宣王

1　顾颉刚：《重刻〈诗疑〉序》，页415—416。

2　郑振铎：《读毛诗序》，页386。

3　郑振铎：《读毛诗序》，页388。

则为美，归之幽王、厉王则为刺"[1]，他说："我真不懂，为什么'寤
寐思服，辗转反侧'二句，在《周南·关雎》之诗里便有这许多好
的寓意，同样的，'寤寐无为，辗转伏枕'二句，在《陈风·泽陂》
之诗里，便变成什么'刺时'，什么'灵公君臣淫于其国'……等
等的坏意思呢？"[2]他由思路上判定《诗序》一定是后汉的产物，因
为"惟汉儒才能作如此穿凿附会之《诗序》"[3]。他的结论与顾颉刚大
致相同，希望把《诗序》从《诗经》里永远逐出。[4]

　　陈槃也是主张将《诗序》彻底排除之人。他的《周召二南与
文王之化》用历史考证的方法精锐地指出：《诗经》中的《二南》
实际上是江汉民族的文学[5]，所以不管是从诗的文艺观点看，从诗的
本事上看，或从西周与江汉民族的历史关系上看，都是《二南》自
《二南》，和什么"文王之德""后妃之化"等等，绝对没有任何关
系。[6]他举《何彼秾矣》这首诗来说明把《二南》与文王硬联成一
起的荒谬。说：

　　《何彼秾矣》——诗中已明言"平王"，则其当东迁后诗，
毋须辞费。后人为要弥缝"亲被文王之化"之说，不惜曲解

1　郑振铎：《读毛诗序》，页390。

2　郑振铎：《读毛诗序》，页393。

3　郑振铎：《读毛诗序》，页400。

4　郑振铎：《读毛诗序》，页401。

5　陈槃：《周召二南与文王之化》，页431。

6　陈槃：《周召二南与文王之化》，页433。

"平王"为文王，真是荒谬绝伦。[1]

俞平伯（1900—1990）在《葺芷缭衡室读诗札记》中也持着相近的看法。他指出《二南》之所以需要与文王联在一起是因"以《诗》为孔子六经之一，以为是有功能，有作用的东西。《诗》之功用何在？美刺正变是也。有美斯有刺，有正斯有变；故风雅俱分正变。风之正，《二南》是也；其变，十五国风是也。正风有美而无刺，故尽是后妃夫人之德化。《周南》每篇必曰后妃，而《召南》每篇必曰夫人，而且必定是美诗。此所以'小星'不得不喻群妾，而'三五'不得不喻夫人。此所以明明是怨诅而硬派作感谢。"[2]俞氏与前述诸人不约而同地要求把扭曲历史的《毛序》和《诗经》分家。

去除了《诗序》，《诗经》便回到古代人民生活史料的地位。因此接下来一步便是考清一些诗篇真正的史料意义，所以《古史辨》中出现多篇零散的文章讨论《静女》[3]《野有死麕》《褰裳》[4]《齐风·鸡鸣》[5]等诗的真正意义。这里举《召南》中的《野有死麕》这

1　陈槃：《周召二南与文王之化》，页431。

2　俞平伯：《葺芷缭衡室读诗札记》，《古史辨》，第3册，页469。

3　这一组讨论包括顾颉刚在1926年2月发表的《瞎子断扁的一例——静女》及继起讨论的张履珍，《谁俟于城隅？》；谢祖琼：《静女的讨论》；刘大白：《关于〈瞎子断扁的一例——静女〉的异议》《再谈静女》《三谈静女》《四谈静女》；郭全和：《读邶风静女的讨论》；魏建功：《邶风静女的讨论》；刘复：《瞎嚼喷蛆的说诗》；董作宾：《邶风静女篇"美"的讨论》；杜子劲：《诗经静女讨论的起沤与剥洗》。以上均见《古史辨》，第3册，页510—573。

4　见《古史辨》，第3册，页439—451。

5　见《古史辨》，第3册，页452—453。

首诗的训解为例，来说明这种由教化书变为生活史料的过程。依《诗序》的说法，此诗是"被文王之化，虽当乱世，犹恶无礼也"，郑玄笺曰：

> 乱世之民贫，而强暴之男，多行无礼，故贞女之情，欲令人以白茅裹束野中田者所分麕肉，为礼而来。[1]

朱熹《诗集传》虽然大胆将它解释为爱情故事，但仍不脱道德教训的味道。他说：

> 此章乃述女子拒之之辞，言姑徐徐而来，毋动我之帨，毋惊我之犬，以甚言其不能相及也。其凛然不可犯之意，盖可见矣。[2]

但顾颉刚却认为"这明明是一个女子为要得到性的满足，对于异性说出的恳挚的叮嘱"，"经他们（按：《诗序》、郑玄、朱熹）这样一说，于是怀春之女就变成了贞女"[3]。从郑玄到顾颉刚，对这篇诗的解释有了一百八十度的转变，我们可以说，经过对《诗序》的重新检定后，三百篇的道德色彩被彻底删除了。

《古史辨》中讨论《诗经》的第三组文字，是检讨《诗经》是

1　（汉）郑玄：《毛诗郑笺》（台北：新兴书局影印相台岳氏本，1959），页9。

2　（宋）朱熹：《诗集传》（台北：台湾商务印书馆，1966），四部丛刊三编本，卷1，页26。

3　顾颉刚：《野有死麕》，《古史辨》，第3册，页440、441。

否为乐歌的问题。这也是经学史中的一个老问题。其论辩主要由顾颉刚在1925年11月所发表的《论〈诗经〉所录全为乐歌》引起。他指出《诗经》中的一大部分是为奏乐而创作的乐歌，一小部分是由徒歌变成的乐歌，当改变时，乐工为它编制若干"复沓之章"[1]，他并提倡从《诗经》中整理出上古的歌谣来。[2]而魏建功的《歌谣表现法之最要紧者——重奏复沓》[3]与张天庐的《古代的歌谣与舞蹈》都是驳顾颉刚的《诗经》全为乐歌之论。他们说《诗经》都还未进步到配上乐曲的阶段。张天庐说："从《诗经》中歌谣内容观查，其描写情绪之深浅与动作之程序，非职业的乐工所能申述铺张而成的。由音乐发展的时代看来，《诗经》中歌谣时代尚在音乐萌芽幼稚之期，绝无乐工因配调乐谱，申述徒歌的可能。"[4]所以他与魏建功是比顾颉刚更彻底地把《诗经》看作未经任何修饰的古代平民生活自然流露的材料。从《诗序》把《诗经》当成道德教化剧，到顾颉刚的诗为乐歌，到魏建功、张天庐的诗为"徒歌"，《诗经》的性质真是有了空前的异变。

（二）《周易》是中国人文化成的总根源吗？

康有为对《周易》有三点看法：（一）《十翼》乃刘歆伪作而

1　顾颉刚：《论〈诗经〉所录全为乐歌》，《古史辨》，第3册，页625。

2　顾颉刚：《从〈诗经〉中整理出歌谣的意见》，《古史辨》，第3册，页589—592。

3　魏建功：《歌谣表现法之最要紧者——重奏复沓》，《古史辨》，第3册，页592—608。

4　张天庐：《古代的歌谣与舞蹈》，《古史辨》，第3册，页667。

诬附给孔子的。[1]（二）《费氏章句》乃刘歆所伪。[2]（三）反对"观象制器"说。[3]其中又以对"观象制器"说的捂击最为重要，因为此说如果能够成立，则意味着整个中国文化最初都是从卦象发源的。康有为在《新学伪经考》中引用了朱子对"观象制器"的批评。朱子说：

> 不是先有见乎离，而后为网罟，先有见乎益，而后为耒耜。圣人亦只是见鱼鳖之属，欲有以取之，遂做一个物事去拦截他。[4]

康有为对朱子的思想一向是攻击不遗余力的[5]，在这里却称道朱子之说，真是不寻常，也正可看出他对"观象制器"说的反感。在他看来，"观象制器"说既不成立，而义理价值最高的《十翼》又系居心不良的刘歆所伪造，《周易》经这番划削，道德义理的价值全部失去了，只能算是上古时代的占卜史料。《古史辨》（第3册上编）中对《易》的讨论主要也是接续这方面的论题。这些看来漫无头绪的文章其实可分为两部分，一组是攻击"观象制器"说，另一

---

1 康有为：《新学伪经考》，页187。

2 康有为：《新学伪经考》，页188。

3 康有为：《新学伪经考》，页185。

4 康有为：《新学伪经考》，页185。

5 康氏是倾向陆王心学的，可参考施忠连：《康有为与陆王心学》，收入《中国哲学》第11辑（北京：人民出版社，1984），页230—260。同时可参考康有为《康子内外篇》，蒋贵麟编《万木草堂遗稿外编》，页13、24—25、29—30。

组是证明原始的《易经》确只是卜筮之书。顾颉刚于1926年撰成的《〈周易〉卦爻辞中的故事》是导出这次辩论的引子。这篇文章相当富有策略性，它追溯《易经》中史事朴陋原始的面目，提醒大家《周易》原不是一部记载圣道王功之书。[1]接着顾氏的另一篇重要文章《论〈易系辞传〉中观象制器的故事》刊出了[2]，它进一步指出"观象制器"说也不是原有的，而是出自汉代京房一派人的伪托，所以《易经》中本来就没有人文化成的思想。钱玄同的《论观象制器的故事出京氏易书》[3]是支持顾颉刚之说法的，而胡适的《论观象制器的学说书》也一样想动摇《易》的圣经地位[4]，把它定为上古卜筮的史料。李镜池（1902—1975）的《〈左〉〈国〉中易筮之研究》[5]《〈周易〉筮辞考》[6]、容肇祖（1897—1994）的《占卜的源流》[7]则是把《易》为卜筮之说作了彻底的证实与发挥。

《易经》之所以具有道德地位与《系辞传》有什么关系？顾颉刚说：《易经》原来的卦爻辞中，只有简单几件"帝乙归妹""王亥丧牛羊""高宗伐鬼方"……的故事，那是因为《易经》的著作时代在西周，当时没有儒家、没有他们的道统的故事，所以《周易》

1　顾颉刚：《〈周易〉卦爻辞中的故事》，《古史辨》，第3册，页5—15。

2　顾颉刚：《论〈易系辞传〉中观象制器的故事》，《古史辨》，第3册，页45—69。

3　钱玄同：《论观象制器的故事出京氏易书》，《古史辨》，第3册，页70。

4　胡适：《论观象制器的学说书》，《古史辨》，第3册，页84—88。

5　李镜池：《〈左〉〈国〉中易筮之研究》，《古史辨》，第3册，页171—187。

6　李镜池：《〈周易〉筮辞考》，《古史辨》，第3册，页187—251。

7　容肇祖：《占卜的源流》，《古史辨》，第3册，页252—308。

的作者只把商代和商周之际的几件故事很朴素地叙述在各卦爻中[1],"这种故事大半是不合于道统说的需要而为人们所早忘却的。但是《周易》从筮书变成了圣经之后,为要装像圣经的样子,道统的故事也就不得不增加进去了……关系最大的要算《系辞传》中叙述五帝观象制器的一段话"[2]。由于《易经》上添加了观象制器说,所以简直可以说中国的古文化都发源于卦象,设若当初没有画卦的人(伏羲)和重卦的人,整个中国文化可能还在漫漫长夜中。[3]观象制器说与《诗序》在结构上有着若相仿佛之处。他们都强调:是圣人有意识地构作了这个人文世界,而不是自然发展而成的。顾颉刚很机警地看出:《易传》既然是后人附加上去的,那么它与《易经》真正的历史背景必相冲突,故只要考清《易经》著作时代真正的历史观念,便可以打破许多道统的故事了。顾氏在经过一系列研究后遂大胆地宣称:没有尧舜禅让的故事、没有圣道的汤武革命的故事、没有封禅的故事、没有观象制器的故事。[4]

在《易经》中《系辞传》与《说卦传》的关系是相当密切的。因为《系辞传》中观象制器故事,必须配合《说卦传》的物象及九家《易》的互体与卦变来讲——"必须用了物象、互体、卦变等等来讲,才能讲得出神入化,见得伏羲神农一班圣人的睿明通知"[5]。

1 顾颉刚:《〈周易〉卦爻辞中的故事》,页25。

2 顾颉刚:《〈周易〉卦爻辞中的故事》,页23。

3 顾颉刚:《〈周易〉卦爻辞中的故事》,页24。

4 顾颉刚:《〈周易〉卦爻辞中的故事》,页28—42。

5 顾颉刚:《论〈易系辞传〉中观象制器的故事》,页65。

顾颉刚因而判断《系辞传》必出现于《说卦传》之后。他判断《说卦传》是孟京所作，《系辞传》必是自许为孟京后学的京房所作，年代不能早于汉元帝[1]，并指出伪造的意义有三：第一是抬高《易》的地位，扩大《易》的效用。第二是拉拢神农、黄帝、尧、舜入《易》的范围。第三是要破坏旧的五帝说而建立新五帝说（即将黄帝—颛顼—帝喾—尧—舜之系统改为伏羲—神农—尧—舜）。[2]不过，顾氏并没有谈及京房这次《易》学革命背后有何现实目的。

顾颉刚的老师胡适对他的说法并不赞同，他认为卦象只是象的一种符号而已[3]，故观象制器不见得说不通，而且此章也不可能是京房等人所作。钱穆的《论〈十翼〉非孔子作》中则主张《系辞传》是道家的自然哲学[4]，而李镜池则认为《系辞传》是汉初到西汉末的书[5]，是刘歆、班固之流宣传孔子曾作《易传》十篇[6]（这个说法与康有为非常相似），他们这样做有着深刻的动机与作用，而后人相信"孔子传《易》"之说，也有他们迷信尊孔的好古背景。[7]

前面已经提到过：《古史辨》中对《易经》性质的讨论，主要是使它由圣典变回筮书，所以李镜池的《〈左〉〈国〉中易筮之研

1　顾颉刚：《论〈易系辞传〉中观象制器的故事》，页67。

2　顾颉刚：《论〈易系辞传〉中观象制器的故事》，页68。

3　胡适：《论观象制器的学说书》，页86。

4　钱穆：《论〈十翼〉非孔子作》，《古史辨》，第3册，页94。

5　李镜池：《论〈易传〉著作时代书》，《古史辨》，第3册，页133。

6　李镜池：《论〈易传〉著作时代书》，页132。

7　李镜池：《论〈易传〉著作时代书》，页104。

究》便强调在《左传》《国语》中，不管是占嫁娶、占战争都可看出《易》筮在当时社会占有相当大的势力[1]，但是它们的功用也仅限于占筮，跟人文化成无关。至于容肇祖的《占卜的源流》，则可以说是一部古往今来《易》卜发展史的总汇。我们可以下一结论说：在古史辨派手里，《周易》彻底去除了道统的色彩，成为一部不折不扣的卜书。

（三）春秋经的性质

《春秋经》之性质，及《左传》与《国语》之关系分别是《古史辨》中的大论题；该书第5册上编所作的文字便是围绕着这个问题而产生的，其中以钱玄同的《〈左氏春秋考证〉书后》[2]《重论经今古文学问题》[3]及钱穆的《刘向歆父子年谱》[4]为最重要。钱穆文是针对康有为《新学伪经考》而写，说康氏"持其说最备，余详按之皆虚"。张西堂（1901—1960）的《〈左氏春秋考证〉序》[5]，胡适的

---

1 李镜池：《〈左〉〈国〉中易筮之研究》，页171。

2 钱玄同：《〈左氏春秋考证〉书后》，《古史辨》，第5册，页1—22。此文论点大体仍承自康有为《新学伪经考》的论点，唯枝节问题上略有修正而已。文中对《新学伪经考》在晚清流行的情形述之甚详，见钱玄同：《重论经今古文学问题》，《古史辨》，第5册，页22—25。

3 钱玄同：《重论经今古文学问题》，页22—101。

4 钱穆：《刘向歆父子年谱》，《古史辨》，第5册，页101—249。此文后又收入钱穆：《两汉经学今古文平议》（台北：东大图书公司，1978），页1—163。该书中的《两汉博士家法考》亦是接续讨论此题，认为经学今古文之分野不像廖平、康有为所说远起先秦战国间，而是在汉宣帝之世，见该书页165—232。

5 张西堂：《〈左氏春秋考证〉序》，《古史辨》，第5册，页263—292。

《〈论《左传》之可信及其性质〉摘要》，及《〈左氏真伪考〉序》[1]等文，仍是为清理清代今古文之争中《左传》作者的老问题而作。

关于《左传》的讨论，主要仍是盘旋于刘逢禄《左氏春秋考证》及康有为的《新学伪经考》、崔适《春秋复始》三部书上，他们主要讨论三个问题：（一）《左传》是否传《春秋》？（二）《左氏春秋》这个名称是怎么来的？（三）《左传》与《国语》的关系。在这些问题上，钱玄同、顾颉刚、张西堂都是继承刘、康之说，并反击章太炎对刘逢禄的驳难。[2]张西堂强调《左传》由《国语》改编是个正确论断[3]，而且支持康有为的说法，认为不惟《春秋左氏传》是冒名，就是《左氏春秋》这名称也是假的（此说比刘逢禄更为激烈，刘氏只说《左传》原名《左氏春秋》）。在这场论战的后期最引人注目的文章是胡适介绍了高本汉的《左传真伪考》，高氏一方面驳《新学伪经考》之说，一方面从《左传》的文法上去证明它与鲁国文字的文法不同[4]，认为它自成一种文法，不与他书相同，所以不可能是从《国语》分出。而且其文法前后一致，决非作伪者所能凭空捏造[5]，高本汉并判断《左传》一书可信为公元前3世纪的作品。以上这些论点都有所指，很明显的是要回答清季今文家的老问

1　胡适：《〈论《左传》之可信及其性质〉摘要》（附《〈左传真伪考〉序（摘录）》），页293—313。又该册顾颉刚的《中国上古史研究课第二学期讲义序目》，对他自己与今文家说的关系叙述甚详（页252—263）。

2　张西堂：《〈左氏春秋考证〉序》，页281—286。

3　张西堂：《〈左氏春秋考证〉序》，页290。

4　胡适：《〈论《左传》之可信及其性质〉摘要》，页293。

5　胡适：《〈论《左传》之可信及其性质〉摘要》，页296。

题。高氏最后在结论上强调："这种文法不会是后世作伪者捏造出来的，也不会流传至后世如此之久。所以我们说《左传》是一部可信的古书，其作者或是一人，或是数人，属于同一学派，说一种同样的语言。此书与鲁国儒家没有关系——至少没有直接关系——因为此书的文法与孔门所用文法全不相同。其记事终于公元前468年，故其书之作当在公元前468年以后。但无论如何，其书之作当在焚书（213）以前。"[1]胡适提醒大家注意高本汉的论点，足见他本人相当不同意康有为、钱玄同、顾颉刚等人激进的论点。但在《古史辨》中没有挑战或回应高本汉的文字。

四、五德终始说与古史系统的整理

《古史辨》中出现大量考论五德终始的文字，这一宗资料出现在这个讨论古史的运动中并不突兀，因为它和重新厘清《左传》等问题一样是继承着晚清的今古文之争。

康有为攻击刘歆造"五行"及"五德终始"为王莽佐篡，崔适更写《史记探源》作系统的考证以支持之。在前一节中已经提到，崔适主要是认为《世经》里排列的古帝王系统都是为了佐助王莽篡汉而伪造的[2]，故非将之打破不可。《古史辨》中讨论五德终始问题的文字，也与清理今古文之争的公案密切相关。该书第5册下编便集中讨论这一主题。

1　胡适：《〈论《左传》之可信及其性质〉摘要》，页307。

2　顾颉刚：《中国上古史研究课第二学期讲义序目》，页255。

有人认为梁启超于1923年作《阴阳五行说之来历》，使大家开始注意这个问题，其实，这是清季学术界争论不休的老问题，而最直接的导火线还是顾颉刚的《五德终始说下的政治与历史》。这篇文字的思想基础是崔适的《史记探源》及康有为的《新学伪经考》，他在这篇文章中，把从战国到王莽代汉为止，因应现实政治所伪造的种种古史系统，和在伪古史说影响下之现实政治全盘加以清理。[1]

五德终始对今古文之争的重要性可由梁启超的学生刘节（1901—1977），为《古史辨》第5册所写的《序》中看出。他说：

> 我觉得阴阳五行说的起源尤其重要，因为今古文之争是拿这个问题作中心的……两汉学术界的大本营是札在儒家身上，然而两汉的儒家决非春秋战国时的儒家，他们原来是阴阳五行家同儒家的结合体。[2]

所以探索汉代儒家与五德终始之间的牵缠是直捣今古文之争的核

1　顾颉刚非常佩服康有为与崔适的孤明先发，揭破了这个一千七百余年的大骗局。他说："直到这四十年中，康有为提出少皞本不列帝王位次之说（原注：见《新学伪经考》。按：即是说黄帝、颛顼间本来没有少皞这一代），崔适又提出'刘歆欲明新之代汉犹舜之继尧'之说（见《史记探源》），我们方才明白这一说的出现是有作用的。"（见顾颉刚：《战国秦汉间人的造伪与辨伪》，《古史辨》，第7册，页34。）康氏是在《新学伪经考》中的《〈史记〉经说足证伪经考》中指出这一点的。打破少皞这一环等于是宣称两千年来影响人心甚深的《世经》古史观根本是刘歆集团伪造的。梁启超的《阴阳五行说之来历》一文，收入《饮冰室文集》之三十六，《饮冰室文集》，第13册，页47—65。此文主要针对当时社会迷信而发。

2　刘节：《序》，《古史辨》，第5册，页6。

心。顾颉刚的文章主要是集中在"五行相生"与"五行相胜"的问题，及其对汉代的政治，与上古历史系统的关系。他说："相生"与"相胜"关系着政权转移的方式与合法性：

> 汉代，因古史系统的伸展和所伸展的古史的不适于使用五行相胜的方式，故邹衍的五德终始说必须有一度彻底的改造。这彻底改造的口号是《说卦传》上的"帝出乎震"，而《说卦传》是一篇五行相生化的八卦说。[1]

刘歆为了要把王莽篡汉说成是五行相生的自然结果，所以把邹衍的那一套"五行相胜"说改成"五行相生"说，为了支持这个新说，传统的上古史系得要有一番彻底的改造——为了证成相生说，得从旧古史系统的填空位置上动手，捏造一个少昊穿插进去，故一方面伪造《世经》，一方面又在《左传》中加了一段郯子说古史的话，借郯子之口把少昊说成古即有之的人物。如此环环相扣，完密无比。所以他们认为如果要解开这个玉连环，必须环环剥开，始能奏效。

康有为、崔适与顾颉刚都认为，如果刘歆没有在《世经》中排入少昊，则汉不能为火德的尧的后代；新不能为土德的舜的后代，而王莽也不便重演禅让[2]，那么王莽在继承的问题上便无法得一合理合法的解决。所以少昊的问题是牵一发而动全身的。顾颉刚在

1　顾颉刚：《五德终始说下的政治和历史》，页491—492。

2　顾颉刚：《五德终始说下的政治和历史》，页564—566。

1930年6月发给燕京大学学生的《中国上古史研究课第二学期讲义序目》中这样说：

> 康（有为）先生告诉我们，在今文家的历史里，五帝只是黄帝、颛顼、帝喾、尧、舜，没有少昊。在古文家的历史里，颛顼之上又添出了一个少昊，又把伏羲、神农一起收入，使得这个系统里有八个人，可以分作三皇五帝，来证实古文经的伪经《周礼》里的"三皇五帝"。[1]

所以破少昊这个人，即等于破了古文家伪造上古历史的总枢纽。顾氏在《五德终始说下的政治和历史》中，即大力铺陈这个说法。在他与康、崔等人看来，少昊的问题并不是孤立存在的，刘歆集团一伪百伪，造出一个少昊也连带地造出太昊、共工一串历史人物：

> 但我们知道了《世经》的系统的构成的经过，知道了少皞是为填满一个空位用的，太皞是为补成伏羲氏的尊号用的，又知道了共工的闰统和水德以及其介于木火之间是为作秦的先例用的。[2]

原来少昊等人是为了解释秦汉的历史发展的合法性而造的。少昊既被窜入刘歆集团所伪造的《世经》中，则所有出现过少昊一名的古

---

[1] 顾颉刚：《中国上古史研究课第二学期讲义序目》，页254—255。

[2] 顾颉刚：《五德终始说下的政治和历史》，页589。

书亦自有刘歆纂伪之嫌，其中尤其不肯放过《左传》，因为他们判断刘歆为了补少昊：

> 《左传》里又加进了一篇郯子说祖德的故事。[1]

所以认为《左传》的系统非破不可，否则太昊、少昊和共工还是列于古帝王的系统中，《世经》的历史还能保持其一部分信用。[2]前面说过，因为康有为认为古文家增入少昊以补足三皇五帝之说[3]，好证明古文伪经中的古史系统。所以少昊问题还牵涉三皇五帝传承的可靠性，也难怪三皇五帝问题会成为古史辨运动的另一重心（相关论文收在第7册中）。

但这一派说法受到胡适、钱穆、陈槃的质疑。胡适在《论秦畤及〈周官〉书》中指责崔适的《史记探源》突出少昊的问题，连染及于整个上古史，实是作茧自缚，而顾颉刚也掉进这一个大泥淖中不能自拔，他说此等论断全凭主观，毫无学者治学方法。[4]钱穆的看法与胡适有异。他并不反对无少昊这个人的可能性，不过他认为把少昊问题全部推给刘歆集团是不可思议的。钱氏提出一个新说，把刘歆由伪造者改变成整理写定者，说：

1　顾颉刚：《五德终始说下的政治和历史》，页575。

2　顾颉刚：《五德终始说下的政治和历史》，页589。

3　顾颉刚、杨向奎：《三皇考》，《古史辨》，第7册，中编，页96。

4　胡适：《论秦畤及〈周官〉书》，《古史辨》，第5册，页637。

以汉为尧后，为火德，及主五行相生之说互推，知少昊加入古史系统决不俟刘歆始，刘歆只把当时已有的传说和意见加以写定（或可说加以利用）。[1]

钱穆说少昊加入古史系统并不始于刘歆，也就是想以自然演变说来取代刘歆伪造说。顾颉刚的学生陈槃则说《左传》郯子的话并不是空穴来风，他说："这材料颇有来历，因为话里的文章极有历史的意义，这个伪是不容易作的。"[2] 钱穆与陈槃之所以在少昊的问题上持反对的立场，是因为他们都认为上古史料通篇出自现实政治的需要而刻意伪造的可能性毕竟太小，出自自然演变者居多。从这两种态度的根本不同中，更烘托出顾颉刚疑古思想中所保留的康有为色彩之重了。

辩论诸经的性质与真伪必然会牵涉文字训解的问题，故《说文解字》会被波及，也是意料中事。康有为认为两千年来之学除了极小的一部分今文学外，其余皆是刘歆"伪学"，尤其文字训诂的方法更是刘歆创来为其伪说服务的，大胆发"凡二千年经说，自魏晋至唐，为刘歆之伪学"，"自晋以后，古文盛行而今文衰废。二千年来，皆为刘歆之伪学所误"之语[3]，并将两千年来对儒学有重大贡献的巨儒，上自郑玄、马融、王肃、陆元朗，下至阮元，一概视为非

1　钱穆：《评顾颉刚〈五德终始说下的政治和历史〉》，《古史辨》，第5册，页630。

2　陈槃：《写在〈五德终始说下的政治和历史〉之后》，《古史辨》，第5册，页658。

3　分别见康有为：《桂学答问》，收入《康南海先生遗著汇刊》9（台北：宏业书局，1976），页7；《致大东斯文会郑君等书》，《万木草堂遗稿》，页454。

毁圣人之罪犯或助歡为虐之巨恶[1]；他的意思是：两千年来的经学都是延续刘歆传下的学脉，"诸儒用力虽勤，入蔀愈深，悖圣愈甚"[2]，所以传经之儒功劳愈大者罪过愈大。无疑的，两千年来对"伪经"研究得最彻底的是清代考证学，所以康有为对之极尽丑诋之能事，尤其是文字声音训诂之学，便被视为是破碎支离，由刘歆始作俑[3]，又由郑玄、张揖、郭璞等助阵，是"二千年来持以代圣统者，其流毒最甚"[4]，而凡达才通人有功于此学者，都严重得罪了圣门，故马融、郑玄被骂为"党伪破经，罪难末减，若必科断，应与刘歆首从并诛"。[5]我们如能理解这点，也才能了解何以《古史辨》中"毛学究""郑呆子"之类的嘲讽一再出现。[6]由于《说文》作于东汉，正是所谓刘歆集团造伪的时代，所以《古史辨》中对《说文》一再加以攻击。精研文字学的钱玄同却轻薄《说文》，称许慎为"许老爹"[7]，又认为清儒创获太少，正因为太熟读《说文》，对于假字误体不敢"议疑古"，所以承误袭谬的解说实在太多了。[8]又说《说文》

1　康有为：《新学伪经考》，页2。

2　康有为：《长兴学记》，页27。

3　康有为：《新学伪经考》，页84。

4　康有为：《新学伪经考》，页222。

5　康有为：《新学伪经考》，页196。

6　钱玄同：《论〈诗经〉真相书》，《古史辨》，第1册，页46—47。

7　钱玄同：《论〈说文〉及壁中古文经书》，《古史辨》，第1册，页234。

8　钱玄同：《论〈说文〉及壁中古文经书》，页234。

说字之不"通"是"由于许老爹的胡说八道，瞎三话四"[1]；他认为《说文》正是为刘歆集团服务的，故只能算作一部"伪字举要"。[2]连顾颉刚后来也跟着责备《说文》：

> 《说文》本作在思想昏乱的时代，那时人的思辨力非常薄弱，这部书的信实的价值原是很低微的，它有证据给我固所乐受，它没有证据给我（或是把假的证据骗我）也没有什么懊丧。[3]

又说许书"疏略""幼稚"。[4]因为许慎所处的时代原是一个伪古字、伪古义、伪古礼、伪古制和伪古说昌行的时代[5]，所以：

> 《说文》是一部集伪古字，伪古义，伪古礼，伪古制和伪古说之大成的书。[6]

上面这一段话不就正是康有为的旧调吗？

大抵《古史辨》中，从1924—1926年的一连串关于《说文》

1　钱玄同：《论〈说文〉及壁中古文经书》，页236。

2　钱玄同：《论〈说文〉及壁中古文经书》，页243。

3　顾颉刚：《答柳翼谋先生》，页227。

4　顾颉刚：《答柳翼谋先生》，页228。

5　顾颉刚：《答柳翼谋先生》，页228。

6　顾颉刚：《答柳翼谋先生》，页228。

性质之论辩，如柳诒徵《论以〈说文〉证史必先知〈说文〉之谊例》[1]，疑古玄同《论〈说文〉及壁中古文经书》[2]，容庚《论〈说文〉谊例代顾颉刚先生答柳翼谋先生》[3]等，便分别表达了拥《说文》与反《说文》两方的言论。

　　判别经典真伪并重新厘定它们的性质，都严重影响到传统的伦理道德信仰之稳定性。以对《诗》《易》性质的重新检定为例，康有为及古史辨参与者都趋向于剔除《诗》《易》的伦理色彩，认为那是后世的伪造者擅加上去的，这不就等于动摇了《诗》《易》中的伦理道德教训的合法性吗？全面打倒古文经，则古文经中所涵蕴的信仰与价值系统也跟着动摇了，两千年来"六经即真理"这一条信仰亦同被否定，即以《周礼》为例，它因被彻底视为伪造的，故书中所记载的殷周礼制全失依据。照康氏的说法，《周礼》中的制度不但是假造的，而且根本就是刘歆为满足王莽的私好而创的。[4]本来《周官》的礼制是两千年中许多知识分子一瓣心香所寄，现在被说成是为了满足一人而作的私器，则其所记载的礼制不就完全失去价值了吗？难怪顾颉刚会在为《古史辨》第4册作的《序》中宣称："要使古人只成为古人而不成为现代的领导者；要使古史只成为古史而不成为现代的伦理教条；要使古书只成为古书而不成为

1　柳诒徵：《论以〈说文〉证史必先知〈说文〉之谊例》，页217—222。

2　钱玄同：《论〈说文〉及壁中古文经书》，页231—243。

3　容庚：《论〈说文〉谊例代顾颉刚先生答柳翼谋先生》，《古史辨》，第1册，页261—264。

4　康有为：《新学伪经考》，页136。

现代的煌煌法典"[1]，足见从廖平、康有为以迄顾颉刚等的毁经工作，对传统道德礼教所带来的重大破坏作用。

五、先秦诸子的历史背景

（一）子书的记载比经书更可信

在第三章中我们已讨论过康有为"藉诸子之纷呶考太古情状"，也就是把经书与经书、经书与子书中所记载的古史平等放在一起比较它们的同异，借以发现它们在周末并起创教改制的实况及中国上古史的真相。康有为虽然宣称诸子的著作也是伪造来从事创教改制之用的，可是我们细读他的《孔子改制考》就可以发现，康氏在谈周末创教改制的实况时，大部分是以诸子的记载为依据，例如该书卷5中讨论"儒道攻诸子"的情形时，竟几全引《吕氏春秋》中的材料为骨干；讨论儒家的历史而竟不用一条儒书，其意态可知矣。更有甚者，他认为过去透过《论语》或《春秋》去了解孔子，都是皮相的，必得透过《庄子》的记载去理解才能知其实况。[2]足见在记载周末历史的部分，康氏认为诸子的可信性远过于儒书矣。至于记及上古历史的部分呢？康氏虽未明白道载，但由他比较墨子与孔子对大禹的记载，而宁可相信墨子之说，即可见其重视《墨子》记载的可信度远过于《论语》了。他不是说"以经与子推明"则禹是洪水退后中国最早的人王吗？这里说的"推明"实际上是以子书

1　顾颉刚：《序》,《古史辨》, 第4册, 页13。

2　康有为：《孔子改制考》, 卷6, 页3。

中对禹的描述来批判经书中的记载。康氏认为经书之所以不及诸子可信，是因为今文经乃孔子所伪造，古文经乃刘歆所伪造，诸子中的古史虽也同样是伪品，但他隐隐暗示，因为他们"托"（伪造）的手法不及孔子、刘歆高明，故反而保留了较真实的"太古情状"。[1]顾颉刚大抵是支持这个态度的，故他认为就历史记载的可信度来说，经书的价值根本不及子书，因为经书曾经大量的"修改"。他说：

> 经书本不限于儒家所诵习，但现在传下来的经书确已经过了战国和汉的儒家的修改了；倘使不把他们所增加的删去，又不把他们所删去的寻出一个大概，我们便不能径视为官书和古代政治史料，我们只能认为儒家的经典。因此，经竟变成了子的附庸；如不明白诸子的背景及其成就，即无以明白儒家的地位……。因此，研究中国的古学和古籍，不得不从诸子入手，俾在诸子方面得到了真确的观念之后再去治经。子书地位的重要，于此可见。[2]

顾颉刚这一段话告诉我们，经书中的古史是经孔子及其继承人们删改以寄托其政治思想的，子书虽亦伪造古史，但比较起来较可信任。但这一信赖仍是有保留的。以《韩非子》为例，他说："韩非

1　主要参考康有为：《孔子改制考》，卷3。按：此点必须详审《孔子改制考》全书方能得证。

2　顾颉刚：《序》，《古史辨》，第4册，页15—16。

子骂人信伪古史的为'非愚则诬'，而他自己书中却引用了多少伪古史。"[1]他在讨论到"禹"的观念时，也还是认为应分《诗》《书》上禹之观念与诸子禹之观念[2]，足见他还是不肯完全放弃孔子与诸子一样伪造上古历史这一个假设。顾颉刚在《古史辨》第2册的《自序》中引了叶德辉的一段话——"有汉学之攘宋，必有西汉之攘东汉。吾恐异日必更有以战国诸子之学攘西汉者矣"，他很惊讶地表示："想不到他的话竟实现在我的身上了！我真想拿了战国之学来打破西汉之学，还拿了战国以前的材料来打破战国之学。"[3]从顾氏这一段话不难看出，他虽偏祖子书的史料，但还是不满意，想层层翻向古代，以最古老的材料来建立上古史。他个人对地下考古曾寄予无限厚望，主要就是源自对文献史料的不信任。

（二）九流不出于王官

《古史辨》中有关诸子的讨论，不管是反对或赞成《孔子改制考》，都无法回避它。罗根泽《晚周诸子反古考》便是最好的例子。他一方面认为康有为说得不够，应该是"既有托古，则必激起反古"[4]，并举出荀子及法家者流辨伪反古之风[5]，但同时不能不承认

1　顾颉刚：《答柳翼谋先生》，页229。

2　顾颉刚：《讨论古史答刘胡二先生》，页129。

3　顾颉刚：《自序》，《古史辨》，第2册，页6—7。按：以地下史料解决古史的呼声见李玄伯：《古史问题的唯一解决方法》，《古史辨》，第1册，页268—270。

4　罗根泽：《晚周诸子反古考》，《古史辨》，第6册，页1。

5　罗根泽：《晚周诸子反古考》，页24。

"层累而上之古史"之说[1]，并称道《孔子改制考》一书，使"周秦诸子著书之方，与立言之意，亦由此而大明于世。开古史学与诸子学之新纪元"[2]。

为何说《二考》是开启治诸子的新纪元呢？并不是它为诸子的源头、作者及年代提出许多精确不磨的看法，而是它把旧的固定的系统一夕之间全行拆散了，替后来人重行组合这个系统的工作立了拥彗除道之功。

康有为对九流出于王官论相当不满。他对"诸子同出王官论"最致命的攻击是："既是同出王官，原在一个系统之下，如何会得互相攻击？"（他的这个说法亦被引入《古史辨》中）[3]《新学伪经考》第3卷攻击《汉书艺文志》，便是因为《汉书艺文志》[4]为"九流出于王官论"的堡垒，主张诸子有其历史背景。[5]此议早在清末即已引起古文学派极大的不满。章太炎廿九岁在诂经精舍中读到其师俞樾交给他的《伪经考》时即愤而私草数条以驳之，且自命为"刘子政私淑弟子"，以赞《汉书艺文志》九流出于王官之论[6]，而后来古史辨运动中如火如荼的"诸子是否出于王官"争

1　罗根泽：《晚周诸子反古考》，页24。

2　罗根泽：《晚周诸子反古考》，页1。

3　顾颉刚：《序》，《古史辨》，第4册，页17。

4　康有为认为秦火焚尽六经是一个谎言，整部《新学伪经考》（尤其《汉书艺文志辨伪》）的基础即在这一点上。

5　顾实：《汉书艺文志讲疏》（台北：台湾商务印书馆，1976），页99—175。

6　参见拙著《章太炎的思想》，第三章。

执，便也是为了解决同样的问题[1]，康氏的《新学伪经考》是这场争论最早的伏笔，而胡适为驳章太炎之说写的《诸子不出于王官论》则是较近的引子。胡文自然受了康有为否定《汉书艺文志》的影响，所以他会在《诸子不出于王官论》（1917年10月）上说："刘歆（按：指《汉书艺文志》）以前之论周末诸子学派者，皆无此说也。"[2]康、胡的两篇文字在当时的影响非常之大，顾颉刚便说他读了之后，"从此我不信有九流，更不信九流之出于王官，而承认诸子的兴起各有其背景，其立说在各求其所需要……再与《孔子改制考》合读，整部的诸子的历史似乎已被我鸟瞰过了"[3]。罗根泽（1900—1960）1931年作的《战国前无私家著述考》即是拥护此说最力的文字。他说孔子以前书在官府，而战国前无产生各家学说之必要，一直要到了战国时代，才因"世乱日亟，人心益诈，学者见先王之礼不能维持和平，于是各就所见，求所以维系改善之方"[4]，这很明显的是在呼应胡适的《诸子不出于王官论》。他又说："况当战国乱离之时，颠沛失所，更易引起慕古返古之思，故各家著书立说，每每托古"[5]，这段话又很明显地在呼应《孔子改制考》。除了罗根泽外，钱穆、冯友兰等人也都先后地

1　顾颉刚说收集在《古史辨》第4册的四十余万言的讨论"恐怕大部分是从这两篇（按：胡适的《诸子不出于王官论》及梁启超的《评胡适之〈中国哲学史大纲〉》）引起"。见顾颉刚：《序》，《古史辨》，第4册，页17—18。

2　胡适：《诸子不出于王官论》，《古史辨》，第4册，页2。

3　顾颉刚：《序》，《古史辨》，第4册，页17。

4　罗根泽：《战国以前无私家著述考》，《古史辨》，第4册，页66。

5　罗根泽：《战国以前无私家著述考》，页67。

接受《诸子不出于王官论》的看法[1]，造成解释先秦学术史的重大革命。

（三）孔老先后的问题

"孔老先后"是一个相当老的论题[2]，但同样的论题在不同的时代具有相当不同的意义。康有为了尊孔，刻意将孔子捧为诸子百家的始祖。他早在《桂学答问》中便说：

> 各子书虽《老子》《管子》，亦皆战国书，在孔子后，皆孔子后学。

这一段话被罗根泽在为《古史辨》第6册所写的《序》中特别提出来加以讨论。[3]因为这个论题在他们看来关系尊孔与贬孔两种态度。有些人敏感到，孔子既然曾问礼于老子，不就等于承认老子比孔子伟大吗？难怪以捍卫正统儒学为目标的崔述会在《洙泗考信录》的第1卷中力辨此事。[4]康有为是特尊孔子之人，故毫不迟疑地将《老子》判为战国之书，归入"孔子后学"。

直接挑起古史辨中这场孔老先后辩论的倒不是康有为，而是他的学生梁启超，他于1922年发表《评胡适之〈中国哲学史大

1　顾颉刚：《当代中国史学》，页141。

2　关于这个问题的论争史，请见罗根泽：《序》，《古史辨》，第6册，页2—9。

3　罗根泽：《序》，《古史辨》，第6册，页8。

4　崔述：《洙泗考信录》，卷1"初仕"条，页19—22。

纲〉》时[1]，跟康有为一样主张《老子》书作于战国之末，该文一出，据当时人描述是"学术界大为震动"[2]，顾颉刚在隔年2月25日给钱玄同的一封信上即表示他对此彻底赞同。[3]但反对其说者亦不在少数，收在《古史辨》第4册及第6册下编的一大部分文字便是针对这个问题而发的。[4]在这场争论中赞成孔在老前的有梁启超、张寿林、钱穆、张西堂、冯友兰、张季同、罗根泽、顾颉刚，认为老在孔前的有胡适、张煦、马叙伦、郭沫若、谭戒甫、唐兰、黄方刚、张季善、高亨、叶青。[5]值得注意的是胡适在这场论战中始终坚持他在《哲学史大纲》中提出的"大概孔子见老子在三十四岁与四十一岁之间，老子比孔子至多不过大二十岁"[6]。顾颉刚在这场论辩中最值得注意的文章是《从〈吕氏春秋〉推测〈老子〉之成书年代》，他把孔老先后的问题用"层累造成说"来解释，说："老聃是杨朱、宋钘后的人，已当战国的中叶。他以学徒的宣传，使孔子为其弟子，而他的生年遂移前；又使黄帝与之同道，而他的

1　素痴（张荫麟）的《老子的年代问题》中已指出梁氏这一篇文章发表时带来的重大影响。见《古史辨》，第4册，页414。

2　罗根泽：《序》，《古史辨》，第6册，页9。

3　罗根泽：《序》，《古史辨》，第6册，页10。

4　这些论战文字分别收在《古史辨》，第4册，页303—520，及第6册，页387—683。

5　这是罗根泽为《古史辨》第6册所写的《序》中归纳出来的，见该书页25—26。顾颉刚本人在《当代中国史学》中也作了简要的归纳，见该书页141。

6　胡适：《老子略传》，《中国哲学史大纲》（后在台湾商务印书馆重印，易名为《中国古代哲学史》，1970），页44。胡适的这章亦收入《古史辨》，第4册，页304。

学术地位遂益高。"[1]在这场论战的后半段中，主要是胡适与冯友兰之间的争论。冯氏的《中国哲学史》中将老子放在孔、墨、孟之后[2]，1933年，胡适发表《评论近人考据〈老子〉年代的方法》以破老子晚出之说[3]，一面又作《说儒》以坚老子早出之论[4]，主要的箭头便是针对着冯氏。冯友兰亦不示弱，作《原儒墨》《原儒墨补》以驳之。[5]

与孔老先后之论争同时的，是检定诸子年代与作者的风气，与这个论题相关的文字多而且杂，收在《古史辨》第4册与第6册[6]，钱穆的《先秦诸子系年》则是这一脉风潮影响下最具系统的成果。[7]

1　顾颉刚：《从〈吕氏春秋〉推测〈老子〉之成书年代》，《古史辨》，第4册，页517。

2　冯友兰：《中国哲学史》，第八章，尤其是页210。

3　胡适：《评论近人考据〈老子〉年代的方法》，《古史辨》，第6册，页387—410。冯友兰也不甘示弱，即刻答以《读〈评论近人考据老子年代的方法〉答胡适之先生》，《古史辨》，第6册，页410—417。

4　原收《胡适文存》，第四集第一卷。我所用的是《胡适作品集》（台北：远流出版公司，1986），第15册，页5—98。尤其是其中的第六小节。

5　冯友兰：《原儒墨》，收在《中国哲学史》附录部分，页1—48。《原儒墨补》收入同书附录，页49—61。

6　《古史辨》第4册及第6册所收的许多文章都是直接或间接围绕此一主题，包括对孟子、荀子、墨子、许行、邓析子、尹文子、惠施、公孙龙、商君书、尸子、庄子……的讨论，由于这些讨论甚杂，故不备举。

7　钱穆：《〈先秦诸子系年考辨〉自序》（1935年12月），他说："余草《诸子系年》，始自民国十二年秋"，正是古史辨运动云起之时，足见该书与此运动之密切关系。该文收入《古史辨》，第6册，页50—73。现见钱穆：《先秦诸子系年》（香港：香港大学出版社，1956），上册，页1。

六、层累造成说的变形——神话分化说

古史辨最后较重要的一站是"神话分化说"。

杨宽（1914—2005）是修正顾颉刚"层累造成说"最有力的人，他的"神话分化说"被认为是古史辨运动末期最重要的理论建构，《古史辨》第7册的文章大部分是这个理论的发挥，故与"层累说"并称双璧。但从某种层面来说，杨宽实际上是陷入顾颉刚的层累说而不自知。

杨宽对顾氏层累说最大的不满意是我们在本书第三章及许多地方一再讨论到的：所有层累而成的史事都出于刻意伪造。杨宽在1938年发表的《中国上古史导论》中说：

> 衡以情理，传说中因人而异之成分故少，展转讹传者为多，以一人一派之力而欲伪撰古史，以欺天下，天下何易欺？此托古改制之说所以不能尽通。[1]

又说：

> 诸子托古改制之说，吾人颇首肯之，但必非诸子之向壁虚造，无中生有也！[2]

---

1 杨宽：《中国上古史导论》，《古史辨》，第7册，页80。

2 杨宽：《中国上古史导论》，页82。

杨宽批评了顾氏的层累说之后，把顾氏原先以"向壁虚造"看待的古史都改换成神话的自然演变。他说：

> 　古史传说之先后发生，自有其层累，亦自有其演变发展之规律，非出向壁虚造，庙号与神祇称号之混淆，实为神话转变为古史之主要动力，此多出自然之演变；智识阶级之润色与增饰，特其次要者耳。古史传说之产生与演变，由于无意自然者多，出于有意杜撰者少，出于时代潮流之渐变者多，出于超时代之突变者少，视大众意识而转变者多，出于一二人之改变者少。持托古改制之说者，竟谓少数诸子之力足以遍伪古史，此未免夸大其辞矣！[1]

他一再强调：出于一二人之刻意伪造者少，出于众人之自然演变多。可是他在拆散顾氏的旧结构后，却建了一个相当神似的新结构。杨宽所有收在《古史辨》第7册中的文章都围绕着一个主轴在运转——所有上古历史都是东西二民族神话的分化与混合所造成的。几乎所有顾颉刚用"层累说"加以破除的上古史，杨宽都调换成"神话分化说"，他表面上是摆脱了"层累说"，实际上还是掉进层累说的网罗中，而且常常比"层累说"更激烈疑古。以中国信史的起点为例。顾颉刚提出层累说之后，许多人以为信史起于禹，但杨宽更激进地认为商代以前全是神话。顾、杨两套解释系统的最深层结构是完全相似的：那就是顾颉刚不相信层累的古史有一个

1　杨宽：《中国上古史导论》，页148。

真的源头，杨宽也不相信神话分化的古史有一个真的历史源头在。徐炳昶（1888—1976）与苏秉琦（1909—1997）在1947年所写的《试论传说材料的整理与传说时代的研究》曾对杨宽等作过批评。他们说：

> 不过他们（指杨宽等）把事情看得太简单，把真正历史时代限于殷虚时期以后固然不错，可是他们把从前的自炎黄至商中叶的传说时代，一笔抹杀，送它到神话区域里面封锁起来，却是大错而特错的。……自炎黄至商中叶的传说时代正是我国历史从神话时代到历史时代的实在过渡。自从怀疑派学者把它无条件地送到神话的区域里面，而后我国历史上神话时代过到历史时代的步骤遂变成了一跳，同自然不作跳进（Natura non facit saltus）的大原则完全违背，任何民族的历史没有这样子变化的。[1]

以《尧典》为例，康有为说《尧典》每一字都是孔子手造，顾颉刚说尧是子虚乌有的人物，他们的说法都把尧的信史性排除了。杨宽用分化说解释尧的历史时得到的结论也无不同：

> 《尧典》等非孔子所作，然其书固晚出，《周书》但举夏殷而不及唐虞，《周书》又但举上帝而不及尧舜，尧舜之传说实即出上帝神话之转变耳……因知古史之层累造成，实由于神话

1　徐炳昶、苏秉琦：《试论传说材料的整理与传说时代的研究》，收入杜正胜编：《中国上古史论文选集》（台北：华世出版社，1979），上册，页95。

之层累转变，非出伪托也。[1]

他一样是否决了《尧典》的信史性，所不同的是把"层累"的过程与内容稍作转换，把"托古改制"刻意伪造式的层累说，转变成神话分化式的层累说而已。他又说：

> 姑举《尧典》中之人物论之，禹契本社神，稷本稷神，四岳、伯夷、皋陶本岳神，鲧、共工本河伯水神，驩兜、丹朱本日神火神，无非土地山川水火之神。唯益、夔龙、朱虎、熊、罴则本属神话中之禽兽耳。[2]

这不就是徐炳昶、苏秉琦所指责的："把从前的自炎黄至商中叶的传说时代，一笔抹杀"吗？《尧典》如此，舜的史迹也是一样。杨宽说：

> 帝俊、帝喾、帝舜等之本为上帝，可以判知。[3]

又说尧、舜也不过是些野兽罢了，这话不正是顾颉刚"禹为爬虫类"的翻版吗？杨宽说：

> 尧、舜和颛顼原本都是上帝，夔和飞龙及鳝，也不过是些

---

1 杨宽：《中国上古史导论》，页109。

2 杨宽：《中国上古史导论》，页396。

3 杨宽：《中国上古史导论》，页244。

野兽之类罢了！¹

禹与句龙也都是一神的分化：

> 禹和句龙既是一神，禹与应龙又是一神，那么，应龙和句龙当然也是一样的东西了。²

整个夏史便全是由殷周的神话堆累而成的。他说：

> 夏史之演成，实由于殷周等民族之下后（即后土、社神）神话所组合，而有夏又即下国之音转……下后本为上帝之对待名词，而有夏又本为高阳上天之对待名词。下后既相率为人王，有夏乃得为殷商前一代之名。此时殷周之天帝亦追踵而为人之古帝，高阳乃又音转为陶唐，演为古帝古国之名，又演而为有夏前一代之名……童书业氏《帝尧陶唐氏名号溯源》，从"新学伪经"之说，必以《左传》之陶唐氏为出刘歆辈之伪窜，非是也。³

杨宽把刘歆伪窜说用神话分化说——重推一过。甚至连夏姓"姒"，与周姓"姬"也都作一姓之分化解：

1　杨宽：《序》,《古史辨》, 第7册, 页7。

2　杨宽：《序》,《古史辨》, 第7册, 页8。

3　杨宽：《中国上古史导论》, 页276。

"姒""姬"音既相近，义又相通，则姬姓、姒姓为一姓之分化可知。周人既自称有夏、夏后，而周人姬姓又即夏之姒姓，则谓夏史为周人神话传说之所演成，其证益昭矣！[1]

此外，今古文阵营中缠论得很厉害的一些老问题，杨宽也一一以神话分化说来化解。如"刘为尧后"的问题，他说：

> 刘累为御龙氏之说实本祝融乘龙之神话，岂出向壁虚造？其非刘歆所伪窜，盖断断也！[2]

照正统今文家的说法，"刘为尧后"是刘歆为了助王莽篡位而造出的，反对者说那是刘歆以前早就有的历史。杨宽一概不理，说那是本于祝融乘龙的神话。

又如五帝说，自来有《吕纪》《月令》及《大戴礼记》《史记·五帝本纪》两大系统，久为今古文争论之焦点，杨宽也运用他的巨型理论一笔加以解决。他说晚清今文家怀疑《吕纪》《月令》一系之五帝说为刘歆而作，必欲以《大戴礼记》《史记·五帝本纪》之五帝说为今文说，认为这才得孔门相传之旨，其实何者为正说，何者为异端，根本是毋庸争论的，因为在他看来两套系统分别是东西民族各以其神话配合所成：

---

1 杨宽：《中国上古史导论》，页302。

2 杨宽：《中国上古史导论·附录一：刘为尧后说探源》，页326。

盖《吕纪》《月令》一系之五帝说，本出殷人东夷之所传，故与《大戴礼》所传周人一系之五帝说有不同，非若者为正说，若者为伪说也。[1]

五帝如此，三皇亦然：

五帝之传说既由上帝神话演变分化而成，而三皇之传说亦由上帝之神话哲理化演成者。[2]

少昊与五德终始是今古文纠缠不休的重点，也被他用神话分化说轻易地化解了。他说："少皞是玄鸟或凤鸟所降生，所以他手下的官也都是一群鸟。""在古神话里，神和鸟兽都是人格化的，所以那些神和鸟兽就很容易的变成古史传说里的人物。"[3]连五德终始这个争论两千年的问题在杨宽看来也是立可解决的，他认为它"也出于神话的组合"[4]，完全没有什么玄虚。

《宋王偃的绍述先德》这篇顾颉刚用来展示"层累造成说"的作品，也被杨宽以"神话分化说"改造作为他的新说之佐证。他说：

顾氏疑宋王偃之绍述先德，乃出齐王之宣传，余意与其谓

---

1 杨宽：《中国上古史导论》，页255—256。

2 杨宽：《中国上古史导论》，页396。

3 杨宽：《序》，《古史辨》，第7册，页10。

4 杨宽：《序》，《古史辨》，第7册，页12。

出于一人以至数人之宣传，不若谓其出于大众之误传与牵合之为得。[1]

黄帝制器之说，在顾颉刚等人也认为出自汉人伪造，可是杨宽另有别解：

> 黄帝之所以成为制器传说之中心人物，盖因其本由上帝神话所演变，上帝本为造物者，其为制器传说之中心人物固宜。黄帝之天神传说与其制器传说，盖为合流之演变……制器传说亦为神话之演变，非出诸子之托古也。[2]

总之，古史中纷纭缴绕，今古文家纷纷肆其口舌之处，如今都用神话分化说解通了。杨宽自信地宣布：

> 古史传说之纷纭缴绕，据吾人之考辨，知其无不出于神话。古史传说中之圣帝贤王，一经吾人分析，知其原形无非为上天下土之神物。[3]

这些上古史中的人或事，有的是天上的故事变成地上的人话，有的

---

1 杨宽：《中国上古史导论》，页101。顾颉刚：《宋王偃的绍述先德》，《古史辨》，第2册，页93—96。

2 杨宽：《中国上古史导论》，页207。

3 杨宽：《中国上古史导论》，页393。

则是从神话里的鸟兽演变而成。[1]杨宽用天神与鸟兽来说明两千年来国人尊信不疑的上古史系统，顾颉刚则说积无数人刻意伪造而成整个古史系统，两说的深层结构相去不远，其全盘抹杀传统上古信史的态度亦一也。

从"层累造成说"到"神话分化说"，古史辨运动已经经过十五个年头，之所以在这个地方打住，并不是意味着此后没有任何接续讨论的文字，而是因为《古史辨》的编辑至第7册为止。对这样一个运动作思想史的描述，最为重要的是它从哪里开始，而不是它在何处结束。

《古史辨》是由许多史家在不同刊物上发表的文字所选辑而成，但它们之所以编排在一起，实因有共同的脉络贯穿其间，形成几个论域（discourse），所以收集在这七大册书中的文字不管是赞成、修正或反对对方的论点，却都是在同一个棋盘上下棋，应该放在一起来分析与描述。

在整个古史辨运动的发展过程中，康有为等今文学家的论点是有相当影响力的，但这并不是说所有的疑古史家都有意地接受康有为的论点作为他们论述的依据，也不是说顾颉刚等人始终恪遵着康有为的矩矱。不过，如果我们注意到1938年《古史辨》最末一册中还出现当时很活跃的杨宽所写的《刘歆冤词》[2]，就不能不承认康有为对这个运动的影响是相当持久的。虽然康氏早在1927年即

---

1 杨宽：《序》，《古史辨》，第7册，页3、9。

2 杨宽：《中国上古史导论·附录：刘歆冤词》，页405—421。

已死去，但有许多人仍和他下着同一盘棋。

　　然而我们还得注意：那些参与论辩的疑古史家即使是受了康氏的影响，也绝不再像康氏那样"意在尊圣"才"毁经"，他们已完全不再需要任何"尊圣（孔子）"的力量来支持其疑古活动了。以疑古作为反孔的手段在康有为看起来必定觉得是奇耻大辱的，但在受了他影响的古史辨派看来纵不是应当，至少也是可以忍受的。故前一辈人是为"赞圣"而疑古，后一代人则大部分是为"反圣"而疑古。而且康有为孔教会的信徒们也决不会因为康有为曾造成上古信史的动摇而自动成为古史辨运动的支持者。事实上，非但孔教会不可能是古史辨的支持者，连他们的领袖康有为恐怕都会严厉否认他与顾颉刚等人的工作有任何的关联。康氏或许曾经发现他的《新学伪经考》与《孔子改制考》严重的疑古毁经，但对于他的著作竟会引出像古史辨这样的运动，恐怕也是初未料及的。除此之外，如果我们替康有为设想，他可能会有另一个疑惑：为什么受他影响的古史辨派会转过来批评他是反动派？这固与他的思想内容转趋保守有关[1]，但另有一层值得注意的理由：因为顾颉刚等人对他是只袭其"形"而遗其"神"的——只接收了他推翻信史的"形"而舍弃了他是以此手段来尊孔的"神"。再从深一层面看：顾颉刚等人早先固然受到康有为的影响而相信儒家有着许多的"毒素"（譬

---

[1] 康有为进入民国以后，时常著文力驳他早年所倡行的自由平等之说。在《论效法欧美之道》一文中他说："举国之后生新学愤政府已有同情也，忽见舶来品之新奇也，皆以为神方圣药，服之可起死还生焉，于是举欧美人之自由、自治、平等、革命、共和、民主之说，日昌洋而光大之，展转贩售，弥漫全国，遂以有今日之大乱也，遂以全法欧美而尽弃国粹也，遂至父子夫妇之不保也，遂至孔教之沦废也。"（康有为：《论效法欧美之道》，收入蒋贵麟编：《万木草堂遗稿外编》，上册，页345）

如君臣、父子、夫妇间的不平等关系），但康有为是在保留孔子的躯壳为前提下使用偷梁换柱的功夫暗中清除这些毒素的，而他的后辈们在清除这些毒素时却自然而然地把"带菌体"也否定掉。所以在受他影响的新一代看来，他竟自然而然地成了不折不扣的反动思想家。《孟子·尽心篇》说"所过者化，所存者神"，如果把这八个字作自由一点的解释即可发现，思想史的发展便常以这样的方式出现！

结　论

　　本书是以厘清胡适、崔述、孟姜女研究、时代环境（反传统思潮）对古史辨运动的影响开始的。从顾颉刚的自述及他的论著之中都很容易发现这些因素所起的作用。我们大致可以判定：这些因素的交集是顾氏在《与钱玄同先生论古史书》中所提出的"层累造成说"。

　　可是，顾颉刚的"层累造成说"有一个相当突出的特质，这个特质是：他把"层累"看成是有意造伪的结果，而不是自然累积而成的，而这个特质却不是前述几个因素影响下必然的结果。是什么因素造成了这个特质？笔者认为这主要是康有为的《新学伪经考》与《孔子改制考》所造成的影响。但是康氏的《新学伪经考》与《孔子改制考》这两部书决不是平地特起的，它们主要还是清代今文学长期发展的结果，我们甚至可以说，是千里来龙在康有为身上结穴。如果不能把这个深远背景厘清，便难以理解古史辨的特殊性格。所以本书花了相当大的篇幅来讨论晚清今文家的历史解释。在第二章中，讨论今文学的发展与《新学伪经考》的成立，并叙述这一部书对古文经信史性的破坏。第三章则是追溯《孔子改制考》成立的过程，并讨论它对今文经与先秦诸子信史性的破坏。接着讨论顾颉刚对康有为疑古思想吊诡性的继承，及古史辨运动的兴起与过程。

　　廖平、康有为、崔适的疑古活动都出现在近代反传统运动尚未爆发前，而且是由强烈的尊孔卫道意图逼出了那样大规模的疑古思想，但到后来他们的疑古成果却被反传统运动的健将所继承，爆发了古史辨运动。这样一个案例至少告诉我们，近代的反传统运动不一定全是反传统意识的产物。如果我们借用"精神"与"躯壳"这一对名词来看思想史的演变，那么可以发现"精神"与"躯壳"之间可以有无限层次、无限种方式的联结。疑古这个"躯壳"可以与相当不同的"精神"相联结，尊孔这一个"精神"也可以与相当不同的"躯壳"相联结；不同的意图、精神可以寄托在同一个结构之中，而不同的结构也可能寄托着同一个精神。反孔的精神并不一定就会导致推翻上古信史，它们二者虽然有某种亲和性，但却没有必然的依赖关系。在某些情况下尊孔甚至可能发展出令人意想不到的、破坏力极大的反传统活动来。由这个现象我们看出，当客观结构都一样的时候，内在却可能已经充满了完全不同的精神。就像顾颉刚与崔述、康有为所考辨的许多主题是略相仿佛的，得出的结论也相似，可是内在精神却相当不一样。历史的发展常是吊诡地进行着。像康有为与廖平，他们"本意尊圣"，但最后"乃至疑经"（余联沅语），其意图与结局之间就已是相当吊诡的了。但更吊诡的是他们的疑古思想被意图层面完全不同的反传统人士接收下来，其尊孔意图被全部舍弃，成为为一个完全不同的意图（反传统）服务的工具，以致疑古运动虽然在相当程度上是清季今文家思想影响下的产物，却很快地与民初的反传统运动合流了。

顾颉刚等人相信"旧道德的权威即伏在古书的神秘之中"[1]，所以如果抱持着传统的上古史观，则一方面是"尧舜禹汤一班古人就成了道德的模范"，另一方面是"儒家的理想就都成了尧舜禹汤早已行过的'王政'"[2]，这个两千年来约定俗成的历史系统在古史论战中被重重拆散，一方面使得上古历史有了重构的必要，另一方面使得寄托在古史上面的道德系统受到全面的挑战了——因为这些道德既不曾在上古黄金时代实行过，它们的合法性便受到了空前未有的怀疑。[3]所以拆散古史系统，重新审视它的组合过程的同时，也等于拆散了传统的道德系谱，好让现代人在一个全新的基础上一一加以衡量。所以古史辨运动促使人们在史学上，或道德系统上，都回到最古的源头去重估一切。

但是我们不能误以为古史辨的最大成就是把传统上古信史完全击垮了。事实上，它对近代史学发展的最大意义是使得过去凝固了的上古史系统从解榫处解散开来，使得各各上古史事之间确不可变的关系松脱了，也使得传统史学的视野、方法及目标有了改变，资料与资料之间有全新的关系。故即使不完全相信他们所留下的结论，但至少在传统古史系谱中，已经没有任何人或事可以安稳地被

1　顾颉刚：《盘庚中篇今译》，《古史辨》，第2册，页50。

2　顾颉刚：《秦汉统一的由来和战国人对于世界的想象》，页5。

3　1930年除夕胡适告诉罗尔纲的一段话可以为古史辨在这方面的影响作一说明。当时罗尔纲想从事中国上古史研究，预备要写《春秋战国民族史》，把其中两章请胡适评阅，胡适说："你根据的史料，本身还是有问题的，用有问题的史料来写历史，那是最危险的。"［见罗尔纲：《师门五年记》（台北：胡适纪念馆，1976），页21—22］罗尔纲听了这番话，遂认为上古史文献处处是陷阱，只好改做中国近代史。这一对上古史文献不敢轻信的态度，是古史辨最主要的影响之一。

视为当然，而都有遭遇到怀疑或改写的可能。正如余英时先生所说的，"他们把古代一切圣经贤传都当作历史的文献（document）来处理"[1]。综括地说，这个运动使得史家们能有用自由的眼光去看待上古史的机会，但这个运动最大的盲点之一是把书的真伪与书中所记载史事的真伪完全等同起来，认为伪书中便不可能有真史料。他们之所以能自觉到这么一个盲点，是因为心中有一套潜在架构，使得他们不能平情地对上古史事进行细心的鉴别。[2]

我个人倾向于相信大的学术革命本身只是一个"机"，它只是开启各种可能性，而不是一次解决了所有问题。像古史辨这样的运动，带来的影响并不只是对个别的几件史事看法的改变，而是巨大观点的转变。在这样的转变中固然开启了一些宝贵的方向，但同时也不免失去一些有价值的东西。由于这个变革本身并不是"论斤论两"，对每一件史事都研考推敲，然后归纳出一个无瑕的历史蓝图之后才进行，所以常常是挟精金与泥沙而俱下的。它把许多原来视为理所当然的、问题重重的历史系统打破，因而开启了极多新的可能性，但是同时也轻率怀疑许多可贵的古史知识。正因为这个运动在上古史研究上的得与失都得靠未来更进一步的研究或有价值的考古材料出现才能决定，而非目前所能具论，所以，我们恐怕不能天

1　余英时：《顾颉刚、洪业与中国现代史学》，收入《史学与传统》（台北：时报文化出版公司，1982），页272。

2　宫崎市定《中国史》的上古史部分便可能受到古史辨之影响，认为春秋时代以后才有信史，以前的都是神话或传说，桀纣幽王的故事是小说，周初封建诸侯的谱牒是东周初期以后"假托""编选"的。见杜正胜《评宫崎市定著〈中国史〉》[《史学评论》，第3期（1981年3月），页225—226]中对他的批评。

真地认为经过一场史学革命后，所有上古史问题都解决了，也不可以把他们的结论当作唯一的标准，进而将这场史学革命以前所有的上古史研究成果一概视为废纸。这场史学革命固然帮助后来的史家冲破过去无数的迷雾，可是，在倒洗澡盆时也把婴儿倒掉了。现在，是将婴儿从地上捡回来的时候了！

附 录
对《文史通义·言公》的一个新认识[*]

前 言

一个世纪以来，章学诚（1738—1801）已经被反复讨论过无数次了，想对他作一点新理解，并不是很容易的事。但是，章氏思想中也有一些特殊的论点，因为拜近几十年来学术的新发展，可以得到另一层次的了解，在我看来，《言公》篇便是个具体的例子。

在过去，《言公》篇并不常被单独提出来讨论。一般讲章氏，多集中在其史学、文学或校雠之学，即使像胡适（1891—1962）偶然提到《言公》篇，也斩钉截铁地说它是错误的[1]，但是事实是否如此呢？

一

章学诚的《言公》篇作于1783年，共有上、中、下三篇，是

---

* 本文在史语所讲论会报告时，获黄进兴、林富士、李建民、李宗焜、颜世铉等同仁宝贵意见，特此致谢。

1 胡适著、姚名达订补：《章实斋先生年谱》（上海：商务印书馆，1934），页55。

他的得意之作。¹在我看来，《言公》之旨扩散到他的《文史通义》及《校雠通义》两书，是章氏整个理论建构的基础。《言公》篇一开始即说：

> 古人之言，所以为公也，未尝矜于文辞，而私据为己有也。志期于道，言以明志，文以足言，其道果明于天下，而所志无不申，不必其言之果为我有也。²

这段话中指出，在上古时代文字著述之社会功能及由此衍生的文籍体例等层面，与后代截然相反。他说古人语言与思想皆是为了公共的使用，以实际见诸行事为其终极目的，而不是为了表现自己的聪明才智。苟能实际见诸行事而有益于国计民生，完全不在乎这是谁的思想、谁的著作——"苟足立政而敷治，君臣未尝分居立言之功也"³；"盖取足以明道而立教，而圣作明述，未尝分居立言之功也"⁴。

章氏认为，在古人心目中，高远的思辨是没有意义的，以著述逞聪明才智，更不是他们真正的目的。他说：

> 文字之用，为治为察，古人未尝取以为著述也。以文字为

---

1 胡适著、姚名达订补：《章实斋先生年谱》(上海：商务印书馆，1934)，页55。

2 章学诚：《文史通义·言公上》，页35。

3 章学诚：《文史通义·言公上》，页35。

4 章学诚：《文史通义·言公上》，页36。

著述，起于官师之分职，治教之分途也。[1]

他认为思辨、著述，一旦脱离典章政教、人伦大用等公共的用途，是一种文化上的堕落，是"官""师"分职、"治""教"分途之后才发展出来的。他又说：

是故圣王书同文以平天下，未有不用之于政教典章，而以文字为一人之著述者也。[2]

因为典章政教、人伦日用是众人的事，所以理想上，思想文字不是为一人所独有，一旦文字著述脱离了公共的用途，文字著述便失去了意义。

章氏认为上古以来的国家档案（史）才是一切学问之根源，后来的人都是以这些"史"作为学习、发挥的张本。

书吏所存之掌故，实国家之制度所存，亦即尧、舜以来因革损益之实迹也。[3]

古代的"史"皆典守历代以来的掌故，以存先王之道：

1　章学诚：《文史通义·原道下》，页28。

2　章学诚：《文史通义·诗教上》，页14。

3　章学诚：《文史通义·史释》，页48。

五史之于文字，犹太宰司会之于财货也。……非府史所守之外，别有先王之道也。[1]

因为官守文献（史）是唯一的知识来源，所以孔子向他们问礼。章氏说："有司贱役，巫祝百工，皆夫子之所师矣。问礼问官，岂非学于掌故者哉！"[2]孔子删述这些官礼掌故成为六经，故章学诚说"六经皆史"。

由于官、礼是历代圣人实际施为的记录，这些记录平时由五史搜集记录，然后典守在官府，必须要有实际作为的人才能留下记录，所以章氏把古代圣人分成两个层次，能得到机会实践其抱负的人比能著述的人要伟大，所以他说周公才是集大成的人，孔子并未集大成。章氏说"孔子有德无位，即无从得制作之权，不得列于一成，安有大成可集乎"[3]，又说孔子"学周公而已矣"[4]。这并不表示孔子本人的才性不及周公，孔子未遇其时，未能施展抱负，虽"有德"却"无位"，所以"无制作之权"，"空言不可以教人"[5]。

章氏认为，孔子所从事的只是将官守之文献加以整理纂辑并用以教人，这是不得已的工作，而孔子之后所谓"儒"的传统，是"不得已"的人所做的不得已的工作，所以不是最根本、最有价

1 章学诚：《文史通义·史释》，页47。

2 章学诚：《文史通义·史释》，页47。

3 章学诚：《文史通义·原道上》，页23—24。

4 章学诚：《文史通义·原道上》，页24。

5 章学诚：《文史通义·原道中》，页25。

值的事。故章氏说"六经皆器也"[1]，而不说六经皆"道"也，又说"六经不尽道"。但是章学诚也相当技巧地说官司典常，与师儒讲习（六经），只是性质不同，不必然有优劣之分[2]，他说：

六经之文，皆周公之旧典，以其出于官守，而皆为宪章，故述之而无所用作；以其官守失传，而师儒习业，故尊奉而称经。圣人之徒，岂有私意标目，强配经名，以炫后人之耳目哉！[3]

但实际上两者高下之分是相当清楚的。他说"经"之一名并不是尊称，只是官守失传后，拿来作为学习的教本而被尊称为"经"。认真地说，则六经恐怕还比不上官守之旧典，六经只是删述古代典章记录的成果。甚至可以说，六经跟"儒"一样，都是"官失其守"之后不得已的产物，所以章学诚对后人以六经为一种专门学问，不停地进行研究，也表达了不满之意，明白批判经师的工作，同时也严厉地批判清代的经典考证之学[4]。他也对人们迷恋上古三代而不能留意后代之事表示轻蔑，认为"六经"不能涵括后来的历史发展：

1　章学诚：《文史通义·原道中》，页26。

2　章学诚说："盖官司典常为经，而师儒讲习为传，其体判然有别，非谓圣人之书，有优有劣也。"（《校雠通义》，页248）

3　章学诚：《校雠通义·汉志六艺第十三》（台北：盘庚出版社，1978），页248。

4　章学诚：《文史通义·原道下》，页28。

事变之出于后者，六经不能言，固贵约六经之旨，而随时撰述，以究大道也。[1]

　　他认为，理想上应该每一代的人都能秉着孔子删述六经之精神，随时取资于每一代之官礼而有所撰述。

　　前面已说过，章氏认为古人的言语著述，都是为了现实的目的，不是为了思想的创发与论辩，所以在整部《文史通义》中，我们见到章氏时时在区分两个时代，一个是战国以前，一个是战国以后。在前一个时代，"文"是公器；在后一个时代，"文"为私有。战国以前，"文"是用来行道的；战国以后，"文"是发挥个人才能的。章氏本人主张前者优于后者，前者是理想，后者是堕落。正因为章氏认为古代的世界是一个不重文辞、不重思辨、不重言语，而看重实际的"事""物"的世界，故他的书中充满一批相对的概念：声音重于文字[2]、志识重于文辞[3]、事重于言[4]、典章事实重于文章（因"器"以明"道"）、质重于文（"古之文质合于一"[5]）、道重于文（道"公"文"私"）、理重于辞（"理重而辞轻，天下古今之通

1　章学诚：《文史通义·原道下》，页28。

2　章学诚：《文史通义·诗教下》，页15。

3　章学诚：《文史通义·说林》，页75。

4　章学诚：《文史通义·书教上》，页7。

5　章学诚：《文史通义·诗教上》，页13。

义"[1]）、义理重于文辞[2]等。

在这个世界里，文籍著述体例的情况是相当独特的，章氏讨论这个问题的文字散见《校雠通义》及《文史通义》两部书中，而且没有前者，便搭不成后者之"七宝楼台"[3]。我试着把他这方面的观点作一个整理：

第一，人可以随意"移置他人之书"[4]：

> 古人之言，所以为公也。未尝矜于文辞，而私据为己有也。志期于道，言以明志，文以足言，其道果明于天下，而所志无不申，不必其言之果为我有也。[5]

"道""志""言""文"四者之间，"道"是最上位的，"文"是最下位的。"文"的最终目的是要能明"道"，只要"文"能明"道"，便不在乎"文"是否出自我之手或是否为我所有。章氏又说，古人认为只要"道"是相同的，则别人的话只要得我心之所同然，便等于是我的，后人能得其说加以变通发挥，也等于是我的，只在乎是否可以明"道"、行"道"。他说：

---

1 章学诚：《文史通义·说林》，页76。

2 章学诚：《文史通义·说林》，页76。

3 余英时：《章学诚文史校雠考论》，《"中研院"历史语言研究所集刊》，64本1分（1993年3月），页205—221。

4 章学诚：《文史通义·说林》，页77。

5 章学诚：《文史通义·言公上》，页35。

古人有言，先得我心之同然者，即我之言也。何也？其道同也。传之其人，能得我说而变通者，即我之言也。何也？其道同也。[1]

所以古人没有清楚地标示作者为某的观念，也没有"攘窃""抄袭"的想法，因为道是公的，言也是公的，能不能用才是重点之所在。能用，则窃不等于窃——"古未有窃人之言以为己有者"[2]，所谓"窃"是因为"由于自私其才智，而不知归公于道也"[3]，要等到世道衰微之后，"道"不行了，人们才争"文"的所有权，他说："世教之衰也，道不足而争于文，则言可得而私矣！"[4]

第二，古代文籍有一个由"口耳之传"到"著于竹帛"的演化过程，在这个过程中，不断附益的情形相当普遍。因为"智财权"不重要，再加上上古书写材料稀少，所以提出某种学说到书于竹帛，往往需数百年之久。在书于竹帛之前，靠的是"口耳相传"之学，"口耳相传"是"道"重于"文"之时代，"竹帛之功"则是"文"胜于"道"的时代，故说"口耳之学既微，竹帛之功斯显"[5]。他说：

1　章学诚：《文史通义·言公中》，页38。

2　章学诚：《文史通义·言公中》，页38。

3　章学诚：《文史通义·言公中》，页38。

4　章学诚：《文史通义·言公中》，页38。

5　章学诚：《文史通义·言公下》，页41。

（田）何而上，未尝有书，然则所谓五传之际，岂无口耳
受授之学乎？[1]

许多书被前儒怀疑是后人伪撰，托古人之名以行，章氏认为
未必如此，应该是有一段由"口耳"到"竹帛"绵长的传衍过程：

兵家之有太公《阴符》，医家之有黄帝《素问》，农家之神
农《野老》，先儒以谓后人伪撰，而依托乎古人，其言似是，
而推究其旨，则亦有所未尽也。盖末数小技，造端皆始于圣
人，苟无微言要旨之授受，则不能以利用千古也。三代盛时，
各守人官物曲之世氏，是以相传以口耳；而孔、孟以前，未尝
得见其书也。至战国，而官守师传之道废，通其学者，述旧闻
而著于竹帛焉，中或不能无得失，要其所自，不容遽昧也。[2]

同时他也提醒人们，在书本之外，还有口耳相授之心传，故
可能在本书之外，同时还有种种口传的内容存在着：

古人书不尽言，言不尽意，竹帛之外，别有心传；口耳转
受，必明所自，不啻宗支谱系，不可乱也。[3]

1 章学诚：《校雠通义·汉志六艺第十三》，页249。

2 章学诚：《文史通义·诗教上》，页14—15。

3 章学诚：《文史通义·师说》，页65。

第三，古人不著书，古代文献以"篇"为单位，这些篇章或离或合，本无一定，而战国诸子其实是一种"文集"。他说：

故著书但当论篇。[1]

又说：

且如韩非之《五蠹》《说林》，董子之《玉杯》《竹林》，当时并以篇名见行于当世，今皆会萃于全书之中，则古人著书，或离或合，校雠编次，本无一定之规也。《月令》之于《吕氏春秋》，《三年问》《乐记》《经解》之于《荀子》，尤其显焉者也。[2]

所以他说《汉书·艺文志》多以"篇"来计书。[3]

第四，古无私家撰述，故其书常常是学派中人缀辑、发挥、补充、追记的结果，其中有一个发展变化的过程，以《管子》一书为例：

春秋之时，管子尝有书矣，……然载一时之典章政教，则犹周公之有《官礼》也。记管子之言行，则习管氏法者所缀

1　章学诚：《文史通义·篇卷》，页63。

2　章学诚：《校雠通义·焦竑误校汉志第十二》，页246。

3　章学诚：《校雠通义·汉志诸子第十四》，页258。

辑，而非管仲所著述也。[1]

他接着批判清初大儒阎若璩（1636—1704），认为他并不懂得这一层，所以认为《管子》书中提到齐桓公之谥号，乃是"后人所加，非《管子》之本文"。在章学诚看来，阎氏认为《管子》有所谓"本文"，即已透露了他并不了解"古人并无私自著书之事，皆是后人缀辑"这个事实[2]。

第五，古人因为"言公"，所以无意以著书为标榜，故古人著书不特意标篇名。他说"古人著书命篇"，只是为了"取辨甲乙，非有深意也"[3]，因此常常引起后人的误解。章氏举一个例子说，他读《汉书·艺文志》，在儒家者流下竟有魏文侯与平原君之书，读者不察，以为战国诸侯公子何以入于儒家，不知这是著书之人自托儒家，"而述诸侯公子，请业质疑，因以所问之人，名篇居首，其书不传，后人误于标题之名，遂谓文侯、平原所自著也"[4]。所以是著书之人随意把请业质疑对象的名字放在篇首所引起的误会。

我们所见到的书名、篇名，往往是后人在校雠之时加上去的。篇名常是取篇章开头前几个字，书则常以其人为名：

1　章学诚：《文史通义·诗教上》，页14。

2　章学诚：《文史通义·诗教上》，页14。

3　章学诚：《文史通义·匡谬》，页90。

4　章学诚：《文史通义·匡谬》，页91。章太炎对此条有所辩证，参叶瑛《文史通义校注》（北京：中华书局，1994）所引章氏《与人论国学书》，页412。

古人著书，往往不标篇名，后人较雠，即以篇首字句名篇；不标书名，后世较雠，即以其人名书，此见古人无意为标榜也。[1]

一直要到后世，"人心好异"，才"竞为标题"。[2]

第六，古人常随意称引他人之说，窜为己作，章学诚说：

或问：前人之文辞，可改窜为己作欤？答曰：何为而不可也。古者以文为公器，前人之辞如已尽，后人述而不必作也。[3]

又说：

古人著书，援引称说，不拘于方。[4]

又说：

夫古人著书，即彼陈编，就我创制，所以成专门之业也。[5]

1　章学诚：《文史通义·繁称》，页88。

2　章学诚：《文史通义·繁称》，页89。

3　章学诚：《文史通义·答问》，页110。

4　章学诚：《校雠通义·汉志诸子第十四》，页254。

5　章学诚：《文史通义·释通》，页83。

以上是章氏的几点看法，从上面的引文中，我们可以看出，章氏时时在区分两个时代，一个是无私人著述的时代，也就是官师合一、政教合一、同文为治的理想时代；另一个是官失其守，官师分职之后的时代。在后面这个时代，人们才脱离了"言公"，开始以著述自显，开始标榜自己的著述，而战国是其关键时刻。在这个时代，一方面是官师分职，另一方面是因各国分裂，士人要表现其智慧以争取各国君主的宠爱，著述遂成干禄的工具，著述遂逐渐成为私人之事、专门之业。战国时代诸子争鸣，在今人看来是思想的黄金时代，在章氏看来是文化堕落：

> 周衰文弊，六艺道息，而诸子争鸣，盖至战国而文章之变尽，至战国而著述之事专，至战国而后世之文体备；故论文于战国，而升降盛衰之故可知也。[1]

这个文化堕落的时代，虽然发展出各式各样的文体，开启了各种多元的思想，但章氏一概说那是文化由"升"而"降"，由"盛"而"衰"的时代。我们今天所盛称的百家竞鸣、思想的黄金时代，在章氏的笔下成了一个衰世：

> 官师既分，处士横议，诸子纷纷著书立说，而文字始有私家之言，不尽出于典章政教也。[2]

---

1 章学诚：《文史通义·诗教上》，页12。

2 章学诚：《文史通义·经解上》，页18。

诸子百家，不衷大道。其所以持之有故，而言之成理者，则以本原所出，皆不外于周官之典守；其支离而不合道者，师失官守，末流之学，各以私意恣其说尔。[1]

以战国为文章之盛，而衰端亦已兆于战国也。[2]

他常常用"周末贱儒"[3]一词来形容这批以著书为业的人物：

著书之盛，莫甚于战国，以著书而取给为干禄之资，盖亦始于战国也。[4]

私家著述是从战国时代才开始出现，独立于官司掌故之外的文章学问也从此时才开始出现：

盖自官师治教分，而文字始有私门之著述，于是文章学问，乃与官司掌故为分途。[5]

前面大致讨论了章氏对古代文籍体例的看法，那些看法在过去往往被忽略或认为是错的，但却与这几十年来出土简帛所揭示的古

1　章学诚：《文史通义·易教下》，页5。

2　章学诚：《文史通义·诗教上》，页15。

3　章学诚：《文史通义·匡谬》，页91。

4　章学诚：《文史通义·匡谬》，页91。

5　章学诚：《文史通义·史释》，页47—48。

代文籍的实况若合符节（不过，只能限在汉代以前，隋唐以后则不同），我必须先声明：对于出土简帛，我虽然感到浓厚的兴趣，但涉猎甚浅。然而在有限的阅读中，却得到一个印象，即简帛中所见古代文籍的状况，并不接近汉、唐以后的情形，尤其是与我们今天的常识截然异趋，但却与章学诚的见解相近。

关于出土简帛中所见古籍的情况，近人李学勤、裘锡圭、李零等人已有讨论，我归纳所见为如下几点：

（一）古书不题撰人：李零说普遍题撰人是从《隋书·经籍志》才开始。他说：出土简帛书籍不仅从未发现题写撰人，而且像《孙子兵法》《孙膑兵法》，简文中出现的只是笼统的"孙子曰"，从未见到孙武、孙膑之名[1]。

（二）古书多无大题：彭浩《郭店楚简〈缁衣〉的分章及相关问题》中，即指出郭店楚简《缁衣》原无标题[2]，李零则说："现已发现的简帛书籍皆无大题，而只有小题。银雀山汉简有五方篇题木牍（相当现在书籍封内的目录），马王堆帛书间附目录，其中也未发现书题。"[3]

（三）古书存在大量后人增加、修改、重编，或合编成卷的现象。后人增加的现象，见于一种与《孔子家语》有关之竹简，又如银雀山出土的《孙子兵法·用间篇》，有"燕之兴也，苏秦在齐"，

1　李零：《出土发现与古书年代的再认识》，《九州学刊》3卷1期（1988年12月），页109。

2　彭浩：《郭店楚简〈缁衣〉的分章及相关问题》，收入李学勤主编：《简帛研究》（南宁：广西教育出版社，1998），第三辑，页44。

3　李零：《出土发现与古书年代的再认识》，页110；骈宇骞：《出土简帛书籍题记述略》，《文史》，2003年第4辑，页26—56。

乃后人所增。后人修改的例子，如张家山及马王堆出土的一种脉书，与后来《内经·灵枢》中的《经脉》篇之间的关系。后人重编的情形，如以马王堆帛书《周易》与今本《易传·十翼》相比，可以发现《十翼》中《系辞》《说卦》经过重新编写，和帛书本编次不同的现象。至于合编成卷，如马王堆帛书《老子》乙本，以《老子》和《五行》《九主》《明君》《德圣》四篇抄在一起成为一卷书。[1]

同时，研究者们也指出特定古书常为某一学派传习资料之汇编，裘锡圭便说："银雀山汉墓出土的《孙子》除十三篇外，还有一些佚篇，其中有解释十三篇中的内容的，也有记孙子事迹、言论的，显然为弟子、后学所增。"[2]

（四）古书多单篇流行，篇数较多的古书带有丛编或文件集之性质：如《保傅》是贾谊《新书》的一篇，又收入《大戴礼记》，在定县八角廊竹简中，则出现了单行之《保傅》[3]。

（五）古书分合无定：如李零《银雀山简本〈孙子〉校读举例》一文，可见在同一书之内的割裂、拼合[4]。古书常见各种书籍彼此抄

1　以上皆引自李学勤《对古书的反思》，收在李氏的多种文集中，如《简帛佚籍与学术史》（台北：时报文化出版公司，1994），页30—31。

2　裘锡圭：《中国出土简帛古籍在文献学上的重要意义》，《中国出土资料研究》（东京：朋友书店，1999），第三号，页6。

3　李学勤：《对古书的反思》，页31。

4　李零：《银雀山简本〈孙子〉校读举例》，《中华文史论丛》1981年第4辑（上海：上海古籍出版社，1981），页299—313。《老子》中有原来两章并为一章，甚至三章并为一章。《晏子》中有一章被分成两章。楚墓出土的《缁衣》章序与《礼记》中的今本有许多不同，分章亦有不同。裘锡圭：《中国出土简帛古籍在文献学上的重要意义》，页6。

来抄去的现象：如银雀山简中有一部书见于二号木牍，共十三篇，其中《守法》《守令》篇与今本《墨子》中讲城守之法的各篇相出入；《王兵》篇与《管子》的《参患》《七法》《地图》等篇相出入；《兵令》篇与今本《尉缭子》的《兵令》篇相出入[1]。银雀山的《唐勒》，经考定为宋玉的佚赋，而大量为《淮南子·览冥篇》所采[2]。唐兰（1901—1979）发现马王堆帛书《黄帝四经》中多有与《鹖冠子》相同或类似的字句。他同时也发现今本《文子》与帛书的《黄帝四经》相同二十余处[3]。

以上五点并不是古代文籍体例之全貌，因为目前为止，考古出土大多是战国楚简（如郭店楚简、上博楚简）或西汉古书（如银雀山汉简、马王堆帛书），商、西周、春秋仍是一片空白[4]，将来随着出土文物的陆续发现，说不定会对前述诸点有所修正。但是从常识判断，它们被全然推翻的可能性不大。

考古发现之古代文籍呈现了一个特质：古代文籍是流动的，是发展的，是抄来抄去、合来合去的，不大重视作者，也没有显著的标题。它们与后人所了解的每书、每篇皆有一个因意名篇的标题，都有清楚的作者，而且知识产权的观念非常清楚，动辄指斥别人抄袭的常识截然相反。而上述种种特质皆与章学诚的推断若合符

1　李零：《出土发现与古书年代的再认识》，页111—112。

2　裘锡圭：《中国出土简帛古籍在文献学上的重要意义》，页5。

3　廖名春：《梁启超古书辨伪方法的再认识》，《汉学研究》16卷1期（1998年6月），页359。

4　李零：《简帛的埋藏与发现》，《中国典籍与文化》2003年第2期，页5。

节，使我们对《言公》的思想得到一种新的证实，知道它不但不是错了，而且相当符合古代的实况。

在清代中期，章氏对古代文籍体例乃至于文字著述的社会功能的见解，是相当孤立的。我们当然可以在严可均（1762—1843）、孙星衍（1753—1818）、俞樾（1821—1907）等人的著作中，看到一些相近似的零星观点[1]，但大体而言，乾嘉考证学兴盛之时，人们的观点与他大异其趣，最直接的例子是《四库全书总目提要》中对先秦诸子的讨论，即往往以汉唐之见议论古人[2]。所以像章氏那样有系统地见到古人文字著述是为"公"，因而推论古书的形成，标举一套政治哲学，是绝无仅有的。他对这个发现沾沾自喜，认为自己是揭千古不传之秘，认为自己于史学如有天授。

章氏的发现显然是直接从古书推论所得，而不是从任何出土材料得到的结论。他的推论基础主要是刘歆的《七略》，益之以他对古代典籍校雠之学的心得。这可以从章氏治学历程推知。当章氏三十六岁，开始撰写《文史通义》的次年，他在给朋友的一封信中宣称自己想"思敛精神为校雠之学，上探班、刘，溯源官礼；下该《雕龙》《史通》，甄别名实，品藻流别，为《文史通义》一书"[3]，此

1　严可均论《管子》《鹖子》，孙星衍论《晏子》《燕丹子》，孙诒让论《墨子》，皆说古书不必自著。见余嘉锡：《古书通例》卷4，《古书不皆手著》，收入氏著：《余嘉锡说文献学》（上海：上海古籍出版社，2001），页259—260。

2　《钦定四库全书总目·子部·法家类》《管子》条目下说："今考其文，大抵后人附会多于仲之本书。"见纪昀等原著，四库全书研究所整理：《钦定四库全书总目》（北京：中华书局，1997），上册，卷101，页1314。

3　章学诚：《与严冬友侍读》，《章学诚遗书》（北京：文物出版社，1985），页333。《章实斋先生年谱》将之系于乾隆三十八年，见该书页29。

处所谓"官礼"，即周官典守之旧籍，也就是溯源于古代官师合一之时官守其籍之情状。章氏在《校雠通义》开宗明义也谈到他是从"官师合一"之旨出发，而基础是刘歆"诸子出于王官"论[1]，他说："刘歆盖深明乎古人官师合一之道，而有以知乎私门初无著述之故也。"[2]他又说："刘向校书、叙录诸子百家，皆云出于古者某官某氏之掌，是古无私门著述之征也。"[3]不过，向、歆的"诸子出于王官"之说，与古人"言公"之间，仍需要一段很宽广的推论过程，不是简单的继承关系。

但是，我们不禁要问，何以读过《汉书·艺文志》的人那么多，却未能得出与章氏相近之论，其中关键之一恐怕是诠释态度的不同。章氏是以古人读古人，而其他人是以今人读古人。因为汉，尤其是隋唐以后，书籍体例已经大变，成为天经地义的常识，所以人们并不觉得古代文籍体例与文字著述的社会功能，会与今人所知截然不同，也不会认为那是一个值得深论的问题。即使关注这个问题，也是将当时的常识投射回古人身上。而章氏往往是拿几段古书中的话，尝试与他们在同一个层次上，试着同情地理解上古之情状，故所得往往与他人不同。

章氏处在考证学如日中天的时代，在这样一个时代"思"与

1　参见章学诚《校雠通义》："有官斯有法，故法具于官；有法斯有书，故官守其书；有书斯有学，故师传其学；有学斯有业，故弟子习其业。官守学业皆出于一，而天下以同文为治，故私门无著述文字；私门无著述文字，则官守之分职，即群书之部次，不复别有著录之法也。"（页228）

2　章学诚：《校雠通义·原道第一》，页229。

3　章学诚：《文史通义·文集》，页60。

"学"不能太过二分，没有学术考据为基础的"思"，是站不住脚的，故当时"思"与"学"的关系往往是以"学"之所得来推展"思"，否则不能取信时人，所以章氏也是先以弄清古代文籍体例的演变及著述的社会功能，来讲他那一套"官礼为治""官师合一""同文为治"的政治思想，而这也是考证学兴盛时代的人想讲一套哲学时常走的路。戴震（1724—1777）的《原善》《孟子字义疏证》也是如此。

考证学的最终目的是恢复古代的遗意，但古代是一个朴拙的初民社会，愈能如实地把握其原意，也就愈束缚住现代性的思维，章氏力图回到古代"官师合一"的文化专制主义便是一个例子。我们在潜意识中，常常假设愈往近代，思想愈趋开通，但章氏的例子正好反其道而行。

二

章学诚区分"学古"与"古学"，清代经师尊汉学，尚郑玄（127—200）、许慎，那是"学古"，而不是"古学"。[1]真正的"古学"是要能知"言公"之旨，留心当代之务，而不是以著述逞一己之聪明才辩而已。[2]故章氏是一位"当世心态"非常浓厚的学者，他说"学业将以经世也"[3]，"所贵君子之学术，为能持世而救偏"[4]，

1　章学诚：《文史通义·说林》，页77。

2　章学诚：《文史通义·说林》，页77。

3　章学诚：《文史通义·天喻》，页64。

4　章学诚：《文史通义·原学下》，页32。

"故学业者，所以辟风气也"。[1]

　　他的"当世心态"又与极端的"复古心态"套叠在一起。章学诚的《言公》等篇虽讲古代著述体例之变化，但其最终用意是希望他的时代能回到战国以前"文"与"道"合一的关系，再回到"治教合一""官师合一""同文为治""官、守、学、业皆出于一"的理想状态[2]。故他鼓吹回复到秦人以吏为师，认为这样才合于三代，也才真正合于孔子之理想。[3]他为清代所开的药方，是书掌于官，禁止私人著述。在《校雠通义》他提到：

　　书掌于官，私门无许自匿著述，最为合古。然数千年无行之者，……然法固待人而行，不可因一时难行，而不存其说也。[4]

　　书掌于官，则思想言论有所定：

1　章学诚：《文史通义·天喻》，页64。

2　参见章学诚：《校雠通义·原道第一》："有官斯有法，故法具于官；有法斯有书，故官守其书；有书斯有学，故师传其学；有学斯有业，故弟子习其业。官守学业皆出于一，而天下以同文为治，故私门无著述文字；私门无著述文字，则官守之分职，即群书之部次。……（秦人）以吏为师则犹官守学业合一之谓也。由秦人以吏为师之言，想见三代盛时，礼以宗伯为师，乐以司乐为师，诗以太师为师，书以外史为师，三易春秋，亦若是则已矣！又安有私门之著述哉？"（页228）《校雠通义·宗刘第二》又说："使之恍然于古人官师合一之故，则文章之病可以稍救。"（页229）

3　章学诚：《文史通义·史释》，页48。

4　章学诚：《校雠通义·校雠条理第七》，页236。

则奇邪不衷之说，淫诐邪荡之词，无由伏匿，以干禁例。[1]

但是如此激烈的言论，在清代中期当然是行不通的。

章氏同时也提出一套时人看来极大胆，而他认为理所当然的校雠主张。章氏有互见、别裁之说[2]，文廷式（1856—1904）指出，章氏并非孤明先发，而可能是袭自其同乡祁承㸁（1562—1628）的《书目略例》。这里所谓《书目略例》即是《庚申整书例略》，《例略》共有四则，其中一则是"一曰互，互者互见于四部之中也"。[3]章学诚因为发现古代文章以篇散见，离合无定，在同一个主题之下，不同书以篇为单位，依官守之不同编集在一起，所以提倡模仿古人裁篇互着的方法重编古书。他说：

《月令》之于《吕氏春秋》，《三年问》《乐记》《经解》之于《荀子》，尤其显焉者也。然则裁篇别出之法，何为而不可以著录乎。[4]

1　章学诚：《校雠通义·校雠条理第七》，页236。

2　文廷式：《纯常子枝语》卷26，收入赵铁寒编：《文廷式全集》（台北：大华印书馆，1969），第8册，总页1541。我是从钱锺书《谈艺录》中获此线索，参见钱锺书：《谈艺录》（北京：中华书局，1984），页264。

3　祁承㸁：《庚申整书例略》，收入《续修四库全书》（上海：上海古籍出版社，1997），第919册，总页556。我不认为章氏只是因袭祁氏之说，因为祁说甚简略，而章说的层次要高出太多了。

4　章学诚：《校雠通义·焦竑误校汉志第十二》，页246。

李慈铭（1830—1894）便嘲笑他想把《大小戴记》依类分编各部，甚至想将《周易》上、下经及十翼加以分载，"皆极谬妄"。[1]

即使是章氏自著中，也是尽量求合"古雅"，如《文史通义》即是随得随作，然后编入《通义》中。《通义》本身是一个开放的系统，用以涵括他所有的著作。[2]这种以篇为单位，随作随编的做法，可能也是师承战国以前的著述体例。

章氏力求"古雅"的思想，还表现在与洪亮吉（1746—1809）力争省的名称是否恰当，是否应该改称为"统部"的争论上。[3]戴震与章氏论方志意见不合，便讥其好为"古雅"，汪辉祖（1731—1807）则说他是"古貌古心"。[4]章氏一心一意想致"用"，可是在"用"的层次上，却过于"古雅"。章氏一心想将三代的文化情状复返于当代，胶柱鼓瑟，加上其他许多原因，使得他在清代中期学术世界中相当孤立。[5]

1　李慈铭：《越缦堂读书记》（北京：中华书局，1963），卷8，《文学》，页782。

2　余英时：《章学诚文史校雠考论》，页205—221。

3　章学诚：《文史通义·地志统部》，页135。洪亮吉痛驳章氏的信，《与章学诚进士书》，见洪亮吉：《洪北江诗文集》（台北：世界书局，1964），《卷施阁文甲集》，卷8，页163—164。

4　转引自黄兆强：《同时代人论述章学诚及相关问题之编年研究》，《东吴文史学报》，第9期（1991年3月），页127。

5　关于章氏当时的孤立情况，见余英时：《论戴震与章学诚》（台北：华世出版社，1977）。

三

晚清学人对章氏有两种态度。持极度批评态度的如李慈铭，他说：

> 盖实斋识有余而学不足，才又远逊。故其长在别体裁、核名实，空所依傍，自立家法；而其短则……不能明是非、究正变，泛持一切高论，凭臆进退，矜己自封，好为立异，驾空虚无实之言，动以道眇宗旨压人，而不知已陷于学究云雾之识。[1]

但章氏之学在晚清却开始得到信从者，其中有一支特别欣赏其"官师合一""同文为治"的政治思想，由这一激烈的思想得到人们的欣赏，约略可以看出晚清政治思想的一个新动向。

这一派政治思想至少有两个意涵。第一是反对清代文献考证之学耽溺于考据，以著述求不朽，泥执于"文"而忘了行"道"，忘了政治事功才是士人的本分。章氏说"专于诵读而言学，世儒之陋也"[2]，又说"儒"是"不遇明良之盛，不得位而大行"[3]，是"出于势

1　李慈铭：《越缦堂读书记》，页781。

2　章学诚：《文史通义·原学上》，页30。

3　章学诚：《文史通义·原道中》，页25。

之无可如何尔"[1]，所以他们要重新定义"士"。值得注意的是，章学诚生当乾隆时代，乾隆后期已经出现颓局，但毕竟不如后来急迫。在章氏身后几十年间，时代危机加深，人们对如何解决社会、政治、文化上的混乱，如何挽救时局，感觉愈益迫切，章氏的思想开始得到一些人的共鸣。一群不满考据，关心时局，提倡经世，或想整顿失序社会的人，开始以章氏作为他们的模范（详后）。有人认为龚自珍（1792—1841）之学与章学有关，但龚氏著作从未提及章氏的名字，是否真受其影响，此处尚不能论定。不过他们二人至少是同调，即龚氏也想重新定义"士"，认为"士"不是读书著述之"士"，"士"应该是关心现实而有实际作为的人[2]。

第二，清季这一波新思想的另一特色，就是前面提到过的，要回到今人看来带有强烈文化专制色彩的"官师合一""同文为治"的理想，借封闭多元思想之"淆乱"，来重整思想与文化秩序。章学诚之所以力倡"官师合一"之哲学，或许有见于某种可能性，即乾隆发动编纂《四库全书》，使他觉得"官"与"学"可以合一，政治、思想、学术可以归纳于一途。如果这个猜测可以成立，则章氏在《黠陋》篇中对《四库全书》的肯定，便不能全然当作是颂扬当朝的话了[3]。与章学诚年代相近的汪中（1745—1794）持相近看法。汪中有一个论三代学制兴废的研究，并不见于今存集中，但由

---

1 章学诚：《文史通义·原道中》，页26。

2 龚自珍：《乙丙之际箸议第六》，收入龚自珍著，王佩净校：《龚自珍全集》（北京：中华书局，1959），上册，页4—5。

3 章学诚：《文史通义·黠陋》，页96。

他人抄下的草目可以看出他的见解与章学诚颇为相近。汪氏认为，从古代学制的演变看来，"官师合一"是最初状态，"古之为学士者，官师之长，但教之以其事，其所诵者诗书而已，其他典籍，则皆官府藏而世守之，民间无有也"。他与章学诚一样，认为"官师合一"的状态是好的，而悲夫"自辟雍之制无闻，太史之官失守，于是布衣有授业之徒，草野多载笔之士，教学之官，记载之职不在上而在下，及其衰也，诸子各以其学鸣，而先王之道荒矣"。综合前述诸语，汪中显然认为"官师合一"是一种救时之良方[1]。龚自珍在《乙丙之际箸议第六》中，也表达了"治学合一"的思想[2]。他说：

> 自周而上，一代之治，即一代之学也；一代之学，皆一代王者开之也。有天下，更正朔，与天下相见，谓之王。佐王者，谓之宰。天下不可以口耳喻也，载之文字，谓之法，即谓之书、谓之礼，其事谓之史。职以其法载之文字而宣之士民者，谓之太史，谓之卿大夫。天下听从其言语，称为本朝、奉租税焉者，谓之民。民之识立法之意者，谓之士。士能推阐本朝之法意以相诫语者，谓之师儒。王之子孙大宗继为王者，谓之后王。后王之世之听言语奉租税者，谓之后王之民。王、若宰、若大夫、若民相与以有成者，谓之治，谓之道。若士、若

1 （清）钱林辑、王藻编：《文献征存录》，收入《清代传记丛刊》（台北：明文书局，1985），册11，卷7，《汪中》，页256—257。

2 钱穆认为龚氏受章学诚的影响，见氏著《中国近三百年学术史》（台北：台湾商务印书馆，1972），页392、535。

师儒法则先王、先冢宰之书以相讲究者，谓之学。师儒所谓学有载之文者，亦谓之书。[1]

而在重新定义各种职分之后，其结论是：

是道也，是学也，是治也，则一而已矣！[2]

也就是"道""学""治"合一的理想。这种定于"一"的思想与龚氏在《农宗》《明良论》等文中对当时社会文化秩序的崩解的反思是分不开的。与龚氏齐名的魏源（1794—1857），在《默觚上·学篇九》，也力阐"官师合一"的理想[3]。在晚清狂热宣传章学诚的谭献（1832—1901），也有类似的思想倾向。从《复堂日记》可以看到谭氏如何寻访章氏著作的实迹，因为章书并不易见，所以他花了很大力气寻访书板之所在。在得到一部比较完整的章氏集子时，他狂喜之余，说："表方志为国史，深追官礼遗意，此实斋先生所独得者……吾欲造《学论》，曰：天下无私书，天下无私师。正以推阐绪言，敢云创获哉！"[4]谭氏所标举的天下"无私书""无私师"的理想，正是章氏的论点。甚至到了清末，像郑观应（1842—

1 龚自珍：《乙丙之际箸议第六》，页4。

2 龚自珍：《乙丙之际箸议第六》，页4。

3 魏源：《魏源集》（台北：鼎文书局，1978），页23。

4 谭献著，范旭仑等整理：《复堂日记》（石家庄：河北教育出版社，2000），页20。

1922）这样的开明思想家，也不能忘情于"官师合一"[1]，这方面的例子还很多，此处不能尽举，可见这一政治哲学在当时曾蔚为新潮。他们自认为烛然有见于古代的实况，故振振有词地提出一套整顿当世乱局的方案。但是力图回到"官师合一"的古代理想，等于是取消了独立于政治之外的思想、学术的批判性力量的合法性，同时也封闭了思想多元发展的路子。在面临前所未有的新挑战的局面下，人们可以走两条路，一条是把松动的螺丝拧紧，一条是开放，寻求新的可能性，章学诚以下这一批思想菁英选择了回到古代，以"古"为"新"，以实际上的"关门"为"开门"，这是我们研究嘉、道以降的思想界的个别状况时值得深入玩味的。

民国以后，尊崇章学诚者，大致已经不再谈他那种"官师合一"、"同文为治"、"道""学""政"三位一体的政治哲学，一方面是知道其不可能，另一方面是与近代的民主自由思想背道而驰。民国以后的信从者，主要是讨论他的史学思想。有意思的是，民国学术中的新派与保守派皆在大谈章氏，都宣称他们服膺章氏之学。胡适是新派之代表，主张"六经皆史"，并积极阐发"古今凡涉著述之林皆史也"的"史"是"史料"，将六经历史文献化，以贬抑"经"之地位。此外，胡适对章氏治史之把记注、撰述分开，认为撰述贵能"别识心裁""贵笔削独断之专家"，以及重"通史"的观念等，都相当欣赏。然而胡适虽知《言公》三篇为先生得意之作"，却对章氏所说上古无私家著述的解释，认为是错的，激烈反

---

1 郑观应：《道器篇》，收入夏东元编：《郑观应集》（上海：上海人民出版社，1982），上册，页244。

对章氏之"诸子出于王官说"（胡适主张"诸子不出于王官说"）。

保守派也在阐发章学诚的"言公"思想，他们一方面以章氏的经世思想批判胡适等人所提倡的"为学问而学问"，从而忽略学问与现实的关系，同时认为古书自有其读法，不可执后人之见以疑辨之，其目的是用来打击当时甚嚣尘上的疑古之学。孙德谦（1869—1935）的《古书读法略例》、刘咸炘（1897—1932）《推十书》，大多围绕《言公》篇而续有阐述，其发言的目标皆是当时的疑古之学，故孙德谦说："其纂述大旨，为前哲则在辩诬求真，为后贤则在息疑牖智。"[1]

值得注意的是，傅斯年（1896—1950）的《战国文籍中之篇式书体——一个短记》（1930），文中虽未直接提及章氏，但它最核心的观念显然与《言公》篇相互照映。他说如果要断言《管子》一书是假的，则便须先假定战国人已有精严的"著者观念"，先假定当时的文章都写着某某人所撰，如果照此假定，则到处所见，无不是假书——

我们……可以确知我们切不可以后来人著书之观念论战国文籍。总而言之：（1）战国时"著作者"之观念不明了。（2）战国时记言书多不是说者自写，所托只是有远有近有切有不相干罢了。（3）战国书除《吕览》外，都只是些篇，没有成部的书。战国书之成部，是汉朝人集合的。[2]

---

[1] 孙德谦：《古书读法略例》（上海：商务印书馆，1936），《自序》，页2。

[2] 傅斯年：《战国文籍中之篇式书体——一个短记》，《傅斯年全集》（台北：联经出版事业公司，1980），第3册，页740—741。

而且他也提到古代的著作只是一些散篇而已，或是把散篇编成文集。他还归纳古代从记言之书到成篇之书、到成系统之书的演变历程。

傅斯年早年是疑古辨伪之前驱，但后来由疑古转向重建[1]。我个人认为，在这个过程中，这篇只有薄薄几页的短文，起了关键性的作用。事实上，他在古史辨论战中，曾提醒顾颉刚（1893—1980），辨古史要以书为单位，不应以人为单位[2]。细绎其意，即希望当时所争论某书是否为某人所作的疑古运动者，能认识到古书与作者之间极为复杂的情况。

此外，1931年罗根泽（1900—1960）的一篇长文《战国前无私家著作说》，便是发挥"言公"之旨。文章一开始，即引章实斋的话说"古人不著书，古人未尝离事而言理，六经皆先王之政典也"，并说"余读之而韪焉"，"余不敏，遍考周秦古书，参以后人议论，知离事言理之私家著作始于战国，前此无有也"[3]。在我看来，以上两篇文章已标志着疑古辨伪方向之转变了，而其根源皆来自章氏"言公"之思想。

余嘉锡（1884—1955）在1940年出版的《古书通例》，粗翻其

1　见 Wang Fan-sen, *Fu Ssu-nien: A Life in Chinese History and Politics.* (Cambridge: Cambridge University Press, 2000), pp. 116–117。

2　傅斯年：《评〈春秋时的孔子和汉代的孔子〉》，收入顾颉刚等编：《古史辨》（北京：朴社，1930），第2册，页141。

3　罗根泽：《战国前无私家著作说》，收入罗根泽等编：《古史辨》（北京：朴社，1933），第4册，页8。

目，即知大体继承自章学诚[1]。这本小书显然也是针对疑古辨伪风气而发的，他说："后人习读汉以后书，又因《隋志》于古书皆题某人撰，妄求其人以实之，遂谓古人著书，亦如后世作文，必皆本人手著。于其中杂入后人之词者，辄指为伪作，……而秦、汉以上无完书矣。"[2]而此书也成为近二十年来简帛大量出土之后，学者借以了解古代文籍体制的金锁匙。

每一个时代都有"强势论述"及"弱势论述"，在地下实物未大量发现之前，尤其是在古史辨派强大的势力之下，以上诸文大多湮没不闻。孙德谦、刘咸炘、余嘉锡的书在它们刊成的年代，几乎不曾引起过任何注意，即使是属于新派的傅斯年、罗根泽，他们那两篇文章也没有得到足够的重视。这个现象本身相当值得注意，即在一种新学术典范当令时，除非有非常强大的实物证据，否则，如果还局限在古代文献上进行推论，它们只能存在于历史的角落罢了。

这里当然也牵涉到晚清今、古文之争的问题。晚清今文家菲薄刘向、歆之学，认为其《汉书·艺文志》不足信，而后来更激烈的像胡适的"诸子不出王官论"，更是全盘挑战《汉书·艺文志》诸子出于王官之说，并在当时取得极大的胜利。而章学诚的根基便在"诸子出于王官"之说，所以前面提到的那些保守派思想家孙德谦、刘咸炘、余嘉锡等（傅斯年事实上也是反对胡适"诸子不出

1　如《古书不题撰人》《秦汉诸子即后世之文集》《古书单篇别行之例》《古书不皆手著》等皆是。

2　余嘉锡：《古书通例》，收入《余嘉锡说文献学》，页259。

王官论"之说的人，只是未明白说出而已，见其所著《战国子家叙论》一文），便不可能在新说盛行时得到任何注意，如果我们细绎孙、刘、余等人之书，便可以发现这里事实上牵涉到对古书两种不同层次的解读：保守派是要同情地理解古书中的旧说，而新派是要批判古书中的旧说。

四

正如前面所说，章氏"言公"思想，一方面是讲古代的文籍，一方面是鼓吹回复到古代理想，关于前者，过去或者被忽略，或者仅处于非常边缘的地位。胡适则一语带过，认为是错了，但是征诸近几十年来出土简帛的实况，却使我们对章氏这方面的见解得到一种新的认识，而这种认识是一反汉唐以来视为天经地义的书籍观念，另一方面是提醒我们对近代新学术运动以"批判"古代为出发点所留下的庞大学术遗产进行反思。不过，"反思"并不代表着全然信古，在古代文献中仍存在真假的问题及时间的层次。不过，章学诚"言公"的观察似乎提醒我们，检讨古代文献的真假及年代时，不能纯然沿用胡适、顾颉刚、张心澂（1887—1973）等所立下的标准，而应该摸索另一套标准。

重新审视章学诚的《言公》篇及相关之政治思想，可以对他的思想有另一层次的解读。钱穆（1895—1990）似乎认为，《文史通义》主要便是为了针砭清代经学流弊而作[1]。这当然是一个重要的

1　钱穆：《中国近三百年学术史》，页380—381。

面相，但只是一个消极的面相。章氏并不只是为了针砭时代学风这个消极的意图而作《文史通义》，他想积极地标举一套自己的政治思想。而晚清章学诚政治思想之得到重视，也反映了当时人面对政治、社会、文化失序时，所开出的一剂将三者绑在一起，消弭多元、回到一元的、全盘整顿秩序的药方。这是晚清思想的一个重要动向。

此外，章氏的论点，可能对古代文明的研究产生进一步的启发。过去倾向于将章氏的言论当作是他个人一己的玄思，所以忽略了其中可能蕴含着解释古代历史的意涵。细绎其《文史通义》《校雠通义》二书，可能对古书之形成，以及儒家典籍经典化的过程得到一些新的理解。章氏的推论并不一定全对，但是它们参照启发的价值仍然值得挖掘。

近一二十年来大量出土简帛等遗物，促使许多学者再三呼吁研读先秦古籍时，要注重地下出土的实物，这基本上是王国维（1877—1927）二重证据法之传统[1]，确是一条正路。不过，此处要提出两点：第一，不只研究先秦时代需要重视地下遗物，研究清代思想学术史时，也应当重视出土文物，借以对思想文献获得深一层次的理解，了解其立言之根据，了解其多重套叠的层面，否则无法把握到其思想之主从，而只在与今人相近似、今人所能理解，或受今人欢迎的思想内容上作文章。第二，研究出土史料时，恐怕也要

1　参见裘锡圭的几篇文章：《考古发现的秦汉文字资料对于校读古籍的重要性》《谈谈地下材料在先秦秦汉古籍整理工作中的作用》《阅读古籍要重视考古资料》，收于他的《古代文史研究新探》（南京：江苏古籍出版社，1992），页1—72。裘氏这些文章屡屡举出土材料增加先秦古籍之理解，修正错误之作用。

留心章学诚这一类人的著作，看看它们在什么地方可以起着引路的作用，在什么地方纯粹只是臆测。

最后，章氏的"言公"思想也促使我们考虑古代"作者"（authorship）观的问题。"言公"的现象能概括先秦各类文献吗？将文献"依托"某人所作代表什么样的"作者"观？现代严格定义下的作者观究竟何时兴起？从官师分到现代，"作者"的定义又经过几次微妙的变化？这类问题牵涉到文化、社会、政治、知识生产等面相，值得进一步研究[1]。

"言公"的现象似乎并未随着官师分而消失。在明代后期，即大量存在不分真假、任意移置、抄辑他人书的现象。在道教典籍中，汉、唐以后仍大量存在章氏所观察到的现象。若以文体论，则一向被轻视的小说戏曲，一直到明清时代，似乎仍大量存在着《言公》中所描述的现象。凡此种种，使得"作者"观的问题，成为一个相当广阔也相当具有研究价值的课题。

---

1 近来西方"作者"观的研究蔚为热潮，有谓西方的作者观到中古时代才出现者，如Roland Barthes。

文 景

Horizon

社 科 新 知　文 艺 新 潮

古史辨运动的兴起：一个思想史的分析（修订本）
王汎森　著

出 品 人：姚映然
特邀策划：谭徐锋
特邀编辑：谭徐锋
责任编辑：但　诚
营销编辑：胡珍珍
封扉设计：刘　哲

出　　品：北京世纪文景文化传播有限责任公司
　　　　　（北京朝阳区东土城路8号林达大厦A座4A　100013）
出版发行：上海人民出版社
印　　刷：山东临沂新华印刷物流集团有限责任公司
制　　版：南京展望文化发展有限公司

开 本：890mm×1240mm　1/32
印 张：10　字 数：220,000　　插 页：2
2024年7月第1版　　2024年10月第2次印刷
定 价：78.00元
ISBN：978-7-208-18878-5/K · 3371

图书在版编目（CIP）数据

古史辨运动的兴起：一个思想史的分析 / 王汎森著
. —修订本. —上海：上海人民出版社，2024
　ISBN 978-7-208-18878-5

　Ⅰ. ①古… Ⅱ. ①王… Ⅲ. ①史学流派—研究—中国
Ⅳ. ①K092

中国国家版本馆 CIP 数据核字（2024）第 084488 号

本书如有印装错误，请致电本社更换 010-52187586

社科新知　文艺新潮　｜　与文景相遇

微信公众号　　　　微　博　　　　　豆　瓣

bilibili　　　　　抖　音　　　　　小红书